# Harmonie und Wohlbefinden aus dem Garten

# Harmonie und Wohlbefinden aus dem Garten

ROMY RAWLINGS

CHRISTIAN VERLAG

# INHALT

EINFÜHRUNG 6
Gesundheit unter ganzheitlichen Gesichtspunkten; der Garten als Erholungsort bei Stress; die Anlage eines Gartens, der alle Sinne anspricht

1 GANZHEITLICHES GÄRTNERN 14
Eine gesunde Gartenatmosphäre; biologisches Gärtnern; mit Pflanzen und unterschiedlichen Lebensräumen Tiere in den Garten locken; die Luftqualität verbessern; allergenarme Gärten für Menschen mit Asthma und Heuschnupfen; der Nutzgarten

2 FENG SHUI 38
Die Prinzipien dieser chinesischen Lehre zur Förderung des Energieflusses in unserer Umgebung; Anleitung, um Teile des Gartens für eine bessere Gesundheit zu »aktivieren«

3 FARBTHERAPIE 64
Grundlagen der Farbtheorie; wie Farben im Garten gesundheitliche Störungen lindern; nach Farben und Jahreszeiten geordnete Pflanzenlisten

4 KRÄUTERHEILKUNDE 88
Die wohl tuenden Eigenschaften von Kräutern; Kräuter anbauen und zur Behandlung zahlreicher Beschwerden einsetzen; Küchenkräuter; Bach-Blütenheilmittel; Chinesische Kräutermedizin

5 AROMATHERAPIE 124
Die heilende Kraft der Düfte; therapeutischer Einsatz von ätherischen Ölen; Aromatherapie im Garten

6 MEDITATION 150
Gärten als spirituelle Refugien; Entspannung, Kontemplation und Visualisieren; Zen-Gärten

WEITERE INFORMATIONEN 168
Kontaktadressen; Weiterführende Literatur

REGISTER 170

DANKSAGUNG 176

# EINFÜHRUNG

Es gibt keine geheimnisvollen »Muss«-Vorschriften, keine festen Regeln und keinen erhobenen Zeigefinger, der vorwurfsvoll auf den Gärtner zeigt, der nicht einem anerkannten Schema folgt. Landschaftsgestaltung ist keine schwierige Kunst, die nur Hohepriester ausüben dürfen.
THOMAS D. CHURCH

Viele Menschen versuchen, ihr Leben trotz des Alltagsstresses erholsam zu gestalten. Die zahlreichen Selbsthilfebücher, die zur Verbesserung unseres Schicksals beitragen sollen, scheinen manchmal genau den gegenteiligen Effekt zu bewirken, wenn wir verzweifelt um unsere beruflichen, gesellschaftlichen und emotionalen Ziele ringen. Wir sehnen uns nach Zeit und Raum für Entspannung, und unser Zuhause kann – und sollte – ein Ort der Ruhe sein. Unsere Gärten spielen dabei eine ganz wichtige Rolle, denn sie nehmen den Druck der Außenwelt von uns und vermitteln das Gefühl, uns hier selbst verwirklicht zu haben.

Es scheint unmöglich, unser Umfeld tatsächlich dauerhaft zu verbessern, doch mit einigen wenigen Techniken können wir unserem Wunsch nach einem gesünderen, glücklicheren Leben näher kommen. Dieses Buch zeigt alternative Methoden zu mehr Gesundheit und größerem Wohlbefinden auf und wie Sie das Heilpotenzial Ihres eigenen Gartens maximal ausschöpfen können.

RECHTS Ein Sitzplatz im Garten verbindet mit der heilenden Kraft der Natur. Selbst in einem öffentlichen Park können Sie das lebensfördernde Sonnenlicht, den stabilisierenden Einfluss der Erde und den allumfassenden Zyklus in der Natur hautnah erleben.

## Gesunder Körper, gesunder Geist

Die meisten Menschen sind sich darin einig, dass es trotz aller verfügbaren wissenschaftlichen Errungenschaften um das körperliche und geistige Wohl in der westlichen Gesellschaft ziemlich schlecht bestellt ist. Gesundheit bedeutet offensichtlich mehr, als sich gut zu ernähren und körperlich fit zu sein; die Weltgesundheitsorganisation beschreibt Gesundheit als »den Zustand eines perfekten körperlichen, geistigen und sozialen Wohlbefindens und nicht allein als Abwesenheit von Krankheit und Verletzung«. Heute sind chronische Erkrankungen und Allergien auf dem Vormarsch. Unser ständiger Kampf gegen die Umweltverschmutzung hat unser Immunsystem geschwächt und zu ernsthaften Krankheiten geführt. Vielleicht ist es ein Zufall, dass chronische Krankheiten, besonders die von der konventionellen Medizin als unheilbar bezeichneten, gut auf alternative Methoden ansprechen.

Derzeit nimmt in der westlichen Welt das Interesse an der ganzheitlichen Medizin zu: ergänzende Therapien wie Aromatherapie, Feng Shui, Meditation und unterschiedliche Kräuterheilmethoden. Ob dafür die Ergebnisse derzeitiger Forschungen verantwortlich sind oder die Unzufriedenheit mit der konventionellen Medizin, lässt sich schwer beurteilen. Im besten Fall sollte die alternative Medizin mit ihrem sanften, intuitiven Ansatz jedoch die orthodoxen Praktiken unterstützend begleiten.

LINKS In Ihrem eigenen Garten können Sie all Ihre Sinne verwöhnen: Suchen Sie sich Pflanzen, die Sie aufgrund ihrer Farbe oder Gestalt, ihres Duftes oder der Textur ansprechen; schlürfen Sie Ihren Morgenkaffee oder ein kaltes Getränk und lauschen Sie dabei dem Vogelzwitschern und dem Rascheln der Blätter.

Schon seit grauer Vorzeit haben viele Kulturen immer wieder betont, wie wichtig die innere Balance für die Erhaltung einer guten Gesundheit ist. Überall auf der Welt, von Nordamerika bis Australien, besinnen sich die traditionellen Gesellschaften immer wieder auf das alte Wissen ihrer Vorfahren und suchen nach Lösungen für gesundheitliche und andere Probleme. Der praktische Einsatz natürlicher Mittel ist oft von einer zutiefst spirituellen Philosophie geprägt. Die Grundlage der ganzheitlichen Medizin ist in diesen Kulturen verwurzelt und sieht den Menschen immer als Ganzes. Unser Körper ist eine komplexe Einheit, bei der, ganzheitlich betrachtet, die Biochemie in engem Zusammenhang mit den Gedanken und Gefühlen steht. Hormone, Fortpflanzungszyklus, Schlafmuster, Stimmungen und Stoffwechsel werden alle mehr oder weniger von unserem mentalen Zustand geprägt. Die wichtigsten Körpersysteme sind das endokrine, das Nerven- und das Immunsystem, die auf verschiedenen Ebenen zusammenarbeiten. Stress und emotionale Unausgeglichenheit können das prekäre Gleichgewicht dieser Systeme und damit letztendlich auch die Funktion aller anderen Körperorgane störend beeinflussen. Diese Vorstellung ist im Westen noch relativ neu, aber sie findet immer mehr Akzeptanz, wenngleich sie in einigen Kreisen noch kontrovers diskutiert wird. Unsere Emotionen haben eine tief greifende Wirkung auf unsere körperliche Verfassung, so dass sich negative Gedanken oft physisch manifestieren. Umgekehrt heißt das, dass sich jede Krankheit, die durch negative Einstellungen ausgelöst wird, heilen lässt, indem man die geistigen Muster verändert, die sie verursachen. Ein frohes Gemüt führt zu einem harmonischen, gesunden Körper – man muss negative Gedanken und Gefühle unbedingt durch positive, lebensbejahende ersetzen.

Eine neue Wissenschaft, die Psychoneuroimmunologie, beschäftigt sich mit der Verbindung zwischen Stress und Immunfunktion und untersucht, wie jeder Einzelne mit Krisensituationen umgeht. Bestimmte Entdeckungen haben zu dem Schluss geführt, dass ernsthafte gesundheitliche Probleme durch jede länger andauernde Störung des Geist-Körper-Gleichgewichts ausgelöst werden können. Diese Verbindung zwischen Stress und fehlender Gesundheit ist zum Beispiel in der Krebs- und AIDS-Forschung von besonderem Interesse. Auch ist es trotz der Vorbehalte seitens der konventionellen Medizin ganz eindeutig so, dass Menschen nach einem Schock oder einem persönlichen Verlust leichter erkranken und sogar stationär behandelt werden müssen. Positiv ist die Erkenntnis, dass bestimmte Meditations- und Visualisierungsübungen oft eine deutliche Hilfe leisten können. Interessanterweise hat die Forschung auch aufgezeigt, dass sich Krankenhauspatienten schneller erholen, wenn sie von ihrem Fenster aus eine schöne Aussicht haben.

Während mit konventionellen Behandlungsmethoden die rasche Unterdrückung von Krankheitssymptomen angestrebt wird, erfordert natürliches Heilen etwas mehr Geduld, denn der Körper braucht Zeit, um sich selbst zu heilen. Ärzten, die mit ganzheitlichen Heilmethoden arbeiten, ist es wichtiger, den Krankheitsursachen vorzubeugen, als lediglich die Symptome in den Griff zu bekommen.

Bei langwierigen Heilverfahren muss der Patient die Verantwortung für seinen Genesungsprozess übernehmen. Wenn Sie sich näher mit Ihrer Lebensweise beschäftigen, entdecken Sie möglicherweise Muster, die Sie daran hindern, Höchstleistungen zu erbringen, und die zu Ihren gesundheitlichen Beschwerden beitragen. Ihre Gedanken und Gefühle können ebenso Probleme bereiten wie Ernährung und Umwelteinflüsse. Da wir alle Individuen sind, kann bei ganzheitlicher Betrachtung die Ursache für ein und dieselbe Krankheit bei verschiedenen Menschen unterschiedliche Gründe haben und daher eine andere Therapie erforderlich machen.

Mit Ausdauer und genauer Beobachtung können wir unserem Körper Zeit lassen, sich an subtilere Behandlungen zu gewöhnen, so dass wir die Veränderungen, die sie hervorrufen, besser beurteilen können. Wenn Sie durch eine ausgewogene Lebensweise das Immunsystem stärken, werden Sie für die sanften Heilschwingungen um Sie herum aufmerksamer werden. Es gibt unzählige Möglichkeiten zur Selbsthilfe, und es spielt keine Rolle, für welche Technik Sie sich entscheiden, solange sie für Sie geeignet ist. Lernen Sie mehr über Meditation, die heilende Wirkung von Farben, Aromatherapie und Feng Shui ... und tauchen Sie ein!

# ERHOLUNG IM GARTEN

Dieses Buch soll Ihnen in erster Linie zeigen, wie Sie Ihren Garten in eine heilende Umgebung verwandeln, in der Sie Ruhe finden und den Alltagsstress vergessen. Wir können unsere Sinne, auf die in der Arbeit, im Verkehr, bei der Kindererziehung und beim Einkaufen unentwegt Reize einstürmen, auch sanfter anregen, indem wir uns auf die Dinge konzentrieren, die wir bei der Bewältigung des Alltags so oft vergessen.

Wir dürfen nicht nur »tun«, sondern müssen auch »sein«, und hier bietet der Garten die ideale Gelegenheit zum Entspannen. Wir sollten ihn nicht nur als Bürde betrachten, sondern in ihm einen Zufluchtsort sehen, an dem wir in die Natur eintauchen können.

Auf unserer Suche nach umfassender Gesundheit müssen wir alle Bereiche unseres Lebens versorgen, auch den seelisch-geistigen, der oft zu kurz kommt, obwohl er für unsere Gesundheit vielleicht der wichtigste von allen ist. Schon eine einfache Meditation bringt uns mit unserem inneren Selbst stärker in Kontakt. In Kapitel 6, Meditation, erfahren Sie, wie Sie den Garten als inneren Sammlungsort nutzen können.

Vor allem aber ist der Garten ein geeigneter Ort zur Selbstentfaltung, ein Ort, um kreativ zu sein und Lebensbereiche weiterzuentwickeln, die Sie vielleicht bisher vernachlässigt haben. Wenn Sie wollen, bringen Sie doch etwas Humor in den Garten, mit einem Gegenstand, der Sie jedes Mal zum Lächeln bringt, wenn Sie ihn sehen. Das alte Sprichwort »Lachen ist die beste Medizin« hat durchaus seine Berechtigung, und bei der Heilung spielt Freude eine wichtige Rolle.

## Die Kraft der Natur

Der beständige Zyklus von Werden und Vergehen ist etwas total Faszinierendes. Mit Gartenarbeit finden Sie zum Wesentlichen zurück und können Ihren Alltagsproblemen entkommen. Wir profitieren sehr viel vom regelmäßigen Kontakt mit der Natur: Wir fühlen uns »geerdeter« oder erfreuen uns an den Pflanzen, die wir wachsen lassen, und an den Tieren, die von bestimmten Pflanzen angezogen werden. Jeder, der Zeit im Garten verbringt, wird sich der heilenden Kräfte der Natur bewusst werden und erleben, wie befreiend das Gefühl ist, mit der Erde verbunden zu sein. Viele von uns leben heute in einer Umgebung, die keinerlei natürliches Umfeld mehr besitzt; doch wir sind nicht für ein Leben unter solch sterilen Bedingungen geschaffen.

In den letzten Jahrzehnten sind uns durch Beleuchtung und Beheizung rund um die Uhr die zyklischen Tages-, Monats- und Jahresrhythmen fremd geworden, die das Verstreichen der Zeit sichtbar werden lassen. Es ist für uns alle, besonders diejenigen, die unter jahreszeitlich bedingten Depressionen leiden, von Vorteil, wenn wir uns den Verlauf der Jahreszeiten bewusst machen. Diese gesundheitliche Beeinträchtigung, die in den Wintermonaten manchmal Lethargie und schwere Depressionen auslöst, wird auf einen Mangel an natürlichem Licht zurückgeführt. Sie sollten mehr Zeit draußen verbringen, damit Sie sich den Zyklen der Natur verbundener fühlen. Gehen Sie in den Garten, tagsüber und nachts, und achten Sie wirklich auf die Veränderungen: auf die Unterschiede in Lichtintensität und Farbe, den Sonnenstand und die sich wandelnde Gestalt des Mondes. Diese Zeitdimension unterscheidet Gartengestaltung von jeder anderen Kunstform; unsere Gärten sind nie ganz vollendet, denn sie haben aufgrund des allumfassenden Einflusses der Natur ihre guten und schlechten Zeiten.

Wenn Sie jede einzelne Jahreszeit zur Geltung bringen wollen, dann stellen Sie sich den Garten im Jahresverlauf vor. Auch wenn es uns nicht völlig bewusst ist, assoziieren wir doch bestimmte Farben und Aktivitäten mit bestimmten Jahreszeiten. Der Frühling entfacht mit dem Grün junger Blätter und Abertausenden von treibenden Blumenzwiebeln und früh blühenden Sträuchern in hellen, fröhlichen Farben, meist Gelb- und Blautönen, ein wahres Feuerwerk. In dieser Zeit gibt es viel zu tun: Wir bringen Samen aus, bepflanzen

OBEN Vom Laub der *Bergenia cordifolia* und der *Fatsia japonica* fast verborgen, schleicht sich eine Steinkatze an. Ihr Garten sollte Ihnen Freude bereiten, setzen Sie deshalb Dinge hinein, die Sie zum Lächeln bringen.

Schalen und Kübel, mähen den Rasen und bringen alles auf Vordermann. Im Sommer gibt es einen neuen, diesmal noch kräftigeren Farbenausbruch. Die Wärme der Sonne bringt jede nur erdenkliche Farbschattierung hervor. Wir sind mit Mähen, dem Jäten von Unkraut und dem Abschneiden welker Blüten beschäftigt, finden aber immer noch Zeit, das Wetter zu genießen (Daumen drücken!).

Der Herbst, das große Finale des Gartenjahres, kündigt sich mit glühenden Farben an – intensivem Rot, Orange und Rostrot. Wenn wir die Ernte eingeholt und alles in Ordnung gebracht haben, gönnen wir dem Garten eine Weile Ruhe und beschränken uns auf ein paar winterblühende Zwiebeln und Büsche, die uns für kurze Zeit noch mit ihren Farben erfreuen. Im Winter herrschen gedämpfte Töne von fahlem Gras, schwachem Sonnenlicht und kahlem Erdreich vor, doch unter der Oberfläche warten schon die neuen Triebe. Und dann beginnt der Kreislauf von neuem, zieht uns beim Erwachen der Erde in seinen Bann und verheißt für jedes Absterben neues Leben und eine bessere Welt.

Sie machen sich das Leben leichter, wenn Sie möglichst oft mit der Natur zusammenarbeiten, statt gegen sie. Legen Sie keinen schematisierten Garten, sondern eine veredelte Variante der Natur an und werden Sie dem Standort gerecht. Es hat keinen Sinn zu versuchen, Azaleen auf einem alkalischen Boden oder Mittelmeergewächse auf schwerem Lehmboden anzupflanzen; alle Eingriffe werden die herrschenden Verhältnisse nur vorübergehend verändern. Sie sparen Zeit, Mühe und Geld und vermeiden Enttäuschungen, wenn Sie sich vorher überlegen, woher eine Pflanze kommt, und dann Bedingungen schaffen, die denen ihres natürlichen Lebensraums möglichst nahe kommen. Wenn ein Gewächs für die bei Ihnen herrschenden Boden- oder klimatischen Verhältnisse einfach nicht geeignet ist, dann nehmen Sie ein anderes; es gibt nämlich Tausende von Möglichkeiten.

Unsere Gärten sind ein Mikrokosmos des Universums, daher müssen wir uns selbst und die gesamte Welt von einer ganzheitlichen Warte aus betrachten. Unsere Umwelt ist in vieler Hinsicht schädlichen Einflüssen ausgesetzt, und durch unser Tun fügen wir der Erde täglich neuen Schaden zu. Durch alle Schritte, mit denen wir bessere Bedingungen für das Leben in unserem Garten schaffen, wird ganz automatisch auch unsere Umgebung wieder gesünder.

Wir müssen die Erde wieder respektieren lernen und bei allem, was wir tun, an die nachhaltige Wirkung denken, um zukünftige Generationen vor den Schäden, die wir unter Umständen anrichten, zu bewahren. Pflanzen spielen bei der »Heilung« unseres Planeten eine entscheidende Rolle, denn sie erhalten die Atmosphäre durch ihre natürlichen Prozesse und tragen zu einer gesünderen Umwelt bei. Mit einer »umweltfreundlichen« Einstellung und dem Bewusstsein der Nachhaltigkeit sollten wir uns, ganz egal, wie bescheiden unser Garten ist, mit der Erde im weitest möglichen Sinn verbunden fühlen.

# DER GARTEN UND DIE SINNE

Gärten sollten Geist und Körper stimulieren und so gestaltet sein, dass sie uns viele sensorische Erlebnisse bieten. Meistens überwiegt das Sehen, aber manchmal brauchen Sie nur die Augen zu schließen, um Ihren Garten auf eine unerwartete Art schätzen zu lernen! Tastsinn, Sehen, Hören, Geruchs- und Geschmackssinn spielen eine bedeutende Rolle für die Gesundheit. Um das Sehen geht es vor allem in dem Kapitel über die Farbtherapie, der Geruchssinn wird im Kapitel Aromatherapie behandelt, und über den Geschmackssinn können Sie in den Abschnitten über Kräuterheilkunde und ganzheitliche Gartengestaltung nachlesen. Der Tastsinn und das Gehör sind gleichermaßen wichtig und spielen eine besondere Rolle in Gärten für Blinde und Menschen mit Sichtproblemen.

## Der Tastsinn

Sie sollten öfter einmal Ihre Gartenhandschuhe ausziehen und den Garten richtig be-greifen! Solange Sie nicht mit gefährlichen oder Reizstoffen in Berührung kommen (siehe Seite 32), dürfte Ihnen dabei nicht viel passieren. Der enge Kontakt mit Ihrer Umgebung schärft Ihre Tastempfindungen. Sie sollten einmal versuchen, die Pflanzen und andere Oberflächen in Ihrem Garten zu berühren. Sie werden über die Vielfalt der Empfindungen erstaunt sein. Benutzen Sie nicht nur Ihre Hände, sondern zum Beispiel auch die Füße oder das Gesicht. Schon allein die Textur von Pflanzen bietet eine Vielfalt sinnlicher Erfahrungen, doch leider wird diese Art der Beschäftigung mit dem Garten bis heute eher vernachlässigt.

Einige Bäume besitzen eine wunderschöne Rindenstruktur. Der Stamm einer Korkeiche *(Quercus suber)*, eines Birnbaums *(Pyrus communis)* und der Edelkastanie *(Castanea sativa)* weisen tiefe Furchen auf, die Sie mit den Fingern eingehender erkunden sollten. Japanische Ahornarten *(Acer capillipes, A. grosseri* und *A. rufinerve)* haben eine faszinierende, eigenartig gemusterte Oberfläche, die sich aber dennoch weich anfühlt. Viele Bäume werfen ihre Rinde ab *(Acer griseum, Eucalyptus* spp., *Betula papyrifera, Platanus* x *hispanica)*, und Sie können der Natur helfen, indem Sie ein paar Streifen abziehen. Einige warten mit Sinnestäuschungen auf wie die Rinde von *Sequoiadendron giganteum*, die so weich und schwammig ist, dass Sie Ihren Finger hineinbohren können. Und andere sind ungewöhnlich glatt und glänzend wie *Prunus serrula*; setzen Sie sie nahe an einen Weg, wo Sie jedes Mal beim Vorbeigehen darüber streichen.

Die meisten Menschen kennen die pelzigen »Eselsohren« von *Stachys byzantina* oder die Kätzchen der männlichen Weide *(Salix* spp.*)*. Dieselbe Textur können Sie an den Blättern von *Verbascum olympicum, Hydrangea aspera* ssp. *sargentiana, Ballota pseudodictamnus, Buddleja crispa, Lavandula lanata, Salvia argentea* und *Pelargonium tomentosum* ertasten.

Das Laub kann glatt und dick sein und zum Anfassen einladen (Blumenrohr, *Hosta*-Sorten, *Magnolia grandiflora*), oder es ist stachlig, so dass Sie lieber Abstand halten *(Gunnera manicata, Ilex aquifolium, Rubus* spp.*)*. Es lohnt sich, Pflanzen mit fedrigen Blättern zu pflanzen, die eine feine Textur haben (Fenchel, viele Farne, *Artemisia*-Arten, die meisten gefiederten Arten), sowie Ziergräser *(Pennisetum orientale, Festuca glauca, Stipa gigantea)*. Einige Blätter sind klebrig von Harzen oder eigenartig wachsig *(Cistus* spp., *Lavandula* spp., *Crambe cordifolia)*, andere wiederum besitzen sogar eine einzigartige, an einen Quilt erinnernde Oberfläche, wenn sie sich entfalten *(Rodgersia* spp., *Veratrum* spp.*)*.

Auch Blüten spielen im Garten der Sinne eine wichtige Rolle, angefangen bei den winzigen, anmutigen Köpfchen der *Alchemilla mollis* bis hin zu Giganten wie Sonnenblumen. Die einzelnen Blütenblätter weisen oft einen luxuriösen seidigen Glanz auf wie der Türkische Riesenmohn oder große Korbblütler wie *Helenium* oder *Cosmos* spp. Die baumelnden Blütenköpfe des Tränenden Herzens *(Dicentra spectabilis)* oder Trich-

OBEN Die behaarten Knospen des Türkischen Riesenmohns, *Papaver orientale* 'Suleika', enthüllen seidige, gerüschte Blütenblätter.

terschwertels *(Dierama pulcherrimum)* erscheinen perfekt ausgewogen, während die Kugeln von *Allium* oder *Echinops* spp. durch ihre unglaubliche Symmetrie die Aufmerksamkeit auf sich ziehen, ebenso die unnatürlich flache *Achillea filipendulina* und einige Arten von *Sedum* spp.

Es gibt sogar Blumen, die zum Spielen einladen. Erinnern Sie sich noch daran, wie Sie das Springkraut mit den Fingern »springen« ließen? Ich weiß, ich sollte Sie nicht dazu ermutigen, aber ich erinnere mich noch lebhaft daran, dass ich als Kind Fingerhutblüten auf die Finger steckte und in Verzückung geriet, wenn ich eine Fuchsienknospe aufdrückte und es »plopp« machte.

Wenn die Blütenpracht vorbei ist, bieten uns die Samen sensorische Stimulation. Die Samenkapseln einer Springkrautart *(Impatiens glandulifera)* zerplatzen bei Berührung und schleudern ihre Samen in alle Richtungen fort. Bei Kindern und Floristen immer beliebt sind die Judassilberlinge mit ihren papierartigen, durchscheinenden Samenkapseln sowie die zarten, empfindlichen Mohnkapseln. Einige Samen hüllen sich sogar in seidiges Haar ein und fühlen sich besonders weich an, so zum Beispiel *Pulsatilla vulgaris* und viele *Clematis*-Varietäten.

UNTEN Lauschen Sie dem Wispern von Federgras *(Stipa gigantea)* und dem Knirschen von Kies.

## Geräusche

Gärten sollten wo immer möglich eine Zufluchtsstätte vor Lärmbelästigung und den üblichen Störungen sein. Das Leben mit dem Alltagsstress durch unerwünschten Lärm lässt uns oft vergessen, wie kostbar Geräusche in unserem Garten sind – wir nehmen Lärm nur dann wahr, wenn er störend ist, wie zum Beispiel das Radio oder der Rasenmäher des Nachbarn. Wir können jedoch mit angenehmeren Klängen den Garten um eine weitere Dimension bereichern und eine positive Stimmung erzeugen. Selbst Gegenstände wie Windspiele machen Freude und lassen ein Gefühl von Ruhe entstehen.

Das Geräusch von Regen kann sehr belebend wirken. Das hatten chinesische Wissenschaftler schon vor langer Zeit erkannt und pflanzten großblättrige Pflanzen unter ihre Fenster, die das prasselnde Geräusch verstärken sollten. Regen lässt sich nachahmen, indem man im Garten plätscherndes Wasser installiert. Wasserspiele lassen sich passend für jeden Raum entwerfen, angefangen beim sanften Plätschern eines Springbrunnens oder dem Rauschen eines tosenden Wasserfalls bis hin zu der rhythmischen Bewegung einer Kaskade und dem Blubbern eines kleinen Geysirs. Solche Objekte stellt man am besten windgeschützt auf. Vielleicht muss man auch etwas daran verändern, um den gewünschten Klang zu erhalten. Selbst ein ruhiger Teich bringt Geräusche hervor, wenn nämlich Fische an die Oberfläche kommen oder Frösche ins Wasser plumpsen.

Wind erzeugt in Bäumen und Büschen ebenfalls belebende Klänge, und einige Arten klingen in einer leichten Brise besonders gut, vor allem raschelnder Bambus und Gräser. Mit den folgenden Pflanzen lassen sich angenehme Hintergrundgeräusche erzielen:

Blasenstrauch *(Colutea arborescens)*
Eukalyptus *(Eucalyptus spp.)*
Federgras *(Stipa gigantea)*
Fichte *(Picea breweriana)*
Judassilberling *(Lunaria annua)*
Mannaesche *(Fraxinus ornus)*
*Miscanthus* spp.
Mohnkapseln *(Papaver spp.)*
Neuseeländer Flachs *(Phormium tenax)*
Pampasgras *(Cortaderia selloana)*
Pfeifengras *(Molinia caerulea)*
Schirmbambus *(Fargesia nitida)*
Schwarzrohrbambus *(Phyllostachys nigra)*
Weide *(Salix spp.)*
Zittergras *(Briza media)*
Zitterpappel *(Populus tremula)*

Das Summen von Bienen und anderen Insekten an einem warmen Tag wirkt fast schon hypnotisch, wenngleich man sich manchmal ganz still verhalten muss, um sich auf diese sanften Klänge einzustellen. Auch Vogelgesang ist etwas Wunderbares, und wenn Sie Insekten anlocken und Ihren Garten »grüner« werden lassen, werden sich wahrscheinlich mehr Vögel als je zuvor einfinden. Näheres dazu, wie Sie Bienen, Vögel und andere Tiere in Ihren Garten holen können, finden Sie in Kapitel 1, Ganzheitliches Gärtnern.

1

# GANZHEITLICHES GÄRTNERN

Jedes Teilchen ist etwas Unermessliches;
jedes Blatt verkörpert eine Welt;
jedes Insekt ist ein unerklärliches Wunderwerk.
JOHANN KASPAR LAVATER

Die ganzheitliche Philosophie, die besagt, dass das Ganze größer ist als die Summe seiner Teile, gilt in vielerlei Hinsicht auch für das Gärtnern. Die grundlegende Aussage lautet: Gesunde Erde und gesundes Wasser sind unerlässlich für gesunde Pflanzen, die ihrerseits für ein umfangreiches Tierleben sorgen. Auf das Ganze übertragen bedeutet dies, dass die Grundlagen der natürlichen Nahrungskette weit reichende Folgen nach sich ziehen. Auf unserem kleinen Stück Erde können wir einen Mikrokosmos mit verschiedenen Lebensräumen schaffen, die ihrerseits einen nützlichen Beitrag zur Gesundheit des ganzen Planeten leisten. Gleichgültig, ob Sie nun Vögel und Schmetterlinge anlocken wollen oder nicht – ihre Anwesenheit bedeutet Leben und Wachstum in Ihrem Garten. Statt nur die individuellen Probleme in unserem Garten zu lösen (Blattläuse, Mehltau oder kümmerlichen Pflanzenwuchs), müssen wir den ganzen Garten in Betracht ziehen. Dies ist die fundamentale Logik, die hinter biologischem Gärtnern steht.

Wir nehmen in der Nahrungskette unseren eigenen Platz ein, wenn wir Obst, Gemüse und Kräuter anbauen. Weiter hinten in diesem Kapitel werden wir uns damit beschäftigen, wie selbst der kleinste Garten eine wohlschmeckende und nützliche Ernte liefern kann.

Um gesund zu bleiben, müssen wir in einem förderlichen Umfeld leben, das heutzutage jedoch von einer ganzen Reihe potenzieller Gefahren bedroht ist. Außer den Problemen, die jeder Einzelne und die Gesellschaft durch Luftverschmutzung und die Verwendung gefährlicher Chemikalien und Stoffe verursachen, birgt auch die Natur Risiken. Einige davon bekommt man durch eine aufgeschlossenere Einstellung dem Garten gegenüber in den Griff. Der Luftverschmutzung beispielsweise kann man entgegenwirken, indem man zuallererst bestimmte Pflanzen setzt, die die Luftqualität günstig beeinflussen, und dafür sorgt, dass sie gedeihen. Die Luftqualität wird auch von Staub, Pilzsporen und Pollen beeinträchtigt: Diese natürlichen Verschmutzer machen Allergikern das Leben schwer, aber auch hier lässt sich ihre Wirkung durch eine geeignete Gartenanlage, überlegte Pflanzenauswahl und die Schaffung eines allergenarmen Raums erfolgreich verringern. Viele Gesundheitsrisiken kann man mit so genannten »grünen« Praktiken eindämmen; Risikobeschränkung beginnt mit der Entscheidung für ein biologisches System.

LINKS Nur in wenigen Gärten ist Platz für Pfauen, aber mit biologischem Gärtnern werden Sie andere gefiederte Gäste anlocken, die genauso viel Freude bereiten.

# BIOLOGISCH GÄRTNERN

Biologisches Gärtnern heißt, den Garten ganzheitlich und als Einheit zu betrachten. Es führt automatisch zur Entwicklung einer ausgewogeneren Umgebung, die ihren Bewohnern nützen wird. Denken Sie daran, dass jede Aktion eine Reaktion hervorruft.

Als Erstes muss sich der biologische Gärtner klarmachen, dass er keine widernatürlich geschaffenen Produkte verwenden soll – dazu gehören auch viele beliebte Garten»helfer«. Einige davon dienen der unmittelbaren Pflanzenbehandlung, zum Beispiel anorganische Dünger, Pestizide und Herbizide, aber auch andere chemische Keulen stehen noch bei vielen Leuten im Schrank. Kreosot zum Beispiel gilt als potenziell krebserregend, doch es wird regelmäßig als Holzschutzmittel im Freien verwendet. Mit Thanalith kesseldruckbehandeltes Holz ist mit Schwermetallen und Giften belastet (Kupfer, Chrom und Arsen), die unvorhersehbare Probleme hervorrufen können.

## Der Boden

Ihr Garten wird von Umweltbedingungen wie Erdboden, Lage und Klima bestimmt. Viele sind der Ansicht, dass das wichtigste Element in einem Bio-Garten der Boden ist, den man als eigenständigen lebenden Organismus betrachten muss. Eine gute Bodenstruktur fördert starkes Wachstum, die Pflanzen entwickeln eine natürliche Widerstandsfähigkeit, und allein schon das ist wahrscheinlich wichtiger als irgendwelche Anbaumaßnahmen.

Das Einarbeiten von grobem organischem Material ist von großem Vorteil, und man kann niemals zu viel des Guten tun. Guter Gartenkompost oder gut verrotteter Mist sind ebenso geeignet wie viele andere Materialien von Laubkompost bis zu Blätterhumus und verbrauchten Pilzsubstraten. Bio-Gärtner vergraben sogar Bananenschalen, alte Lederschuhe und Rosshaarmatratzen, die gute Nährstoffe liefern, wenn sie verrotten! Alle diese Materialien tragen dazu bei, die Belüftung des Bodens zu verbessern. Leichte, sandige Böden profitieren von nährstoffreichem Humus und können das Wasser besser speichern, während schwerere Lehmböden leichter dräniert werden und somit einfacher zu bearbeiten sind.

Jeder Gärtner, ob biologisch ausgerichtet oder nicht, sollte versuchen, Platz für einen Komposthaufen zu schaffen. Durch die Wiederverwertung von geeignetem Garten- und Haushaltsabfall können Sie nicht nur die örtliche Müllentsorgung entlasten, sondern erhalten sogar gratis einen wertvollen Bodenzusatz. Kompostieren ist nicht schwierig – gewöhnen Sie sich an, Eierschalen, Teebeutel, Obst- und Gemüseschalen (keine Fleischabfälle, denn sie ziehen Ratten an), verwelkte Topfpflanzen sowie Grasschnitt und andere Gartenabfälle auf den Kompost zu werfen. Damit Ihr Kompost seinen Zweck erfüllt und der Platz trotzdem sauber ist, benutzen Sie zunächst einen Drahtcontainer oder einen anderen offenen Komposter, damit die Luft zirkulieren kann. Um den Verrottungsprozess zu beschleunigen und für ausreichende Belüftung zu sorgen, wenden Sie den Kompost mit einer Mistgabel ein- oder zweimal während des Kompostierens um. Den Kompostbereich können Sie mit einem Zaun oder einer üppig wuchernden Pflanze tarnen.

Wenn Sie wirklich wenig Platz haben oder schnellere Ergebnisse sehen wollen, sollten Sie eine Wurmtonne in Erwägung ziehen. Diese können Sie zwar als Bausatz kaufen, ja sogar die Würmer per Post bestellen, aber eine Mülltonne, in deren Boden Sie Löcher gebohrt haben, tut es auch. Halten Sie den Inhalt einfach feucht und frostfrei und legen Sie täglich regelmäßig Ihre Küchenabfälle darauf. Der Lohn für Ihre Mühe ist ein nährstoffreicher Kompost und oft auch eine Nährflüssigkeit, die Sie getrennt abgießen können.

Mist und Kompost erhöhen den Nährstoffgehalt des Bodens, so dass Sie immer seltener zu chemischen Düngern greifen müssen. Wird Kompost als tiefer Mulch auf feuchten Erdboden aufgebracht, vermindert er auch das Wachstum von Unkraut und speichert während der gesamten Wachstumsperiode Feuchtigkeit; beides entlastet die Pflanzen und führt zu gesünderem Wachstum. Da Sie jetzt weniger gießen müssen und folglich Wasser sparen, schonen Sie auch die Umwelt. Sie können zu diesem Zweck auch eine Wassertonne aufstellen und Regenwasser verwenden.

Um die Bodenstruktur vor dauerhaften Schäden zu schützen, müssen Sie bei bestimmten Gartenmaßnahmen auf den richtigen Zeitpunkt achten. Betreten Sie niemals schwere Böden, wenn sie nass sind. Manche Bio-Gärtner graben den Boden nicht einmal um und überlassen ihn mehr oder weniger sich selbst; sie verwenden ausschließlich tiefen Mulch aus organischen Stoffen, für die Lüftung und Lockerung der Bodenstruktur sorgen dann die Würmer.

## Unkrautbekämpfung

Viele sind der Ansicht, dass das Gedeihen von Unkraut einer der Nachteile des biologischen Gärtners ist. Obwohl man es durch Hacken und Jäten in Schach halten kann, sollten Sie den Boden möglichst wenig aufbrechen, denn dabei fördern Sie noch mehr Samen zutage, die an der Oberfläche besser keimen können. Machen Sie sich das Leben leichter, indem Sie mit dem Wetter arbeiten – wenn Sie bei trockenem, sonnigem Wetter hacken, stirbt das Unkraut ab, bevor es auf der Oberfläche neue Wurzeln bilden kann.

Wichtig ist, den Boden niemals brach liegen zu lassen. Mit dichter, den Boden deckender Bepflanzung und Mulch lässt sich Unkraut am besten in Schach halten. Ruht das »Land« etwa zwischen Erntezeiten oder weil neue Sträucher gepflanzt werden sollen, müssen Sie es komplett abdecken, zum Beispiel mit Rindenmulch, schwarzer Polyethylenfolie oder einem alten Teppich. Für einen längeren Zeitraum können Sie einen »grünen« Dünger anpflanzen wie Bockshornklee, Alfalfa oder einjährige Lupinen, diesen am Ende seiner Wachstumsperiode umgraben und so dem Boden wichtige Nährstoffe zuführen. Auch verrottete Brennnesseln liefern einen hervorragenden grünen Dünger.

Diese Methoden sind allerdings aufwendiger als die einmalige Ausbringung eines Unkrautvernichtungsmittels. Menschen, in deren hektischem Leben jede Minute kostbar ist, wollen nicht stundenlang mit einer Mistgabel Winden zu Leibe rücken. Wenn Sie ohne Unkrautvernichter absolut nicht leben können, befolgen Sie wenigstens die Anweisungen des Herstellers ganz genau und wählen Sie ein umweltfreundliches Mittel. Dasselbe gilt auch bei schwerem Schädlingsbefall – wählen Sie ein auf das spezielle Problem zugeschnittene Produkt, das für die »guten« Garteninsekten möglichst unschädlich ist.

Es mag zwar überhaupt nicht in Ihre Vorstellungen passen, aber auch Unkraut ist nützlich. Viele Unkrautpflanzen sind wichtige Nahrungslieferanten für die heimische Fauna, und ich wage sogar zu behaupten, dass sie für sich genommen attraktiv sind. Denken Sie nur an die Wildblumenwiese, von der jeder träumt; was ist sie anderes als eine Ansammlung von Unkräutern, die im Gras wachsen? Lernen Sie wenigstens ein paar ungebetene Besucher zu erdulden, und sollten Sie die Kontrolle verlieren, geraten Sie nicht gleich in Panik. Richten Sie Ihre Sofortmaßnahmen auf die Unkräuter, die kurz vor der Blüte stehen, denn die alte Weisheit »Ein Jahr Samen bedeutet sieben Jahre Unkraut« ist leider nur allzu wahr!

## Werkstoffe für den Garten

Einige biologische Maßnahmen haben bis weit über Ihren Garten hinaus eine Wirkung; entscheiden Sie sich bei der Wahl möglichst für Naturmaterialien. Ton oder Lehm, Naturstein, Holz und Terrakotta sind Beton und Kunststoffen vorzuziehen, deren Produktion die natürlichen Ressourcen zerstört und die Umweltverschmutzung vorantreibt. Es gibt nur einen Vorbehalt: Kaufen Sie Steine möglichst aus einer Wiederverwertung. Sie sollten auf verwitterten Steingartenstein verzichten, es sei denn, Sie haben die absolute Gewissheit, dass er nicht aus einer natürlichen Quelle stammt. Die wenigen noch vorhandenen heimischen ökologischen Flusslebensräume und Kalksteinvorkommen müssen um jeden Preis geschützt werden.

Aus demselben Grund sollten Sie beim Kauf von Holzmöbeln darauf achten, dass das Holz aus einer Schonung kommt. Entscheiden Sie sich auch für Kompost ohne Torf, um die bedrohten Torfmoore zu erhalten. Der Bio-Gärtner verfügt über zahlreiche andere organische Hilfsstoffe für die Bodenverbesserung.

UNTEN Der Zierlauch hat sich seinen Platz in diesem Beet verdient, denn er schützt Rosen vor Mehltau.

## Gartenschädlinge

Schädlinge und Krankheiten stellen den biologischen Gärtner vor viele Probleme. Den meisten kann er aber durch mechanische Maßnahmen, die richtige Pflege und Kontrolle sowie die Wahl krankheitsresistenter Sorten vorbeugen. Manche Sträucher und Bäume sind von Natur aus widerstandsfähiger gegen Schädlings- und Krankheitsbefall, anderen Pflanzen wie Rosen und vielen Gemüsesorten wurde Resistenz gegen Krankheiten angezüchtet. Wenn alles nichts nützt, gibt es im Handel einige annehmbare biologische Präparate, aber selbst diese sollte man sparsam und nur im Notfall einsetzen. Man kann auch mit einer Spritzbrühe aus Ackerschachtelhalm *(Equisetum arvense)* gegen Pilzkrankheiten vorgehen, mit Brennnesselbrühe Blattläuse und mit Brennnesseljauche Spinnmilben von den meisten Pflanzen fern halten.

Durch biologisches Gärtnern wird sich im Lauf der Zeit ein natürliches Gleichgewicht im Garten einstellen; zunehmendem Schädlingsbefall sollte man mit mehr natürlichen Feinden (Nützlingen) begegnen: Marienkäferkolonien, Schwebfliegen und Schlupfwespen (die Blattläuse, Milben und andere Schädlinge fressen), Schwarzkäfer und Tausendfüßler (die Nacktschnecken und Dickmaulrüssler fressen), Frösche, Drosseln und Igel. Sie müssen für das Überleben der Tiere auch genügend Nahrung und Unterschlupf bieten. Räumen Sie den Garten im Herbst nicht so gründlich auf, denn viele Tiere brauchen abgestorbenes Pflanzenmaterial und Ritzen in Holzstapeln zum Überwintern.

Daneben gibt es biotechnische Maßnahmen, die Schädlinge fern halten. Dazu gehören Leimfolien und Pheromonfallen für Obstbäume, so dass Fliegen und Falter keinen Schaden anrichten können; Teerpappekrausen, die um die Stengel von Kohlpflanzen gelegt werden, verhindern, dass die Kohlfliege ihre Eier am unteren Teil der Stengel ablegt; dünne Spezialvliese halten die Möhrenfliege fern. Nacktschnecken und Raupen kann man leicht mit den Händen absammeln. Wenn Sie das nicht tun wollen, sind Bierfallen eine ganz einfache, aber wirkungsvolle Alternative: Eine Untertasse oder ein Marmeladenglas voll Bier lockt sie in ihr Verderben – sie ertrinken, während sie sich berauschen! Auch Sägespäne, Schotter, Asche und Eichenblätter, um empfindliche Pflanzen gestreut, halten Nacktschnecken und Schnecken fern.

Bevor Sie zu Chemikalien greifen, überlegen Sie zuerst, welche Alternativen Sie haben. Ein Befall durch Ohrwürmer kann beispielsweise einige blühende Pflanzen vernichten, lässt sich aber durch einfache Fallen in den Griff bekommen – warum also Chemikalien einsetzen? Bohrasseln sind zwar lästig, aber meistens richten sie keinen Schaden an; muss man sie deshalb wirklich töten?

Befolgen Sie diese Regel bei jedem Gartenproblem; mit etwas Überlegung und Nachforschen finden Sie sicher eine weniger schädliche Alternative. Die Entscheidung für biologisches Gärtnern wird unweigerlich ein paar zerfressene Blätter oder ab und zu den Verlust einer Pflanze zur Folge haben, aber langfristig überwiegen die Vorteile die Verluste. Und wenn wir auch nur ein klein wenig dazu beitragen können, gesündere Lebensbedingungen in unserer Welt zu schaffen, dann hat sich die Mühe gelohnt.

## Pflanzen helfen Pflanzen

Einige Schädlinge lassen sich erfolgreich durch abwehrende Pflanzen vertreiben – das heißt durch Pflanzen, die, in die Nähe anderer Pflanzen gesetzt, deren bekannte Schädlinge vertreiben. Diese Helferpflanzen sondern Wirkstoffe ab, die bestimmte Schädlinge oder Krankheiten nicht mögen und so in einer Pflanzengemeinschaft als Ordnungshüter auftreten können: Schnittlauch und andere Mitglieder der *Allium*- oder Zwiebelfamilie (wie beispielsweise der Zierlauch, der sich immer größerer Beliebtheit erfreut) dämmen Mehltau auf Rosen ein; Kapuzinerkresse hält Wollläuse und Schildläuse in Schach; Studentenblumen *(Tagetes)* vertreiben Wurzelälchen; Zwiebeln und Salbei wehren die Möhrenfliege ab; Dill und Rosmarin locken Kohlweißlinge von Kohl weg, und viele andere stark duftende Kräuter wie Basilikum, Thymian und Pfefferminze halten zahlreiche Schädlinge ab.

Genauso wirkungsvoll ist es, Pflanzen in gemischten Gemeinschaften zu setzen. Dies gilt für Zierpflanzen wie für Obst und Gemüse. Die verschiedenen Pflanzen schützen sich gegenseitig vor Schädlingen, da sich ein ernsthafter Befall erst gar nicht entwickeln kann.

# TIERLEBEN IM GARTEN

Es gibt mindestens zwei gute Gründe dafür, das Tierleben in Ihrem Garten zu fördern. Erstens sind viele Insekten, Vögel und Säugetiere sehr gute Schädlingsbekämpfer, die Ihnen auf natürliche Weise im Kampf gegen die ungebetenen Gäste helfen werden. Zweitens ist die Freude an Fauna und Flora in Ihrem Garten ein wichtiger Aspekt. Wer erfreut sich nicht an einer von Schmetterlingen umschwärmten *Buddleja* (Sommerflieder), an einer Blaumeise, die kopfüber an Birkenkätzchen hängt, oder an einem Klumpen Froschlaich, der plötzlich in einem kleinen Gartenteich treibt? Wenn Bienen, Schmetterlinge, Vögel und andere Tiere in Ihrem Garten sind, können Sie sicher sein, dass die Umgebung gesund ist und sowohl Ihnen als auch den Tieren taugt.

Solch ein Kontakt mit der Natur schenkt uns lebenswichtige Erholung von unserem sterilen, stressigen Leben und schafft neue Verbindungen zu unserer weiteren Umgebung. Fast jede Gartenpflanze lockt eine Biene oder irgendein anderes Insekt an, auch wenn es bloß auf Erkundungsflug ist und wieder wegfliegt. Vogelfutter im Winter zieht selbst in einem mit Beton ummauerten Garten Vögel an. Sie werden feststellen, dass Sie bereits mit diesen einfachen Maßnahmen erstaunlich viele Gäste zu sich holen. Und wenn Sie in einer völlig kargen Umgebung leben und fast nie ein Lebewesen zu Gesicht bekommen, flüchten Sie so oft wie möglich in die offene Natur, um Ihr Leben zu bereichern – das wird Sie aufheitern. Dazu genügt schon ein Spaziergang in Ihrem Stadtpark.

Sie müssen Ihren Garten als Naturreservat im Kleinen betrachten, wenn Sie viele verschiedene frei lebende Tiere anlocken wollen. In einem großen Garten sollten Sie Artenvielfalt in möglichst verschiedenen natürlichen Lebensräumen schaffen. Versuchen Sie, sich an die ökologischen Bedingungen anzupassen, und setzen Sie die Ideen auf den folgenden Seiten zur Schaffung unterschiedlicher Lebensräume in Ihrem Garten um. Selbst auf dem kleinsten Beet können Pflanzen stehen, die bewusst gewählt wurden, um zum Beispiel Schmetterlinge anzulocken.

Denken Sie daran, dass die Entscheidung, aus Ihrem Garten ein schädlingsfreies Refugium zu machen, weitaus wichtiger ist als die Anzahl der Pflanzen, die darin stehen. Bereits Spuren von Chemikalien können zahlreiche der winzigen Bewohner unserer Gärten vergiften, die ein Festmahl für Lebewesen sind, die wie Vögel und Igel in der Nahrungskette weiter oben stehen. Sie können auch, unabhängig von der Größe des Gartens, Baumstümpfe belassen oder Holzstapel aufschichten als Wohnraum für Raubinsekten wie Tausendfüßler und Laufkäfer, oder Sie hängen Vogelnistkästen auf.

Ganz gleich, was Sie in Ihren Garten locken wollen – Sie müssen in punkto Sauberkeit umdenken und für eine größere Artenvielfalt einige Zugeständnisse an Ihren Ordnungssinn machen:

- Entfernen Sie nicht jede verwelkte Blume am Ende des Sommers – Samenkapseln stellen eine wichtige Nahrungsquelle im Winter dar.
- Mähen Sie nicht jedes Rasenstück zentimeterkurz ab – längeres Gras bietet Tausenden von Tieren Nahrung und Unterschlupf.
- Schichten Sie irgendwo einen Reisig- oder Holzstoß auf, in dem Tiere überwintern können.
- Lassen Sie an einer unauffälligen Stelle ein paar Unkräuter stehen – sie sind ungeheuer wertvoll für alle frei lebenden Tiere (entfernen Sie die Samenkapseln, bevor sie sich aussäen, damit sie nicht überall im Garten überhand nehmen).
- Gehen Sie nicht davon aus, jedes Stückchen Erde kultivieren zu müssen – wenn Sie die Natur in einem kleinen Teil Ihres Gartens gewähren lassen, werden Sie wahrscheinlich mit einer faszinierenden Fülle von Wildblumen belohnt.
- Denken Sie daran, bei der Frühjahrsarbeit nicht unnötig überwinternde Tiere in ihren Verstecken aufzustöbern.

RECHTS Die *Buddleja* lockt bekanntlich Schmetterlinge an, und zwar so sehr, dass sie im Volksmund Schmetterlingsstrauch genannt wird.

## Die Wildblumenwiese

Fast jede Grasfläche lässt sich durch einige Wildblumen verschönern, die mit ihrem Farbenkaleidoskop Leben in ein vielleicht langweiliges Fleckchen bringen. Es lohnt sich auch, einen Teil der Grasfläche nicht zu kurz zu mähen, denn sie bietet Insekten und Kleintieren im Winter Unterschlupf und stellt im Herbst eine wichtige Nahrungsquelle dar.

Zwar können Sie in Ihrem Garten unmöglich ein getreues Abbild einer alten Heuwiese anlegen, aber sie lässt sich erstaunlich leicht nachahmen. Verschaffen Sie sich Klarheit über die Beschaffenheit und Lage Ihres Bodens – ob er sauer oder alkalisch, nass oder trocken ist, sonnig oder schattig liegt –, damit Sie aus der anfangs überwältigend großen Fülle von Pflanzen die geeigneten auswählen können. Wenn Sie von Anfang an eine Wildblumenwiese anlegen wollen, können Sie im Fachhandel eine auf Ihre Gartenverhältnisse abgestimmte Samenmischung zusammenstellen lassen und direkt in den offenen Boden einsäen (am besten in einen nährstoffarmen Boden) und zunächst fast genauso wie jede »normale« Grasfläche bearbeiten. Durch regelmäßiges Mähen im ersten Jahr können sich die Pflanzen ansiedeln, während gleichzeitig das Gras in Schach gehalten wird; Frühjahrsblüher werden dabei einem kräftigeren Pflanzenwuchs geopfert. Sie können aber auch in einem vorhandenen Rasen Grasnarbenstücke ausstechen und dichte Büschel bereits vorgezogener Wildpflanzen einsetzen.

Der Unterschied zwischen dieser Art Grasfläche und einem gewöhnlichen Rasen besteht in der Pflege. Eine Wildblumenwiese ist zwar nicht so anspruchsvoll und braucht, wenn sie einmal angewachsen ist, nur ein- bis zweimal im Jahr gemäht zu werden; aber Sie sollten es öfter tun, und sei es nur, um zu verhindern, dass das Gras die Blumen überwuchert. Glauben Sie nicht, Sie könnten solche Flächen sich selbst überlassen; Unkräuter wie Ampfer und Nesseln mögen zwar ein ungestörtes Wachstum, aber sie nehmen überhand, wenn man ihnen nicht Einhalt gebietet.

Die besten Ergebnisse erzielen Sie wahrscheinlich mit sommerblühenden Arten, die eine große Auswahl geeigneter Pflanzen bieten und zudem pflegeleicht sind. Das bedeutet allerdings, dass Frühjahrsblüher wie Schlüsselblumen nicht infrage kommen, weil sie darunter leiden, wenn sie genauso wie später blühende Pflanzen behandelt werden. Sommerwiesen sollten Sie im Frühjahr und während der Blüte- und Samenbildungszeit ungehindert wachsen lassen und erst im August mähen. Anschließend können Sie sie regelmäßig bis zum Ende der Jahreszeit mähen, damit sie ordentlich aussehen.

Gibt es in Ihrem Garten nur wenig Platz, können Sie viele dieser Pflanzen auch in kleinen Jahresbeeten aussetzen und so die Illusion einer Wiese erzeugen, die nicht dieselbe Pflege wie Gras braucht.

Die folgenden, für gemäßigte Klimazonen geeigneten Pflanzen gedeihen auf fast allen Böden und tolerieren unterschiedlichste Bedingungen; handelt es sich um besondere Gebiete wie Wald, moorigen oder trockenen, kalkhaltigen Boden, wenden Sie sich an eine Samenhandlung oder Gärtnerei Ihres Vertrauens. Verwenden Sie möglichst Samen von Pflanzen aus der Umgebung, damit das genetische Profil der in Ihrem Garten heimischen Pflanzen nicht durch Fremdbestäubung beeinträchtigt wird.

**Wiesenpflanzen**

Alpenlein *(Linum perenne)*
Braunelle *(Prunella vulgaris)*
Glockenblume *(Campanula rotundifolia)*
Hornklee *(Lotus corniculatus)*
Kissenprimel *(Primula vulgaris)*
Klappertopf *(Rhinanthus minor)*
Klatschmohn *(Papaver rhoeas)*
Kleiner Odermennig *(Agrimonia eupatoria)*
Kornblume *(Centaurea cyanus)*
Kuckuckslichtnelke *(Lychnis flos-cuculi)*
Labkraut *(Galium verum)*
Leimkraut *(Silene dioica)*
Leinkraut *(Linaria vulgaris)*
Moschusmalve *(Malva moschata)*
Schafgarbe *(Achillea millefolium)*
Wicke *(Vicia sativa)*
Wiesenmargerite *(Leucanthemum vulgare)*
Wiesenstorchschnabel *(Geranium pratense)*
Witwenblume *(Knautia arvensis)*
Ziest *(Stachys officinalis)*

LINKS Mohn und Kornblumen säen sich schnell selbst aus, während andere Pflanzen wie Wiesenmargeriten als Mehrjährige jedes Jahr aufs Neue auf Ihrer Wildblumenwiese erscheinen werden.

OBEN Obwohl Insekten Farben nicht so sehen wie wir, zieht es sie auf der Suche nach Pollen und Nektar sicher zu diesem farbenfrohen Beet. Vor allem Schwebfliegen werden von Schafgarbe, Margeriten und Mohn angezogen, während im Winter die Samenkapseln von Mohn und Grasnelken den Vögeln Nahrung bieten.

## Schmetterlinge, Bienen und andere Insekten anlocken

Laden Sie diese kleinen Lebewesen in Ihren Garten ein, indem Sie Ihnen eine Nahrungsquelle bieten. Ideal ist ein sonniges, geschütztes Fleckchen, wo sie sich auf den Blüten niederlassen können, ohne vom Wind fortgeweht zu werden. Offene Blüten (bevorzugt gelbe und weiße) wie Wiesenmargerite *(Leucanthemum vulgare)*, Sumpfblume *(Limnanthes douglasii)*, Hainblume *(Nemophila menziesii)* und Kamille *(Chamaemelum nobile)* werden von Schwebfliegen bevorzugt, ebenso Schafgarbe *(Achillea millefolium)*, Skabiose *(Scabiosa)*, Witwenblume *(Knautia* spp.*)* und Kapuzinerkresse *(Tropaeolum majus)*. Schwebfliegen, die wie kleine Wespen aussehen, belohnen den Gärtner laufend mit Nachschub an blattlausfressenden Larven, von denen jede bis zu fünfzig Blattläuse täglich vertilgen kann. Besonders Bienen brauchen Pollen- und Nektarquellen in Jahreszeiten mit wenig Blüten, etwa im frühen Frühling und Herbst. Sie sollten sie an Orte locken, wo sie zur Bestäubung von Obstbäumen, anderen Früchten und Gemüse notwendig sind.

Versuchen Sie, auch Raupen einige Futterpflanzen zur Verfügung zu stellen; wenn es ihre Lieblingsnahrung in Hülle und Fülle gibt, machen sie sich sicher seltener über Ihren Kohl her. Ein Fleck mit Nesseln ist wahrscheinlich die beste Lösung, aber schönere Pflanzen sind beispielsweise Kapuzinerkresse, Judassilberling *(Lunaria annua)*, Kreuzdorn *(Rhamnus* spp.*)*, Stechpalme *(Ilex aquifolium)*, Weißer Hartriegel *(Cornus alba)*, Efeu und Ginster. Raupen mögen auch Disteln, Kletten, Brombeersträucher und Wildblumen.

**Bienenpflanzen**

Die folgenden Pflanzen sind gute Pollen- und Nektarlieferanten:

Ahorn *(Acer* spp.)
Aster *(Aster*-Sorten)
Berberitze *(Berberis* spp.)
Bibernellrose *(Rosa pimpinellifolia)*
Blutjohannisbeere *(Ribes sanguineum)*
Borretsch *(Borago officinalis)*
Brandkraut *(Phlomis fruticosa)*
*Cotoneaster*-Sorten
*Crocus* spp.
Eberesche und Mehlbeere *(Sorbus* spp.)
Edeldistel *(Eryngium* spp.)
Efeu *(Hedera helix)*
Esche *(Fraxinus excelsior)*
Feuerdorn *(Pyracantha*-Sorten)
Fingerhut *(Digitalis* spp.)
Fingerkraut *(Potentilla fruticosa)*
Geißblatt *(Lonicera* spp.)
Ginster *(Cytisus* spp.)
Hasenglöckchen *(Hyacinthoides non-scripta)*
Hyazinthe *(Hyacinthus orientalis)*
Indianernessel *(Monarda didyma)*
Katzenminze *(Nepeta* spp.)
Kirsche und Kirschlorbeer *(Prunus* spp.)
Krimlinde *(Tilia* x *euchlora)*
Lorbeerbaum *(Laurus nobilis)*
Maiglöckchen *(Convallaria majalis)*
Pfingstrose *(Paeonia*-Sorten)
*Rhododendron*-Sorten
Rosmarin *(Rosmarinus officinalis)*
Seidelbast *(Daphne mezereum)*
*Skimmia*-Sorten
Sonnenbraut *(Helenium* spp.)
Stechginster *(Ulex europaeus)*
Thymian *(Thymus* spp.)
*Verbena* spp.
Weiderich *(Lythrum* spp.)
Weißdorn *(Crataegus persimilis* 'Prunifolia')
Ysop *(Hyssopus officinalis)*
Zierquitte *(Choenomeles speciosa* var.)

**Schmetterlingspflanzen**

Viele Pflanzen, die Bienen als Pollen- und Nektarlieferanten dienen, locken auch Schmetterlinge an. Daneben gibt es:

Baldrian *(Valeriana officinalis)*
*Caryopteris* x *clandonensis*
Fetthenne *(Sedum spectabile)*
Grasnelke *(Armeria maritima)*
Heliotrop *(Heliotropium*-Sorten)
Himbeere, Brombeere *(Rubus* spp.)
Karde *(Dipsacus fullonum)*
Kornblume *(Centaurea cyanus)*
Kornrade *(Agrostemma githago)*
»Laurustinus« der Gärtner *(Viburnum tinus)*
Lavendel *(Lavandula*-Sorten)
*Leucanthemum* x *superbum*
Nachtviole *(Hesperis matronalis)*
*Phlox* spp.
Säckelblume *(Ceanothus* spp.)
Schafgarbe *(Achillea millefolium)*
Schmetterlingsstrauch *(Buddleja davidii, B.* x *weyeriana* und andere)
Seifenkraut *(Saponaria officinalis)*
Skabiose *(Scabiosa* spp.)
Spierstrauch *(Spiraea japonica)*
Spornblume *(Centranthus ruber)*
Strauchveronika *(Hebe* spp.)
Wasserdost *(Eupatorium cannabinum)*

UNTEN Bienen zieht es besonders zu Pflanzen mit reichen Pollen wie hier *Helenium*, das auch als Sonnenbraut bekannt ist.

## Hecken

Hecken sind wichtige Lebensräume für Vögel und andere Tiere. Leider werden es von Tag zu Tag weniger, weil sie von Bauern und anderen Landbesitzern ausgerissen werden. Statt Liguster, Lorbeer oder Zypresse zu wählen, sehen Sie sich um, was in Ihrer Gegend natürlich wächst, oder pflanzen Sie eine gemischte Hecke mit einigen oder allen der folgenden Pflanzen:

Faulbaum *(Rhamnus frangula)*
Feldahorn *(Acer campestre)*
Gemeiner und Wolliger Schneeball
*(Viburnum opulus* und *V. lantana)*
Hartriegel *(Cornus sanguinea)*
Haselstrauch *(Corylus avellana)*
Holunder *(Sambucus nigra)*
Hundsrose *(Rosa canina)*
Pfaffenhütchen *(Euonymus europaea)*
Salweide *(Salix caprea)*
Sanddorn *(Hippophae rhamnoides)*
Schwarzdorn *(Prunus spinosa)*
Stechpalme *(Ilex aquifolium)*
Waldgeißblatt *(Lonicera periclymenum)*
Weißdorn *(Crataegus monogyna)*

## Gehölze

Wenn Sie keinen Platz für ein Wäldchen haben, können Sie dennoch mit einem einzigen heimischen Baum und ein paar Sträuchern (siehe obige Liste) einen Waldrand nachempfinden. Für einen sehr kleinen Garten, in dem jede Pflanze ihren Raum verteidigen muss, wählen Sie eine Weißbirke *(Betula pendula)*, denn sie hat das ganze Jahr über eine elegante Rinde, oder vielleicht sogar eine Zuchtform von Holzapfel *(Malus*-Sorten*)*, Weißdorn *(Crataegus*-Sorten*)* oder Eberesche *(Sorbus*-Sorten*)*, die farbenfrohere Blüten oder Beeren haben als ihre heimischen Verwandten.

Schön sind auch Wildblumen wie Roter Fingerhut *(Digitalis purpurea)*, die in Waldgebieten natürlich vorkommen. Bei bodendeckenden Pflanzen sollten Sie immer heimische Arten wählen, darunter vielleicht Hasenglöckchen *(Hyacinthoides non-scripta)*, Buschwindröschen *(Anemone nemorosa)* oder Schneeglöckchen *(Galanthus nivalis)*.

## Pflanzen für Vögel

Viele Vögel machen Jagd auf ungebetene Schädlinge im Garten. Drosseln, Rotkehlchen und Blaumeisen sind tatkräftige Helfer (einmal abgesehen davon, dass es wunderschöne Geschöpfe sind), weil sie alle möglichen Nacktschnecken, Schnecken, Raupen und andere Insekten vertilgen.

Vogeltränken und unterschiedlich gefüllte Futterstellen locken im Winter zahlreiche Vogelarten in Ihren Garten. Genauso gut können Sie für natürliche Futterquellen wie Samen und Beeren sowie Pflanzen, die Schutz bieten, sorgen. Ebenso wie die Liste der Heckenpflanzen links sind auch die folgenden Pflanzen wichtige Futterquellen:

**Bäume und Sträucher**
Berberitze *(Berberis* x *stenophylla)*
*Cotoneaster* spp.
Eberesche, Vogelbeerbaum *(Sorbus aucuparia)*
Echte Brombeere *(Rubus fruticosus)*
Efeu *(Hedera helix)*
Eibe *(Taxus baccata)*
*Elaeagnus angustifolia*
Feuerdorn *(Pyracantha*-Sorten*)*
Holzapfel *(Malus*-Sorten*)*
Kartoffelrose *(Rosa rugosa)*
Schneebeere *(Symphoricarpos* spp.*)*
Traubenkirsche *(Prunus padus)*

**Mehrjährige und Einjährige**
Aster *(Aster novi-belgii)*
Grasnelke *(Armeria maritima)*
Judassilberling *(Lunaria annua)*
Kardendistel *(Dipsacus fullonum)*
Nachtkerze *(Oenothera biennis)*
Schleifenblume *(Iberis* spp.*)*
Schmuckkörbchen, Kosmee *(Cosmos* spp.*)*
Sonnenblume *(Helianthus annuus)*

RECHTS Fingerhut hellt den Gehölz-Lebensraum auf, der vielen Tieren Unterschlupf gewährt.

LINKS Dieser Teich, der Tiere anlocken soll, ist von Rohrkolben *(Typha latifolia)*, Blutweiderich *(Lythrum salicaria)*, Mädesüß *(Filipendula ulmaria)* und Wasserdost *(Eupatorium cannabinum)* umgeben.

## Der Gartenteich

Für einen Lebensraum mit vielen Tieren in Ihrem Garten ist ein Teich ideal. Stehendes Wasser lockt alle möglichen Tiere an: von Libellen, Fröschen, Kröten oder Molchen bis hin zu Vögeln und sogar Igeln, die ihn als Badeplatz oder Wasserloch benutzen.

Planen Sie den Teich in ebener, offener Lage, nicht unter überhängenden Bäumen, sondern mit einer Randbepflanzung aus Sträuchern und Gräsern, die etwas Schutz bieten. Der Teich sollte mindestens 3 Quadratmeter groß und wenigstens an einer Stelle 80 Zentimeter, besser 1 Meter tief sein. Er muss für die Tiere leicht zugänglich sein. Je seichter daher der Rand nach innen abfällt, desto besser. Je nach Bodenbeschaffenheit müssen Sie die Grube mit einer Teichbaufolie auskleiden. Auf diese wird 15 Zentimeter hoch durchgesiebte Erde aufgetragen, oder sie wird mit umgedrehten Grassoden bedeckt als Untergrund für die Pflanzen.

Ein mit Grassoden bedeckter Rand sieht natürlicher aus als Steine (die vor allem die hoch gezogene Folie festhalten). Füllen Sie den Teich möglichst mit Regenwasser (vorher Umweltbelastung prüfen), lassen Sie es ein paar Tage abstehen, bevor Sie Pflanzen und/oder Tiere einsetzen. Stopfen Sie den Teich nicht mit exotischen Schnecken oder Fischen voll, die der heimischen Fauna Schaden zufügen könnten. Gelegentlich erhält man Froschlaich bei örtlichen Naturverbänden. Holen Sie niemals etwas direkt aus der Natur (Tier oder Pflanze), denn viele Arten sind geschützt.

Der Teich braucht auch Pflege. Entfernen Sie deshalb so schnell wie möglich jegliche abgestorbene oder zu üppig wuchernde Vegetation. Die Oberfläche bedeckende Pflanzen wie Wasserlinsen sollten ebenfalls nicht überhand nehmen, damit sie dem Teich nicht zu viel Licht und Sauerstoff rauben.

Bei der Auswahl der Pflanzen sollten Sie aus jedem der folgenden drei Abschnitte einige nehmen und ihren Wuchs (Geschwindigkeit und Höhe) berücksichtigen, damit ein Gleichgewicht gewährleistet ist. Füllen Sie den Teich nach und nach auf, damit die Wasseroberfläche nicht völlig zugedeckt wird (es sollte nicht mehr als ein Drittel bis höchstens die Hälfte der Oberfläche im Schatten liegen). Heimische Pflanzen liefern für die meisten Insekten die Lebensgrundlage.

**Sauerstoffspender**

Sie verbessern die Sauerstoffqualität und halten das Wasser frisch und sauber. Sie wachsen unter Wasser und sollten direkt auf den Teichgrund gesetzt werden.

Laichkraut *(Potamogeton crispus)*
Tausendblatt *(Myriophyllum spicatum)*
Wasserfeder, Wasserprimel *(Hottonia palustris)*
Wasserhahnenfuß *(Ranunculus aquatilis)*
Wasserstern *(Callitriche stagnalis)*

**Tiefwurzler**

Sie wachsen in tiefem Wasser, ihre Blätter schwimmen auf der Oberfläche; sie schirmen das Wasser vor übermäßiger Sonneneinstrahlung ab. Pflanzen Sie sie in Körbe oder direkt in Erde auf dem Grund.

Froschbiss *(Hydrocharis morsus-ranae)*
Gelbe Teichrose *(Nuphar lutea)*
Pfeilkraut *(Sagittaria sagittifolia)*
Wasserknöterich *(Polygonum amphibium)*
Weiße Seerose *(Nymphaea alba)*

**Pflanzen für den Teichrand**

Sie wachsen am immer feuchten Teichrand oder im flachen Wasser, sie wurzeln direkt im Wasser oder in feuchter Erde. Einige gedeihen genauso gut in der feuchten Erde eines »Sumpf«gartens. Pflanzen Sie sie in Körbe oder direkt in den Boden.

Bachbunge *(Veronica beccabunga)*
Bachminze *(Mentha aquatica)*
Bitterklee, Fieberklee *(Menyanthes trifoliata)*
Blutweiderich *(Lythrum salicaria)*
Gauklerblume *(Mimulus guttatus)*
Kalmus *(Acorus calamus)*
Mädesüß *(Filipendula ulmaria)*
Nelkenwurz *(Geum rivale)*
Rohrkolben *(Typha minima)*
Schwanenblume *(Butomus umbellatus)*
See- oder Teichbinse *(Scirpus lacustris)*
Sumpfdotterblume *(Caltha palustris)*
Sumpfvergissmeinnicht *(Myosotis scorpioides)*
Wasserschwertlilie *(Iris pseudacorus)*

# EIN GARTEN FÜR DIE GESUNDHEIT

Selbst mit dem ökologisch ausgetüfteltsten Plan schießen sich manche Menschen leider manchmal ein Eigentor. Alle Gärten können im Lauf des Jahres eine Vielzahl von Allergenen in Form von Staub, Pollen und Pilzsporen produzieren. Diese natürlichen Reizstoffe lösen mitunter Heuschnupfen, Asthma, Hautausschlag und andere Allergien aus. Manche Menschen reagieren nur auf ganz bestimmte Reizstoffe, andere auf mehrere gleichzeitig, was umfassende Schutzmaßnahmen erfordert. Zum Glück kann man die Luftqualität auf vielerlei Arten verbessern und den Garten ganz allgemein »benutzerfreundlicher« gestalten.

## Die Luftqualität verbessern

Reine, frische Luft gehört zu den kostbarsten Ressourcen im Garten. Die Luftqualität lässt sich durch die so genannte Ionisation wirkungsvoll verbessern. Ionen sind elektrisch geladene Teilchen, die aus neutralen Atomen oder Molekülen durch Auslagerung oder Abgabe von Elektronen entstehen. Die Anzahl positiv geladener Ionen erhöht sich durch Abgase, Zigarettenrauch, schlechte Luftzirkulation und die Verwendung synthetischer Materialien. Negativ geladene Ionen entstehen auf natürliche Weise bei Gewitterstürmen und durch das Aufbrechen von Wasser in kleine Tröpfchen. Wir fühlen uns vor einem Gewitter oft unwohl, da zu diesem Zeitpunkt die Anzahl der negativ geladenen Ionen aus der Atmosphäre zurückgeht; ein Blitz macht diese Wirkung wieder rückgängig.

Auch Pflanzen sind wichtige Lieferanten negativ geladener Ionen, da sie die negative Aufladung der Erde in die umgebende Luft ableiten. Küstengebiete, Hochlandregionen mit Reizklima und Binnenlandgebiete in der Nähe ausgedehnter Wasserflächen verfügen über einen hohen negativen Ionengehalt in der Luft, hier fühlen wir uns automatisch »gesund« und erholt.

Die Ionisation reinigt die Luft durch die Emission negativer Ionen, die sich an Schmutzpartikel in der Luft binden und sich an die nächstgelegene Erdoberfläche »erden«. Ein Anstieg des negativen Ionengehalts der uns umgebenden Luft reinigt von Staub, Pollen und Smog und fördert auf diese Weise die Gesundheit ganz allgemein. Diese Absenkung des Staub- und Pollenpegels ist eine Wohltat für Menschen mit Heuschnupfen oder Asthma. Idealerweise sollte das Verhältnis von negativ zu positiv geladenen Ionen in der Luft 60:40 betragen. Sind positive Ionen in der Überzahl, leiden viele Menschen unter Kopfschmerzen, Allergien, Depressionen und Lethargie.

Es gibt jedoch viele Möglichkeiten, negative Ionen auszubalancieren. Die Verwendung sich bewegenden Wassers in einem Garten ist besonders wohl tuend, denn Springbrunnen und Wasserfälle sorgen zusätzlich für eine höhere Luftfeuchtigkeit an dem betreffenden Ort. In Kaskaden angelegte Brunnen sind als Ionisierer sogar noch wirkungsvoller; sie sind so gestaltet, dass das Wasser in Form einer Acht fließt, was die Bewegung natürlich fließenden Wassers nachahmt und die Sauerstoffanreicherung steigert.

Die Luftqualität lässt sich auch durch das Wachstum einer üppigen Vegetation verbessern, da alle Pflanzen für eine höhere Luftfeuchtigkeit an ihrem Standort sorgen, die Luft abkühlen, Schmutzpartikel abfangen und »erden« und tagsüber auf dem Weg der Fotosynthese Sauerstoff abgeben. In Stadtgebieten spielen Pflanzen eine große Rolle als Schutzwall gegen Luftverschmutzung und Lärmbelästigung. Man hat festgestellt, dass einige Pflanzen das Ionengleichgewicht erstaunlich wirkungsvoll wiederherstellen können, darunter Farne, Immergrüne, Palmen und Efeu.

Die Zirkulation von frischer Luft im Garten sollte, wo immer möglich, gefördert werden. Vermeiden Sie Bereiche mit stehender Luft, die oft durch undurchlässige Windschutzvorrichtungen oder übertrieben dichte Vegetation verursacht werden. Die freie Bewegung der Luft verhindert die Bildung von Schimmel sowie die Entstehung anderer Pflanzenkrankheiten und sorgt für einen insgesamt gesunden Garten.

LINKS Ein kaskadenartiger Brunnen fungiert als Ionisierer, der die Luft frisch hält und ihren Feuchtigkeitsgehalt erhöht.

Für Allergiker dürften die folgenden Hinweise von besonderem Interesse sein:

- Zur Absenkung des Staub- und Pollenpegels im Sommer kann Befeuchten wirkungsvoll sein – besprengen Sie regelmäßig Beete und Bodenplatten in der Nähe des Hauses und um Sitzplätze herum (bitten Sie möglichst einen Nichtallergiker, dies zu tun).
- Ein guter Gärtner hat das Pilzwachstum im Griff und hält die Zahl der Sporen gering, die im Herbst freigesetzt werden (Pilzsporen lösen bei einigen Menschen häufig Asthma aus) – achten Sie darauf, alle feuchten, verrottenden Pflanzen und Früchte zu beseitigen, und stellen Sie den Komposthaufen weit entfernt von regelmäßig genutzten Gartenbereichen auf.
- Geben Sie bei der Gartenarbeit rund um oder beim Stutzen von Koniferen Acht – die Nadeln wirken oft als Reizstoff, und die Pflanzen hüllen sich in Staubwolken, wenn man sie schüttelt.
- Ersetzen Sie Hecken durch Zäune; Hecken sind ein idealer Sammelplatz für Staub und andere Reizstoffe wie Sporen. Wählen Sie Holzschutzmittel für den Außenanstrich sorgfältig aus.
- Manche Menschen reagieren hochgradig allergisch auf Insekten. Verzichten Sie auf Obstbäume im Garten, wenn ein Familienmitglied betroffen ist – das verfaulende Obst lockt Wespen und Bienen an.
- Lassen Sie Unkraut niemals blühen und sich aussamen – Nesseln, Ampfer, Beifußgewächse, Ambrosie *(Ambrosia)* und Wegerich sind besonders schlimm.
- Verwenden Sie zum Mulchen Kiesel statt Rinde (diese kann Staub- und Pilzsporenallergien verschlimmern), um das Unkraut im Zaum zu halten, und pflanzen Sie großzügig Bodendecker.
- Wenn Sie aufgrund einer Tierhaarallergie keine Haustiere halten dürfen, dann legen Sie doch einen Fischteich an! Wasser im Garten verbessert nicht nur die Luftqualität, es ist auch sehr entspannend, Fischen zuzusehen.

Letztendlich müssen alle Allergiker, besonders aber die Asthmatiker, versuchen, durch eine regelmäßige, wirkungsvolle Entspannungstechnik Alltagsstress zu bewältigen, der so oft einen Anfall auslöst. In Kapitel 6, Meditation, erfahren Sie mehr über die Entspannung von Körper und Geist.

## Kontaktallergene

Viele gewöhnliche Gartenpflanzen verursachen bei Berührung Reizungen. Die Sensibilität ist von Mensch zu Mensch unterschiedlich: Für einige bedeuten die Auswirkungen nicht mehr als eine geringfügige Irritation, aber Gärtner mit empfindlicher Haut oder bekannten Allergien wie Ekzemen sollten Pflanzen meiden, die schwer wiegende Reaktionen hervorrufen können. In zahlreichen Beispielen wird deutlich, wie die Pflanzen sich vor Feinden schützen. Einige Arten (zum Beispiel *Fremontodendron*) wehren mit winzigen Härchen an den Stengeln Beutetiere ab, andere (wie *Euphorbia*) enthalten einen Saft, der selbst ein verhungerndes Kaninchen abschreckt. Ihre bloße Haut sollte nicht mit folgenden Pflanzen in Berührung kommen, besonders nicht bei starker Sonneneinstrahlung, die die Reaktionen oft noch verstärkt:

Aronstab *(Arum italicum)* – der Saft kann Hautentzündungen hervorrufen

Bärenklau *(Heracleum mantegazzianum)* – schwere fototoxische Reaktion bei starker Sonneneinstrahlung

Efeu *(Hedera* spp.*)* – reizend oder allergieauslösend

*Fremontodendron californicum* – winzige Härchen können Haut, Nase und Augen reizen

Seidelbast *(Daphne mezereum)* – reizender Saft

Wacholder *(Juniperus* spp.*)* – Nadeln können Reizungen auslösen

Waldrebe *(Clematis vitalba)* – reizender Saft

Weinraute *(Ruta graveolens)* – fototoxische Reaktion bei starker Sonneneinstrahlung

Weißer Diptam *(Dictamnus albus)* – fototoxische Reaktion bei starker Sonneneinstrahlung

Wolfsmilch *(Euphorbia* spp.*)* – starke Reizungen auslösender Saft

## Der pollenarme Garten

Pollen gehören zu den bekanntesten natürlichen Allergenen; der Körper reagiert darauf mit Heuschnupfen oder Asthma. Es können das ganze Jahr über Komplikationen auftreten, besonders aber im Frühjahr (Baumpollen), Frühsommer (Graspollen) und im Herbst (Unkrautpollen und Pilzsporen). Zum Glück reagieren die meisten Menschen nur auf ganz bestimmte Stoffe empfindlich, und wenn sie herausfinden, was die Anfälle auslöst, können sie Abhilfe schaffen. Auch wenn die Pflanzen Ihres Nachbarn Ihre Bemühungen teilweise vereiteln, können Sie wenigstens die schlimmsten Allergene aus Ihrem Garten verbannen. Durch sorgfältige Pflanzenauswahl lassen sich fortwährende Pollenpegel beträchtlich eindämmen.

Die meisten Gräser – auch Ziergräser wie *Cortaderia selloana, Festuca glauca* und *Stipa gigantea* – bilden während der Blütezeit enorm viele Pollen. Es ist daher sinnvoll, auf Rasen ganz zu verzichten oder nur eine kleine Rasenfläche anzulegen (und jemand anderen zu bitten, ihn zu mähen, bevor das Gras blüht). Kommen Bodenplatten oder Kies als Alternativen nicht infrage, legen Sie doch einen kleinen Thymian- oder Kamilleteppich an – er wächst zwar langsam, aber das Ergebnis lohnt. Verwenden Sie nur Römische Kamille, eine nicht blühende Varietät namens 'Treneague', sonst schaffen Sie sich nur noch mehr Probleme!

Auch sollten Sie Pflanzen, die mit Windbestäubung ihren Pollen durch die Luft treiben lassen, vermeiden. Hierbei handelt es sich meistens um Bäume, die ihre Blüten als Kätzchen ausbilden. Es gibt allerdings auch Sträucher, auf die Sie verzichten sollten:

Ahorn (*Acer* spp.)
Birke (*Betula* spp.)
Buche (*Fagus* spp.)
Eiche (*Quercus* spp.)

LINKS Kamille ist eine duftende Alternative zu einem Rasen. Sie erfreut jeden, besonders von Heuschnupfen Betroffene.

Erle *(Alnus* spp.)
Esche *(Fraxinus* spp.)
*Garrya elliptica*
Haselstrauch *(Corylus* spp.)
*Itea ilicifolia*
Pappel *(Populus* spp.)
Platane *(Platanus* spp.)
Ulme *(Ulmus* spp.)
Weide *(Salix* spp.)
Weißbuche *(Carpinus* spp.)

Einige Koniferen können mit ihren leichten Pollen ebenfalls Allergien verursachen:

Japanische Sicheltanne *(Cryptomeria japonica)*
Scheinzypresse *(Chamaecyparis* spp.)
Wacholder *(Juniperus* spp.)
Zypresse *(Cupressus* spp.)

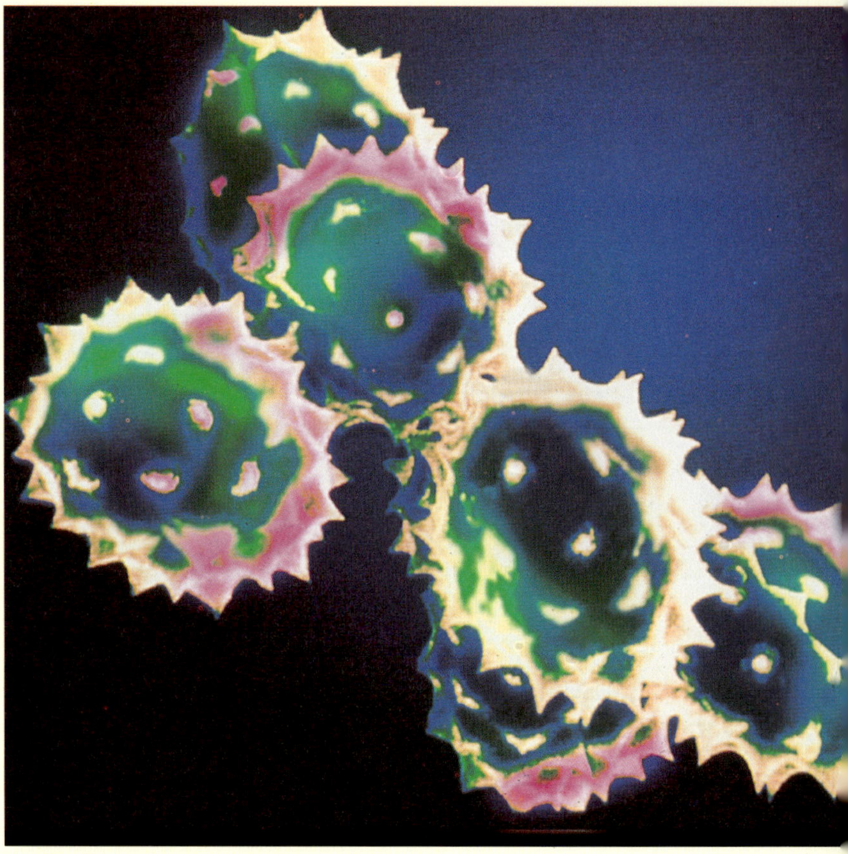

OBEN Pollenkörner von einem Mitglied der Korbblütler, durch ein Elektronenmikroskop gesehen.

Andere, stark allergieauslösende Pflanzen gehören zu den Familien der Caryophyllaceae (Nelken) und Compositae (Margeriten und Disteln, die heute den Asteraceae zugeordnet sind). Pflanzen aus diesen Familien rufen teilweise ganz schlimme Reaktionen bei Allergikern hervor.

Außer Nelken *(Dianthus* spp.) gehören zur Familie der Caryophyllaceae auch so bekannte Blumen für Randbepflanzungen wie Schleierkraut *(Gypsophila* spp.), Lichtnelke *(Lychnis* spp.) und Seifenkraut *(Saponaria* spp.).

Zu den Compositae zählen viele bekannte Gartenpflanzen, aber keine Sorge, wenn Sie ein wenig suchen, finden Sie geeignete Alternativen. Auch einige von den Jahreszeiten abhängige Einjährige können problematisch werden, wenn man sie in Massen pflanzt, und sollten deshalb gemieden werden; dazu gehören Dahlien, Dotterblumen und *Osteospermum*.

Alant *(Inula* spp.)
Aster *(Aster* spp.)
Beifuß *(Artemisia* spp.)
*Chrysanthemum* spp.
Flockenblume *(Centaurea* spp.)
Goldrute *(Solidago* spp.)
Heiligenkraut *(Santolina* spp.)
Hundskamille *(Anthemis* spp.)
Kardone, Gemüseartischocke *(Cynara cardunculus)*
Kokardenblume *(Gaillardia* spp.)
Kreuzkraut *(Senecio* spp.)
Kugeldistel *(Echinops* spp.)
*Ligularia* spp.
Mädchenauge *(Coreopsis* spp.)
Olearie *(Olearia* spp.)
Prachtscharte *(Liatris* spp.)
Schafgarbe *(Achillea* spp.)
Sonnenblume *(Helianthus* spp.)
Sonnenbraut *(Helenium* spp.)
Sonnenhut *(Echinacea* spp.)
Sonnenhut *(Rudbeckia* spp.)
Strohblume *(Helichrysum* spp.)
Wasserdost *(Eupatorium* spp.)
Wiesenmargerite *(Leucanthemum vulgare)*

Auch stark duftende Blüten können Allergien auslösen:

Jasmin *(Jasminum officinale)*
Lilien *(Lilium*-Sorten)
Sommerjasmin *(Philadelphus*-Sorten)
Stark duftende Rosen

# Pflanzen für den allergenarmen Garten

Pflanzen, deren Bestäubung durch Bienen und geflügelte Insekten erfolgt, produzieren schwereren, klebrigeren Pollen, der von der Luft nicht so leicht fortgetragen wird. Geeignete Pflanzenvarietäten sind:

Apfel, Zierapfel *(Malus* spp.)
Berberitze *(Berberis* spp.)
*Cotoneaster* spp.
Felsenbirne *(Amelanchier* spp.)
Fingerkraut *(Potentilla fruticosa)*
*Fuchsia* spp.
Funkie *(Hosta* spp.)
Glanzmispel *(Photinia* 'Red Robin')
*Iris* spp.
Kirsche *(Prunus* spp.)
Lavendel *(Lavandula* spp.)
*Magnolia* spp.
Orangenblume *(Choisya ternata)*
Päonie *(Paeonia* spp.)
Robinie, Scheinakazie *(Robinia pseudoacacia)*
Säckelblume *(Ceanothus* spp.)
Salbei *(Salvia officinalis)*
Schmetterlingsstrauch *(Buddleja davidii)*
Schneeball *(Viburnum* spp.)
Spierstrauch *(Spiraea* spp.)
Spindelstrauch *(Euonymus fortunei)*
Stechfichte *(Picea pungens)*
Storchschnabel *(Geranium* spp.)
Strauchveronika *(Hebe* spp.)
Weißdorn *(Crataegus* spp.)
Weißer Hartriegel *(Cornus alba)*

Viele Pflanzen produzieren wenig oder gar keinen Pollen, andere bringen meistens unfruchtbare Blüten hervor und setzen nur ganz geringe Pollenmengen frei:

*Bergenia*-Sorten
Gemeiner Schneeball *(Viburnum opulus* 'Sterile')
Hortensie *(Hydrangea anomala* ssp. *petiolaris)*
Jakobsleiter *(Polemonium* spp.)
Kleines Immergrün *(Vinca minor)*
Neuseeländer Flachs *(Phormium tenax)*

Die meisten Pflanzen mit gefüllten Blüten, bei denen die Staubblätter zu zusätzlichen Blütenblättern ausgebildet sind, sind unfruchtbar. Einige dieser Varietäten entstehen durch natürliche Mutation, andere hingegen wurden von Gärtnern aufgrund ihrer größeren, langlebigeren Blüten ausgewählt und gezüchtet:

Pfingstrose *(Paeonia lactiflora* 'Duchesse de Nemours' und 'Sarah Bernhardt')
*Clematis* 'Vyvyan Pennell'
*Houttuynia cordata* 'Flore Pleno'
Sumpfdotterblume *(Caltha palustris* 'Plena')
Süßkirsche, Vogelkirsche *(Prunus avium* 'Plena')

Manche Pflanzen besitzen von Natur aus klebrige oder beehaarte Blätter, die Pollen und Staub festhalten und so die Zahl der Partikel in der Luft verringern:

Brandkraut *(Phlomis fruticosa)*
*Clematis*-Sorten
Frauenmantel *(Alchemilla mollis)*
Lungenkraut *(Pulmonaria*-Sorten)
Purpurglöckchen *(Heuchera*-Sorten)
Samthortensie *(Hydrangea aspera* ssp. *sargentiana)*
Silberblattsalbei *(Salvia argentea)*
Silberwinde *(Convolvulus cneorum)*
Wollziest, Eselsohren *(Stachys byzantina)*

Allergiker sollten für einen Duftgarten vorsichtshalber Pflanzen aussuchen, die den Duft über ihre Blätter verströmen (einige Menschen reagieren aber auch auf ätherische Öle bestimmter Pflanzen sensibel, mehr darüber erfahren Sie in Kapitel 5, Aromatherapie): Viele Kräuter sind hier geeignet, darunter Lavendel, Rosmarin und Salbei.

Brandkraut *(Phlomis fruticosa)*
Eukalyptus *(Eucalyptus* spp.)
*Houttuynia cordata*
Orangenblume *(Choisya ternata)*
Weinrose *(Rosa rubiginosa)*
Zistrose *(Cistus* spp.)

OBEN *Cistus* 'Peggy Sammons' wird durch Insekten bestäubt und blüht im Frühsommer.
UNTEN *Hosta* 'Big Daddy', hier als allergenarmer Bodendecker.

# DER NUTZGARTEN

Eine der größten Freuden beim Gärtnern ist der Genuss von aromatischem Obst oder Gemüse. Nur wenn Sie Ihre Produkte selbst anbauen, bekommen Sie eine Ahnung davon, wie ausgereifte, frische Erdbeeren, Tomaten oder auch Pfirsiche direkt vom Baum oder Strauch schmecken. Sie können seltene Früchte anbauen, die bei Ihrem Obst- oder Gemüsehändler vielleicht nicht erhältlich sind. Letzten Endes können Sie mit biologischen Methoden auch sicher sein, dass Ihre Produkte keinerlei schädliche Rückstände enthalten.

Bei unserer ewigen Suche nach Bequemlichkeit sind die einzelnen Jahreszeiten immer mehr zu einem Jahr verschmolzen, in dem man an Weihnachten Erdbeeren und den ganzen Sommer lang Satsumas kaufen kann. Zwar haben wir damit eine größere Auswahl als jemals zuvor, aber die meisten Supermarkterzeugnisse sind nur noch eine Nachbildung ihrer selbst, denen oft Geschmack und Duft fehlen. Es hat etwas Beruhigendes, Äpfel zur Erntezeit und Tomaten zu genießen, die an der Sonne und nicht im Ladenregal gereift sind.

Wenn Sie solch einfache Freuden wieder entdecken wollen, brauchen Sie keinen Küchengarten, der mehrere Morgen groß ist. Die meisten Samenlieferanten haben heute das Konzept der »Mini-Gemüse« voll erfasst, die sich auch für das kleinste Gartenfleckchen ideal eignen. Fast jedes Gemüse lässt sich erfolgreich in einem Container ziehen, es gibt sogar Tomatensorten für Hängekörbe! Pflanzen Sie jedoch nichts in der Nähe belebter Straßen oder in der Innenstadt an, da dort die Luftverschmutzung zu groß ist.

In jedem Garten gibt es Platz für ein paar Pflanzen, auch wenn es nur im Topf gezogene Erdbeeren sind oder ein einzelner Mini-Obstbaum. Denken Sie daran, für ausreichenden Abstand zu anderen Pflanzen zu sorgen. Viele Gemüsesorten gibt es in bunten Varietäten, die selbst schon eine Zierde sind: der Rotstielige Schnittmangold (siehe Seite 71), Eichblattsalat, Bohnen mit roten Hülsen oder das reich verzweigte Spargelkraut. Gemüse, das zwischen anderen Pflanzen gezogen wird, profitiert von Helferpflanzen (siehe Seite 18), außerdem fallen kleinere Pflanzenflächen nicht gleich den Schädlingen zum Opfer. Eine andere Methode, Schädlinge und Krankheiten auszuschalten, ist der regelmäßige Fruchtwechsel – ziehen Sie Gemüse niemals länger als eine Jahreszeit am selben Ort.

Am einfachsten und schnellsten gedeihen Salatgemüse. Kopfsalat, Frühlingszwiebeln und Radieschen haben eine sehr kurze Erntezeit und lassen sich sogar in Orangenkisten ziehen, wenn es sonst keinen Platz im Garten gibt. Erstellen Sie zunächst eine Liste Ihrer persönlichen Favoriten und überlegen Sie dann, wie viel Platz Sie im Garten zur Verfügung haben – Sie werden staunen, wie viele Varietäten Sie bei umsichtiger Planung anbauen können. So genannte Nebenkulturen, bei denen schnell wachsende Pflanzen wie Salat zwischen langsamer wachsende Varietäten gesetzt werden, können den verfügbaren Raum verdoppeln.

In den meisten Gärten kann man Obst anbauen. In einem größeren Garten ist Platz für weiches Beerenobst (Erdbeeren, Himbeeren, Schwarze und Rote Johannisbeeren) und Baumobst (Äpfel, Birnen, Pflaumen, Kirschen, Pfirsiche), es besteht sogar die Möglichkeit für einen abgeteilten Obstgarten, ein Frühbeet für Gemüse oder ein Treibhaus. Auch in einem kleinen Garten werden viele Varietäten gut gedeihen, wenn Auswahl und Kultur dem Standort entsprechen.

Erdbeeren lassen sich mit sehr gutem Erfolg in Töpfen ziehen, und in einem Kübel hat sogar ein Busch mit Stachelbeeren oder Schwarzen Johannisbeeren Platz. Diese können Sie als Hochstämmchen wachsen lassen, um damit ein formales Element einzubringen und den Boden darunter für eine weitere Bepflanzung frei zu halten. Eine dornenlose Brombeere oder eine Taybeere (Kreuzung von Brombeere und Himbeere) können Sie sehr platzsparend am Spalier oder über einen Bogen wachsen lassen. Sie können auch Obstbäume in Kübeln ziehen, wenn geeignete Varietäten auf eine Zwerg-Unterlage gepfropft und die Pflanzen immer gut gegossen und gedüngt werden. Bei beengten Platzverhältnissen entscheiden Sie sich für selbst bestäubende Varietäten. Bei den selbst unfruchtbaren Apfelbäumen (Fremdbestäuber) pflanzen Sie einen »Familien«baum, bei dem Zweige von einer oder zwei anderen Varietäten auf den Mutterbaum gepfropft werden – etwa ein Cox-Orange-Baum mit je einem Ast Golden Delicious und Bramley. Viele Apfel-, Birnen- und Kirschvarietäten lassen sich als Spindelbusch, Halbstamm oder Spalierbäume an einem Zaun oder einer Mauer ziehen. Sie bilden sehr eindrucksvolle lebende Abschirmungen, die man anstelle von Gittern verwenden kann.

Kräuter sind in jedem Garten wertvoll. Sie könnten einen separaten Kräutergarten anlegen (siehe Kapitel 4, Kräuterheilkunde), aber viele Kräuter sind geradezu ideal für Blumentöpfe geeignet. Pflanzen aus dem Mittelmeerraum wie Salbei, Rosmarin und Thymian mögen die bessere Dränage in Kübeln tatsächlich lieber, während andere wie Minze am besten kurz gehalten werden, damit sie nicht alles überwuchern!

LINKS Es ist erstaunlich, was sich auf kleinem Raum alles anpflanzen lässt: Hier sind es Basilikum, Buntblättriger Salbei, Majoran und Rosmarin mit der blauhülsigen Buschbohne 'Purple Teepee' und der Tomate 'Tumbler', die an Stäben gezogen wird. Noch mehr Farbe bringt der Sonnenhut ins Spiel, der sich nahtlos zwischen seinen ungewöhnlichen Beetgenossen einfügt.

# 2 FENG SHUI

Diese elementaren Gesetzmäßigkeiten kann man nicht mit Logik entdecken, sondern nur mit Intuition und dem Gefühl für die Ordnung, die sich hinter dem äußeren Erscheinungsbild verbirgt.
ALBERT EINSTEIN

Die geistigen Wurzeln des Feng Shui liegen im Taoismus, einer Religion, deren Anhänger die Natur anerkennen und ein Leben in Harmonie mit ihr anstreben. Feng Shui kann man aber auch als kreative, intuitive Philosophie betrachten, in der sich gesunder Menschenverstand mit der umsichtigen Planung einer harmonischeren Umwelt verbinden. Feng Shui ist aus der genauen Beobachtung und Analyse der Wechselbeziehungen zwischen dem Menschen und seiner Umwelt entstanden. Diese Lehre hat sich zu einem ganzheitlich orientierten System entwickelt, das der Frage nachgeht, wie unsere Umgebung unser Wohlbefinden, unser Glück und unseren Erfolg beeinflusst. Heutzutage wird von den meisten Menschen eingeräumt, dass Lage und Anordnung unseres Zuhauses ein Spiegel unseres Lebens sind und dieses auch mitgestalten können, indem sie uns helfen oder aber Unglück bringen. Diese Vorstellungen erscheinen immer bedeutender und sind mit globalen Problemen wie Erderwärmung, falscher Bauweise und Überlandleitungen in Zusammenhang zu bringen.

Feng Shui unterscheidet zwischen günstigen und ungünstigen Wohnlagen, wobei diejenigen mit »guter« Energie aufgrund ihres positiven Einflusses auf jeden Lebensbereich wünschenswert sind. »Schlechte« Wohnlagen vermeidet man, denn sie bringen unter Umständen Unglück, beispielsweise Krankheit, Scheidung oder finanzielle Verluste. Feng Shui praktisch anzuwenden heißt, dass Sie Ihre unmittelbare Umgebung individuell gestalten, mit dem Ziel, Ihr Lebensglück zu fördern, indem Sie ein Bewusstsein für die Energieströme entwickeln und sich danach ausrichten. Diese unsichtbare Energie, auch Ch'i oder Qi genannt, existiert überall im Universum in allen Lebewesen und unbelebten Gegenständen. Sie lässt sich aufspüren und zu Heilzwecken einsetzen. Der Feng-Shui-Meister verwendet vielleicht einen speziellen Kompass, Luo Pan genannt, um das Potenzial günstiger und schädlicher Einflüsse anzuzeigen. Feng Shui berücksichtigt auch die Topografie, Psychologie und Astrologie-Lehren, die manch einer im Westen als Aberglauben abtun mag. Zu einem ernsthaften Studium gehört eine oft mehrere Jahrzehnte dauernde Lehrzeit. In nur einem Kapitel lässt sich dieses umfassende Thema nicht erschöpfend behandeln, sondern nur als eine Einführung verstehen.

Feng Shui mag befremdend erscheinende neue Konzepte enthalten, aber es hat auch viel mit gesundem Menschenverstand zu tun. Ganz einfach formuliert: Wir müssen unsere Sichtweise verändern und lernen, mit der Natur in Harmonie und nicht in Widerstreit zu leben. Wenn Sie das Gefühl haben, allein nicht weiter zu kommen, bitten Sie einen Fachmann um eine persönliche Beratung; nützliche Adressen finden Sie auf Seite 168.

LINKS Ch'i (unsichtbare Energie) umfließt uns ständig in unserer alltäglichen Umgebung. Dieser Garten, der in der Mitte (dem Tai Ch'i) offen ist, gestattet den gesundheitsfördernden Fluss des Ch'i. Der Bereich wirkt auch im Hinblick auf Licht und Schatten, formale und zwanglose Pflanzung sowie das Verhältnis zwischen Bepflanzung und Bodenbelag ausgewogen.

# FENG-SHUI-PRINZIPIEN

## Ch'i oder Qi

Mit dem Begriff Ch'i beschreibt man die Lebenskraft des gesamten Universums. Alles um uns herum, in der Erde, im Wasser, in der Luft, hat eine »Energie«, die uns beeinflussen kann. Feng Shui, wörtlich »Wind und Wasser«, symbolisiert zwei solche Energien.

Oberstes Ziel von Feng Shui ist es, die förderlichen Eigenschaften des Ch'i sowie die Kräfte der Natur zur Schaffung eines gesunden, ausgewogenen Energieflusses in Ihrer unmittelbaren Umgebung zu nutzen. Damit eine Wohnlage als günstig bezeichnet werden kann, braucht sie Merkmale, die Gesundheit, Harmonie, Schönheit und Behaglichkeit fördern. In einem Garten repräsentieren reicher, fruchtbarer Boden, sanft abgerundete Formen und eine Ausgewogenheit der Pflanzen in Gestalt, Farbe und Textur gutes oder Sheng Ch'i. Vernachlässigte Landstriche mit rauhen, kantigen Konturen stellen negatives oder Sha Ch'i dar – eine zerstörerische Kraft, die von Natur aus in kalten Winden, unbewegter, feuchter Luft, stehenden Gewässern und schlecht dräniertem Boden vorhanden ist. Auch Verwerfungslinien in der Erde produzieren Sha Ch'i, ebenso Schnellstraßen, Flüsse, Stromleitungen, Tunnels, Schienen und Kanalisationen.

## Yin und Yang

Mit diesen Begriffen umschreibt man den grundlegenden Dualismus natürlicher Kräfte; gemeinsam bilden sie »den Weg« oder das Tao – das Prinzip universeller Harmonie, deren Leben und Atem Ch'i ist. Alles im Universum enthält Yin- und Yang-Energie in unterschiedlichem Verhältnis zueinander. Ohne das eine kann das andere nicht existieren, und ein jedes birgt in sich ein Samenkorn des anderen (dargestellt durch Punkte im Tai-Ch'i-Symbol). Einfach ausgedrückt, kann Licht nur existieren, wenn es Dunkelheit gibt, und ohne Kälte gibt es keine Hitze. Das gesamte Universum besteht aus solchen Gegensatzpaaren, von denen einige nachfolgend aufgeführt sind:

| *Yang* | *Yin* |
| --- | --- |
| heiß | kalt |
| hell | dunkel |
| Tag | Nacht |
| laut | leise |
| trocken | nass |
| aktiv | passiv |
| hoch | tief |
| hart | weich |
| Sonne | Regen |
| männlich | weiblich |

Aufgrund der gegensätzlichen Eigenschaften entsteht ein Fließen, das einen unendlichen Veränderungszyklus schafft, einen natürlichen Rhythmus, der jeden Bereich von Leben herbeiführt und umfasst. Während die beiden Energien abebben und anschwellen, finden jeweils Tag und Nacht statt, und es entsteht ein Jahreszeitenzyklus, in dem die Yin-Energie über den Winter und Yang über den Sommer herrscht. Beide werden bei der Frühjahrs- und Herbst-Tagundnachtgleiche ins Gleichgewicht gebracht. Wenn die beiden Energien harmonisiert sind, stellt sich Glück ein; jedes Ungleichgewicht manifestiert sich als Unglück.

Jeder Bereich unserer Umgebung lässt sich gemäß seinem Grundwesen in Kategorien einteilen. Flüsse, Straßen, Berge, Hügel und Gebäude erzeugen alle Yin- oder Yang-Energie, die das Feng Shui eines Ortes beeinflussen.Vom Wind umtoste Hügel oder Gebirge und schnell fließendes Wasser werden als Yang beschrieben, während Yin-Energie am stärksten in Tälern oder tief liegenden Gebieten und in der Nähe stehender Gewässer oder sanfter Bäche vorhanden ist. Am günstigsten sind Landschaften, bei denen Yin und Yang in Harmonie sind: sanfte, gewellte Formen, die durch einen Felsen, Wasser, Vegetation und offenen Raum Ausgewogenheit ausstrahlen.

## Die fünf Elemente

Ch'i, so heißt es, manifestiert sich tatsächlich und symbolisch durch fünf Elemente: Wasser, Feuer, Holz, Metall und Erde. Diese grundlegenden Archetypen der Lebensenergie sind in unserer alltäglichen Umgebung zu finden. Bei der Erschaffung einer harmonischen Umgebung ist es unser Ziel, nach fehlenden Elementen Ausschau zu halten und gleichzeitig dafür zu sorgen, dass keines vorherrscht: Das Ideal ist, ein Gleichgewicht zwischen allen fünf anzustreben. Anfangs scheint dies schwer zu bewerkstelligen, aber der Symbolismus spielt hier eine große Rolle, denn die Grundformen finden sich in jedem Bereich unserer Umgebung. Auch die Farbe liefert Hinweise auf die Energien. Bodenverhältnisse zeigen oft hervorragend an, welches Element vorherrscht: Sumpfiger Boden wird mit Wasser gleichgesetzt, eine unfruchtbare, felsige Gegend mit Feuer und ein bewaldetes Gebiet mit Holz.

**► Wasser**
JAHRESZEIT: Winter
FARBEN: schwarz, dunkelblau
FORMEN: geschwungen oder horizontal
*Typische Gartenmerkmale:* Teiche, Springbrunnen und Bäche oder Yin-Objekte (sanfte Farben, weiche Formen)

**► Feuer**
JAHRESZEIT: Sommer
FARBE: rot
FORM: dreieckig
*Typische Gartenmerkmale:* Blumen in warmen Farben wie Rot, Bodenplatten mit eckigen Mustern, Licht, Hitze (Grill, Kerzen), Yang-Objekte (starke Farben und Formen)

**► Holz**
JAHRESZEIT: Frühling
FARBE: grün
FORMEN: rechteckig, hoch, gerade
*Typische Gartenmerkmale:* Bäume, aufrecht stehende Pflanzen, grünes Blattwerk, Holzpfosten, Holzgegenstände

**► Metall**
JAHRESZEIT: Herbst
FARBEN: weiß, golden, silbern
FORMEN: gebogen, kuppelförmig
*Typische Gartenmerkmale:* metallische oder abgerundete Steinornamente, Steinbelag in Weiß oder hellen Farben

**► Erde**
JAHRESZEIT: Frühherbst
FARBEN: gelb, braun, orange
FORM: quadratisch
*Typische Gartenmerkmale:* Keramik- oder Terrakottatöpfe und -ornamente, Tonplatten, nackte Erde, Erdfarben

## Energiezyklen

Etwa so wie Yin und Yang oder Tag und Nacht ständig ineinander übergehen, besteht zwischen den Energien der fünf Elemente eine Wechselwirkung in kreativ-unterstützenden und beherrschenden Zyklen.

Sie müssen auf die Zyklen achten, damit alle Merkmale in Ihrem Garten sich gegenseitig fördern und in Harmonie zueinander stehen. Ein zu schwaches Element kann man verstärken, indem man ein unterstützendes Element hinzufügt oder das beherrschende entfernt – oder umgekehrt. Wenn im Sommer das Pflanzenwachstum im Garten seine Umgebung zu überwuchern droht, schafft Wasser Abhilfe, da Wasser Holz (repräsentiert durch das grüne Blattwerk) hervorbringt. Andererseits hilft das Einfügen von Metall (oder Stein) in diesen Bereich, das Gleichgewicht wiederherzustellen, da Metall Holz beherrscht. Das ist durchaus wörtlich zu nehmen – mit Metallscheren könnte man den Pflanzenwuchs zurückschneiden.

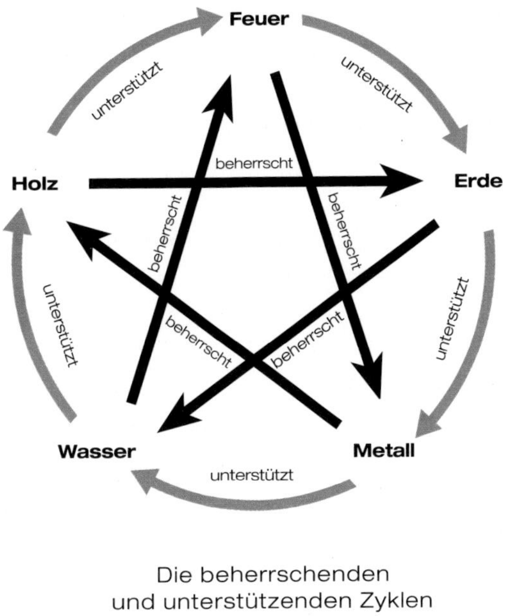


Die beherrschenden und unterstützenden Zyklen

# DIE KOMPASSSCHULE

Diese Technik arbeitet mit Berechnungen, die auf den acht Trigrammen (chinesischen Schriftzeichen) des I Ching, den Himmelsrichtungen des Kompasses, Planeteneinflüssen, den fünf Elementen und dem Geburtsdatum der betreffenden Person beruhen; sie umfasst das Zusammenspiel metaphysischer Betrachtungen, symbolischer Assoziationen und komplexer Berechnungen. Mit diesen Vorgaben wird das Feng Shui eines Ortes durch die präzise Platzierung des Pa-Kua-Symbols, des Lo-Shu-Symbols (des magischen Quadrats, ein altes numerologisches Hilfsmittel) und des chinesischen Kompasses, Luo Pan, interpretiert.

Gemäß der Kompassschule besitzt jeder Sektor eine andere Energie. Jedes Haus, jedes Zimmer, jeder Garten lässt sich in acht Bereiche (mit dem Zentrum sind es neun) aufteilen, von denen jeder für einen wichtigen Lebensbereich steht, etwa für Beziehungen, Wohlstand, Gesundheit, Bildung (Wissen) oder Karriere. So kann man durch Verbesserungen in dem/n entsprechenden Bereich/en das Glück fördern, indem man entweder den grundlegenden Energietyp verstärkt oder seine Kraft durch Hinzufügen eines beherrschenden Elements verringert (siehe vorige Seite). Zur Identifizierung der Sektoren braucht man einen Kompass. Der Bereich, der besonders die Gesundheit betrifft, liegt innerhalb des östlichen Sektors des Gartens, aber auch das Zentrum gilt als wichtig.

Das Pa Kua kann man in jede Richtung erweitern, damit es auf Häuser und Gärten unterschiedlichster Gestalt passt, aber sein Umriss bleibt immer quadratisch, rechteckig oder achteckig. Bildet der infrage kommende Bereich keine regelmäßige Form, werden alle fehlenden Abschnitte als »fehlender Raum« betrachtet. Dies ist möglicherweise von entscheidender Bedeutung für den betreffenden Bereich Ihres Lebens (mehr über Abhilfemaßnahmen finden Sie auf Seite 56).

## Pa Kua

Das Pa Kua (manchmal auch Ba Gua geschrieben) ist ein achteckiges Symbol, von dem sich das alte philosophische Orakel, das I Ching oder Das Buch der Wandlungen, ableitet. Die Idee des Pa Kua hat angeblich großen Einfluss auf alles Geschehen im Universum und bildet die Grundlage der Kompassschule im Feng Shui. Jedes der Trigramme an den acht Seiten des Pa Kua besteht aus drei Strichen, die Himmel, Erde und Menschheit symbolisieren; die Striche können unterbrochen (Yin) oder durchgezogen (Yang) sein. Jedes Trigramm hat eine symbolische Bedeutung (eng mit den Energien der fünf Elemente verbunden) und korrespondiert mit den Kompassspitzen, Zahlen, Farben, Familienmitgliedern, Körperteilen, Gefühlen, geistigen Eigenschaften und anderen Gesichtspunkten. Durch genaue Interpretation lassen sich mit Hilfe des Pa Kua die einzelnen Merkmale jedes Bereichs in Haus und Garten eingehend studieren.

**Das Tai Ch'i (Einheit)**
Gesundheit/Spiritualität
**5**
Der mittlere Bereich sollte sauber, aufgeräumt und nicht überladen sein. Man könnte dort ein Wasserelement installieren (aber nur, wenn das Wasser immer sauber, frisch und bewegt ist).

**Süden**
Anerkennung/Ruhm
Feuer
**9**
Assoziationen: Rot, Purpur, Lichter, persönliche Erfolge, Hochsommer

**Südwesten**
Beziehungen/Ehe
Erde
**2**
Assoziationen: Gelb, Orange, Gruppen oder Paare von Pflanzen oder Gegenständen, ein wilderer, zwangloser Stil, Spätsommer

**Westen**
Kinder/Kreativität
Metall
**7**
Assoziationen: Silber, Gold,Weiß, Gegenstände aus Metall, Kinderspielplatz, Herbst

**Nordwesten**
Hilfreiche Menschen/Mentoren
Metall
**6**
Assoziationen: Silber, Gold, Weiß, Gegenstände aus Metall, Meditation, Tierbereiche, Spätherbst

**Norden**
Karriere
Wasser
**1**
Assoziationen: Schwarz, Dunkelblau, Wasser (Teiche, Fische, Wasserfälle), ein klarer, offener Bereich, Hochwinter

**Nordosten**
Bildung (Wissen)
Erde
**8**
Assoziationen: Gelb, Orange, Blau, ein Bereich zum Entspannen, ein gepflegter, formeller Bereich, Spätwinter

**Osten**
Familie/Gesundheit
Holz
**3**
Assoziationen: Grün, hohe Pflanzen oder Bäume, ein Bereich mit Topfpflanzen oder Aussaat, Frühling

**Südosten**
Wohlstand/Reichtum
Holz
**4**
Assoziationen: Grün, Hellblau, Pflanzungen und kleine Bäume, Komposthaufen, Frühsommer

# DIE LANDSCHAFTS- ODER FORMSCHULE

Diese Schule des Feng Shui ist älter als die Kompassschule und erfordert eine eingehende Beschäftigung mit Ihrer Umgebung, damit Sie die Symbolsprache der Landschaft interpretieren können. Die natürliche Welt pulsiert mit unsichtbaren Energien, die als günstig oder ungünstig gelten. Hinweise darauf liefern Form und Lage von Hügeln, Felsen, Gebäuden, Wasserläufen, Straßen, Hecken und Bäumen. Zwar entstand die Formschule ursprünglich aus dem Studium der ländlichen Landschaft, sie lässt sich aber auch auf Stadtgebiete übertragen. In diesem Fall richtet sich die Aufmerksamkeit auf Überführungen, Brücken, Eisenbahngleise, Strom- und Telegrafenleitungen, Kanalisationen, benachbarte Häuser und Hochspannungsmasten.

Der nach Feng-Shui-Maßstäben perfekte Standort für ein Haus (auf der nördlichen Halbkugel) ist ein offener, nach Süden ausgerichteter Hang, der gen Norden von Hügeln beschützt wird und an dessen Vorderseite ein Bach verläuft. Der Blick auf Wasser vor dem Haus, zum Beispiel einen Teich, See oder das Meer, gilt ebenfalls als günstig. Für die Praxis sind diese Beschreibungen durchaus sinnvoll, denn ein nach Süden ausgerichtetes Haus liegt fast den ganzen Tag in der wärmenden Sonne. Auch profitiert solch ein Standort am meisten von einem gesunden Gleichgewicht der Elemente: gute Luftqualität mit einer sanften Brise und Feuchtigkeit, guter Boden, eine Mischung aus Licht und Schatten und erfreuliche Ausblicke. Ein Haus auf einem Hügel ist allen Elementen ausgesetzt; andererseits besteht bei einem Haus am Fuß eines Hügels die Gefahr, bei heftigen Wettern überflutet zu werden.

Wasser spielt eine lebenswichtige Rolle, denn es bedeutet Wohlstand und Fruchtbarkeit und ist ein hervorragender Ch'i-Spender, aber nur, wenn es sauber ist und sanft dahinfließt. Stehendes, verunreinigtes oder schmutziges Wasser steht für negative Energie oder Sha Ch'i, das zu Krankheit führt. Ideal wird das Haus von einem sich sanft dahinschlängelnden Bach oder Fluss ohne starke Biegungen umgeben. Steht es am falschen Platz oder hat es eine unerwünschte Form, kann Wasser Krankheit verursachen. Auf Wasser zu blicken ist besser, als in seiner Nähe zu wohnen; dies gilt besonders für das Meer, das unbezähmbare Gefahren birgt. Praktische Gründe, nicht in der Nähe von Wasser zu wohnen, sind die schädliche Einwirkung auf

das Fundament eines Hauses und auf die Gesundheit, denn feuchte Luft wird mit Atembeschwerden und Gelenkproblemen assoziiert.

## Feng Shui in der Praxis

Heutzutage kombinieren viele Feng-Shui-Anwender die beiden Schulen, obwohl »Landschafts«faktoren die Kompassberechnungen immer außer Kraft setzen werden, weil sie physisch stärker sind. Dies gilt besonders dann, wenn mit Hilfe der Landschaftsmethode schädliche Einflüsse aufgespürt werden; diese darf man nicht ignorieren, denn es ist praktisch unmöglich, sie allein nach der Kompassmethode abzumildern. Man kann zwar eine Menge mit der Symbolsprache erreichen, doch fällt es manchen Menschen schwer, die intuitiven Einsichten in das Landschaftssystem nachzuvollziehen. Das Kompasssystem ist anfangs zwar schwerer verständlich, doch es lässt sich leichter praktizieren. Da nur wenige Menschen Standort und Umgebung ihres Heims ändern können (zumindest kurzfristig), geht dieses Kapitel vor allem auf die Methoden der Kompassschule ein.

LINKS Obwohl in Farbe, Textur und Form eine wunderschöne Komposition, überwuchern die Pflanzen in diesem Beet allmählich das Fensterbrett. Bald werden sie den Blick und den ungehinderten Fluss von Ch'i in das Zimmer blockieren, was zu einem Stagnieren der Energie in diesem Teil des Hauses führen könnte. Pflanzen Sie entweder niedrige Spezies vors Fenster oder schneiden Sie die Pflanzen jedes Jahr zurück, damit sie nicht überhand nehmen.

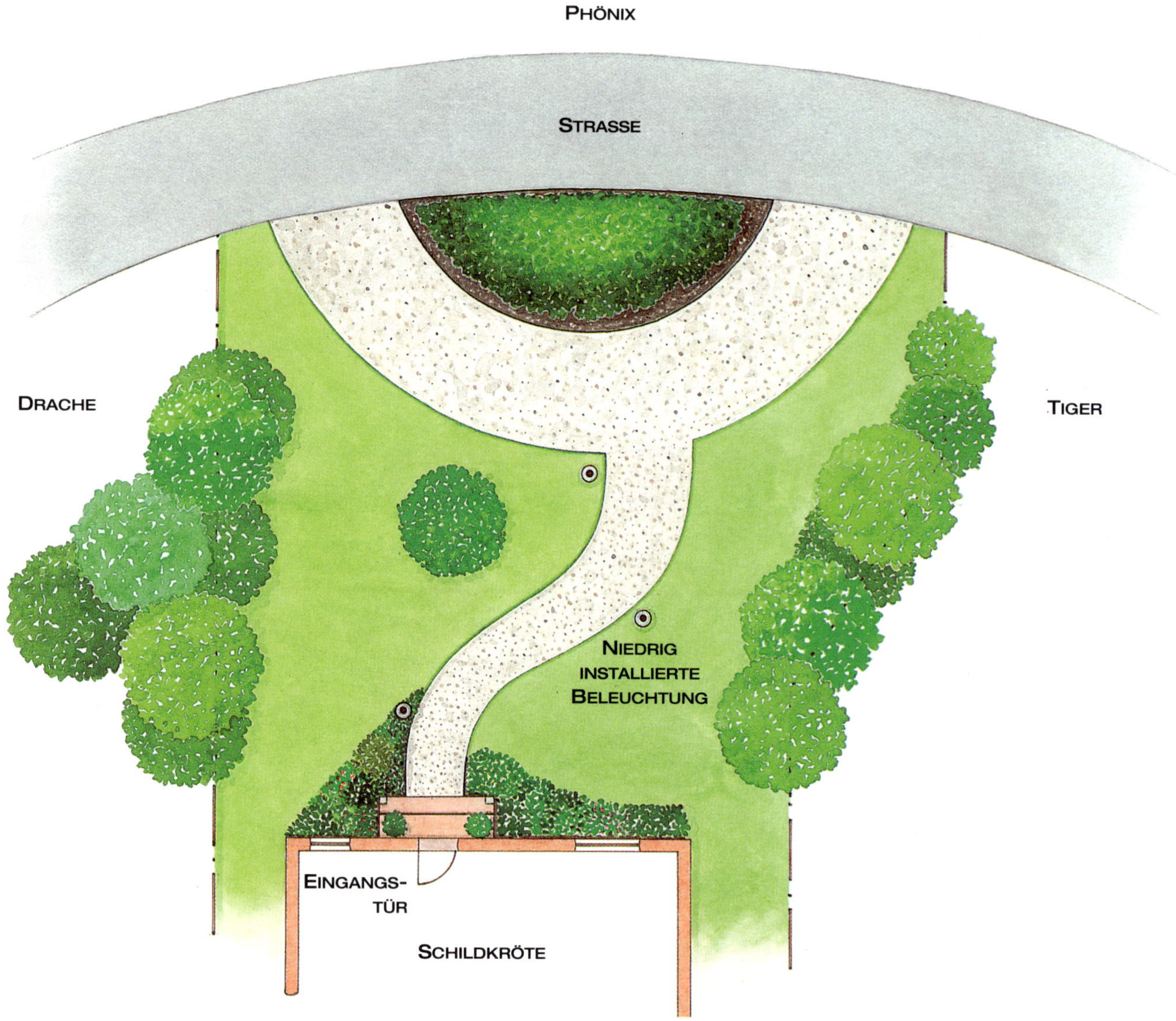


## Landschaftsprinzipien in einem idealen Vorgarten

Das Grundstück ist meist eben und die Bepflanzung zur Vorderseite (Phönix) niedrig, um hinausschauen zu können. Die Beleuchtung vermittelt nachts ein Gefühl von Offenheit. Kleine Bäume oder hohe Pflanzen schützen und verteidigen die rechte Seite (Tiger); links (Drache) stehen höhere Pflanzen; dabei ist auch Nachbars Garten mit einzubeziehen. Zu beiden Seiten der Eingangstür stehen Kübel mit Immergrün und einjährigen Pflanzen je nach Jahreszeit. In den Beeten vor dem Haus sorgen gemischte, niedrig wachsende Pflanzen das ganze Jahr über für Farbe, Textur und Form. Die geschwungene Auffahrt wendet Sha Ch'i von der Straße ab, ein überlegt platzierter Baum schützt die Eingangstür vor Giftpfeilen. Der gewundene Pfad reguliert den Fluss von Ch'i ins Haus.

## Himmelstiere

Mit der Vorstellung von vier so genannten Himmelstieren werden die Feng-Shui-Erfordernisse symbolisch veranschaulicht. Bei jedem Standort – zum Beispiel Ihrem Bett oder Schreibtisch – wird untersucht, ob er in Bezug auf die Himmelstiere günstig ist oder nicht. Auf den Garten übertragen sind dies die folgenden Himmelsrichtungen, von der Eingangstür aus gesehen.

▶ **Grüner Drache** – zur Linken
Der »Drache« wird von einem Hügel, einem Haus oder einem Baum/Bäumen symbolisiert, die nicht so hoch wie die »Schildkröte« auf der Rückseite des Hauses, aber höher als der »Tiger« zur Rechten sein sollten. Er steht für Weisheit und Vorausschau.

▶ **Weißer Tiger** – zur Rechten
Dies sollte ein Hügel, ein oder mehrere Bäume oder ein Haus sein, das niedriger als das zur Linken ist; der »Tiger« sollte nie breiter als der »Drache« sein, sonst trifft die Hausbewohner ein Unglück. Er steht für Körperkraft und kann sowohl verteidigen als auch angreifen. Da er auch gewalttätig werden kann, muss er in Schach gehalten werden.

▶ **Schwarze Schildkröte** – auf der Rückseite
Die »Schildkröte« wird durch Hügel hinter dem Haus symbolisiert, die es vor Angriffen und kalten Winden schützen und für Unterstützung und Sicherheit stehen. Den gleichen Schutz bieten auch höhere Häuser oder Bäume. Ein Standort sollte auf der Rückseite niemals abfallen, denn dadurch werden die Bewohner Gefahren ausgesetzt. Ausgedehnte Wasserflächen auf der Rückseite, etwa ein Fluss oder See, gelten als unerwünscht, sie können zu gesundheitlichen Beschwerden führen.

▶ **Roter Phönix** – auf der Vorderseite
Dieser Bereich sollte niedrig gelegen und offen sein und durch einen kleinen Hügel verstärkt werden, der einen Fußschemel (angenehmes Leben) symbolisiert. Er repräsentiert die Fähigkeit, weit vorauszuschauen; der »Phönix« übermittelt dem »Drachen« Informationen. Es gilt als sehr ungünstig, in einem Haus zu wohnen, auf dessen Vorderseite oder vor dessen Eingangstür sich unmittelbar ein größerer Hügel oder ein steiler Hang befindet; ein Standort in einer Senke ist akzeptabel, solange der Ausblick erhalten bleibt.

## Der Umgebung anpassen

Natürlich findet man nur ganz selten einen Standort, der in jeder Hinsicht allen Feng-Shui-Prinzipien entspricht. Doch die grundlegenden Konzepte findet man in jeder Landschaftsform relativ leicht. Wo wünschenswerte Elemente fehlen, kommt die Vorstellungskraft ins Spiel, so dass man entweder physische oder symbolische Angleichungen vornehmen kann, um den gesunden Fluss von Ch'i zu fördern.

Vielen Häusern im Westen fehlt ein großer Vorgarten, oder es stehen unerwünschte Hindernisse oder Hügel davor, wohingegen sie auf der Rückseite einen sanft abfallenden Garten mit schöner Aussicht haben. In diesem Fall ist es ratsam, die Himmelsrichtungen umzukehren und den rückwärtigen Garten als Vorderseite (»Phönix«) und den Garten auf der Vorderseite als »Schildkröte« zu betrachten – allerdings unter Berücksichtigung der umgebenden Topografie und der architektonischen Fassade des Hauses. Auf diese Weise können Sie dafür sorgen, dass die Energie in dem wichtigen Außenbereich auf der Vorderseite oder bei der Eingangstür frei zirkuliert, was gesundes Feng Shui fördert.

# GIFTPFEILE

Alle Feng-Shui-Anwender anerkennen die möglichen Gefahren von ungünstigem Ch'i oder Sha Ch'i. Dieses kann durch stagnierende Energie entstehen, die durch Unordnung, Vernachlässigung, Staub und Feuchtigkeit verursacht wird oder von einer Ch'i-Energie, die sich so schnell bewegt, dass sie leicht außer Kontrolle gerät und alles schwächt, was ihr im Weg steht. Eine besondere Art von Sha Ch'i wird als »Giftpfeil« oder schneidendes Ch'i bezeichnet; es stört den Fluss von Ch'i und führt zu Krankheit. »Giftpfeile« wirken wie Kanäle für ungünstige Energie und können Schaden anrichten, wenn sie auf einen Teil des Grundstücks gerichtet sind, besonders auf Eingangstüren und Bereiche, in denen Sie viel Zeit verbringen.

Sha Ch'i geht aus von geraden, scharfwinkligen oder spitz zulaufenden Linien in der Landschaft. Fast jeder Gegenstand und jede Struktur können Sha Ch'i erzeugen; es strömt aus geraden Linien sowie aus den rechten Winkeln von Mauern, Teichen und Bodenbelägen. Wenn Sie Ihren Garten von Grund auf neu planen können, meiden Sie stark geometrische Formen wie Quadrate und Dreiecke; setzen Sie lieber zwanglose Rundungen oder Kreisformen ein.

Natürlich sind in vielen Fällen Bäume, Straßen und andere gerade Linien eine Gegebenheit, aber Sie können deren Auswirkung mit den folgenden Maßnahmen abmildern (weitere Ideen finden Sie auf Seite 52):

- Sie können Windspiele aufhängen, um schnell fließendes Ch'i zu verlangsamen.
- Gerade Linien und Kanten in Ihrem Garten können Sie abschwächen, indem Sie die Ränder bepflanzen (siehe Seite 53).
- Gerade Linien oder scharfe Winkel, die auf Ihr Anwesen zeigen, können Sie durch gezielte Hecken oder Büsche abschirmen.
- Ein Spiegel, ein glänzender Briefkasten oder auch ein glänzender Farbanstrich können schneidendes Ch'i abwenden.

Alle folgend aufgeführten Merkmale können einen »Giftpfeil« darstellen und sollten daher möglichst vermieden werden (oder Sie sollten Abhilfe schaffen):

- Alle scharf winkligen oder spitzen Gegenstände, die direkt auf die Eingangstür zeigen oder sich in ihrer unmittelbaren Nähe befinden;
- Strommasten, Elektrizitätswerke oder -leitungen, Eisenbahnschienen, Telegrafenmasten, Überführungen oder Brücken;
- alle bedrohlich wirkenden Gegenstände;
- achten Sie auch darauf, ob irgendein gerader Gegenstand einen Schatten auf Ihr Anwesen wirft.

**Straßen**
- Häuser, die außerhalb einer Biegung liegen oder auf eine scharfe Ecke gerichtet sind;
- ein Grundstück, das auf eine T-Kreuzung oder Sackgasse weist;
- Häuser, die um einen Kreisel stehen;
- alle geraden Schnellstraßen.

**Nachbarhäuser**
- Ecken von Nachbarhäusern oder Dachfirsten, die auf Ihr Haus zeigen;
- eine enge Bebauung zwischen zwei gegenüberliegenden Gebäuden (möglichst verdecken).

**Wasser**
- Häuser, auf die unmittelbar ein Fluss oder eine Brücke zuläuft;
- starke Biegungen in Wasserläufen sowie schnell und gerade dahinfließendes Wasser.

**Pflanzen**
- Hohe, schmale Bäume oder ein einzelner Baumstamm direkt vor einer Tür oder einem Fenster;
- Pflanzen mit schwertförmigen Blättern in nächster Nähe eines Weges oder Sitzplatzes.

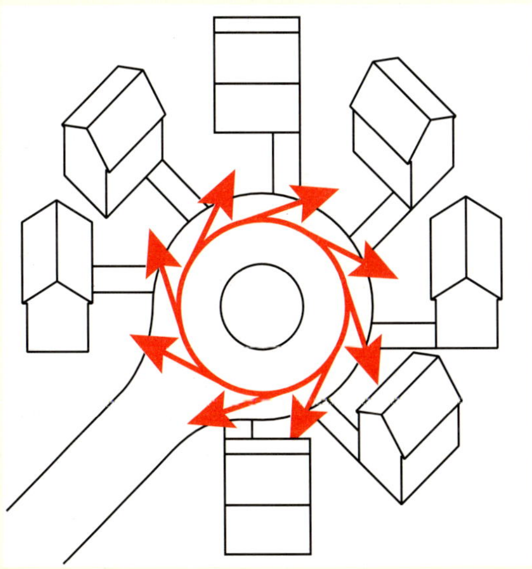

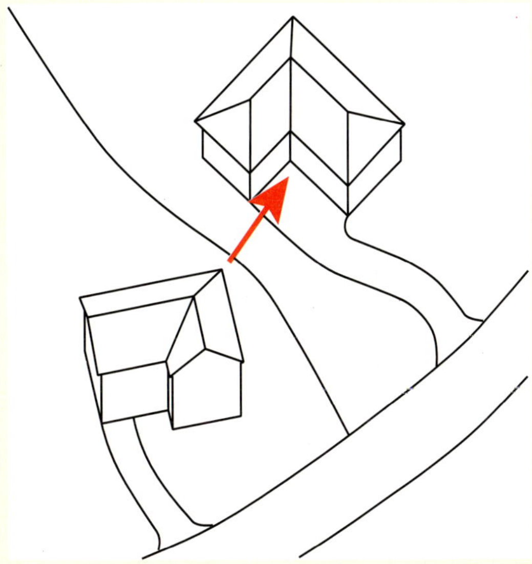

OBEN Von einem Kreisel wird Energie in Form mehrerer »Giftpfeile« ausgesendet, die unter Umständen jedes Haus in dieser Sackgasse treffen können.

UNTEN Das Haus innerhalb der Biegung ist vor der Energie der Straße sicher; die beiden anderen werden von Sha Ch'i bedroht, das geradlinig fließt.

OBEN Wie eine bedrohliche Messerspitze zeigt der »Giftpfeil«, den die Ecke eines benachbarten Anwesens bildet, auf die Eingangstür dieses Hauses.

UNTEN Das schnell fließende Ch'i, durch diese T-Kreuzung direkt auf das Haus gerichtet, setzt es ständigen »Angriffen« durch unkontrollierte Energie aus.

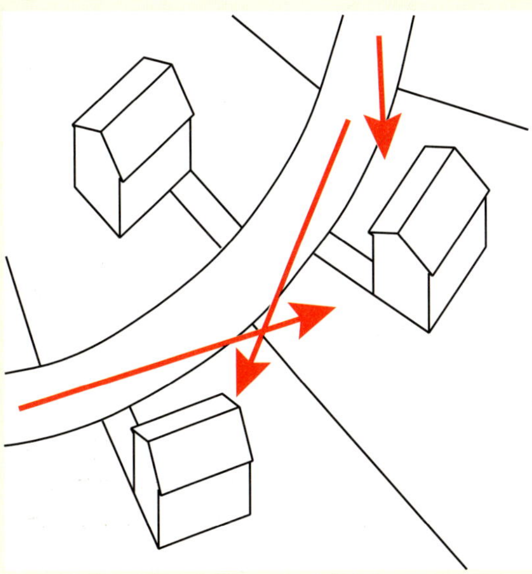

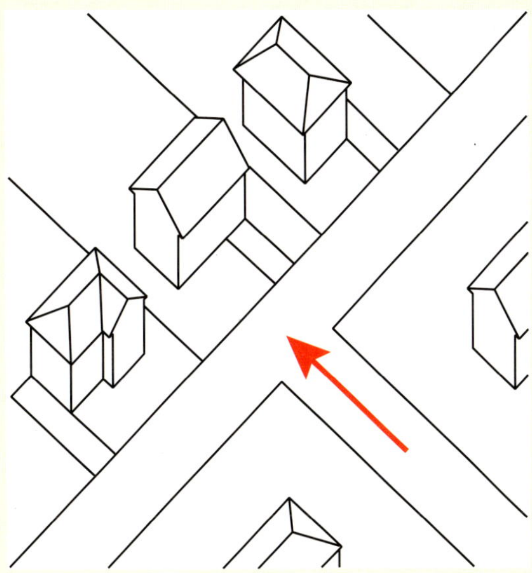

# FENG SHUI IM GARTEN

RECHTS Die Holzteile, die grünblaue Holzbeize und üppige Vegetation entsprechen dem Osten, dem Pa-Kua-Sektor, der am engsten mit Gesundheit verbunden ist. Alle diese Elemente im östlichen Bereich Ihres Gartens aktivieren Holzenergie und beinflussen Ihre Gesundheit positiv. Übertreiben Sie es aber nicht mit solchen Maßnahmen: In diesem Bereich fehlt die ausgleichende Wirkung anderer Elemente wie Feuer, Metall und Erde, und das könnte langfristig schädlich sein. Mit ein paar wärmeren Farben können Sie den überschüssigen Yin-Eigenschaften entgegenwirken und eine ausgewogenere Anordnung schaffen.

Obwohl Feng Shui in der östlichen Welt schon seit Jahrtausenden existiert, haben viele Menschen im Westen erst vor kurzem damit Bekanntschaft gemacht. Einige haben vielleicht schon einfache Techniken bei sich zu Hause angewendet, aber die meisten Informationen bezogen sich immer noch auf die Innenräume und sind nicht ausreichend auf die Anwendung im Freien zugeschnitten. Doch auch dort gelten dieselben Theorien, die sich erfolgreich auf den Garten übertragen lassen, wo sie für bessere Gesundheit und für Wohlbefinden sorgen.

Die Anwendung von Feng Shui muss auf jeden Einzelnen individuell zugeschnitten werden, und deshalb sollte jeder Garten die Eigenschaften und die persönliche Situation seiner Bewohner widerspiegeln. Gleichzeitig werden – unabhängig von Größe oder Lage – Planung und Entwurf eines Gartens normalerweise von anerkannten Gestaltungsrichtlinien vorgegeben. Dieser Abschnitt beschäftigt sich mit der Integration von Feng Shui in den Garten als Ganzes und soll Sie für auftretende Probleme sensibilisieren.

## Das Grundstück

Ob Sie nun in ein neues Haus umziehen oder Ihr derzeitiges Zuhause unter neuen Aspekten betrachten – die unmittelbare Umgebung spielt beim Feng Shui eines Ortes eine wichtige Rolle. Nehmen Sie sich etwas Zeit, um sich eingehend damit zu beschäftigen.

Wenn Sie planen, in ein neu erschlossenes Gebiet zu ziehen, müssen Sie wissen, dass offener Boden unbeständiges Erd-Ch'i hat und negativen Folgen durch entsprechende Bepflanzung möglichst schnell begegnet werden sollte. Es empfiehlt sich, Häuser in der Nähe von Gebieten zu vermeiden, die noch erschlossen werden, und vor dem Einzug den Boden sich eine Zeit lang setzen zu lassen.

Die günstigste Grundstücksform ist regelmäßig mit parallel verlaufenden Seiten. Falls es eine besonders schwache Seite gibt oder eine Ecke des Grundstücks abgeschnitten wurde, stellt dies einen »fehlenden Raum« dar, der zu Schwierigkeiten in Ihrem Leben führen könnte (Abhilfe siehe Seite 56). Ein dreieckiges Grundstück ist sehr ungünstig; ist die Vorderseite des Hauses auf die Spitze des Dreiecks ausgerichtet, werden die Hausbewohner krank. Vorspringende Kanten oder Ecken, die schneidendes Ch'i erzeugen können (siehe vorige Seite), sollten möglichst abgerundet oder mit direkt angrenzenden Bäumen und Pflanzen unsichtbar gemacht werden.

Die Dimension des Hauses sollte auf seine Umgebung abgestimmt sein. Wenn es übermächtig wirkt, versuchen Sie, den Garten visuell zu vergrößern, indem Sie mehr offenen Raum lassen und mit Außenbeleuchtung, kleineren Pflanzen und niedrigeren Zäunen arbeiten. Die Platzierung Ihres Hauses innerhalb des Grundstücks verdient ebenfalls Beachtung; wenn Sie es selbst bauen, können Sie unter Umständen sogar beim genauen Standort mitreden. Es ist wichtig, rund um das Haus für genügend Raum zu sorgen, der Wohnbereich sollte idealerweise in der Mitte liegen. Weisen Sie dem Garten möglichst einen klar umrissenen Bereich zu und quetschen Sie ihn nicht einfach in die verbliebenen Leerräume.

Die Grenzen sollten sich am besten an natürlichen Gegebenheiten wie Höhenlinien, Bächen oder Heckenverläufen orientieren, aber meistens werden Gärten von Mauern oder Zäunen begrenzt. In solchen Fällen sollten Mauer oder Zaun nicht so nah am Haus stehen, dass man das Gefühl hat, in einer Falle zu sitzen; am besten sollte jede Abgrenzung mindestens zwei Meter vom Haus entfernt sein. Grenzzäune und -mauern sollten möglichst immer mit der Landschaft verschmelzen, so dass sie Haus und Garten schützen, aber nicht übermächtig wirken. Falls Ihre Abgrenzung zu gerade oder streng wirkt, können Sie diesen Eindruck abmildern, indem Sie ein Blumenbeet davor anlegen. Spitzen und Pfeile auf Zäunen sollten nicht nach unten zeigen, weil dies einen Niedergang im

Leben bedeutet; sie sollten auch nicht nach innen weisen, denn das erzeugt schneidendes Ch'i.
Auch die Bodenverhältnisse sind von Bedeutung. Der ideale Boden sollte gut durchlüftet und weder zu nass noch zu trocken sein. Obwohl sich solche Voraussetzungen jeder wünscht, kann man sie doch nicht immer erreichen, und denken Sie daran, dass sich besonders sehr nasser oder sehr trockener Boden nicht nur auf die Pflanzen im Garten, sondern auch auf Sie schädlich auswirkt. Das Erdreich kann jedoch mit biologischem Kompost verbessert werden; er trägt dazu bei, dass trockene Böden die Feuchtigkeit besser speichern und nasse Böden besser dräniert werden.

## Der Außenbereich des Hauses

Ein Anwesen, das mit seiner Umgebung eins ist, schafft Harmonie. Farben können übermäßiges Yin oder Yang ausgleichen. Kräftige, leuchtende Farben (Yang) bekämpfen stark Yin-geprägte Merkmale.
Der »fehlende Raum« von L- oder U-förmigen Häusern kann in den betreffenden Lebensbereichen zu Unglück führen. Berücksichtigen Sie bei einem Anbau oder einer Garage besonders deren Größe und Lage, damit Sie das bestehende Gleichgewicht des Hauses nicht stören. Aus demselben Grund sollten Sie Grundrisse mit zu vielen Ecken vermeiden, da sie »Giftpfeile« schaffen. Häuser mit Innenhof gelten hingegen als vorteilhaft, weil sie in der Mitte des Hauses (Tai Ch'i) ein Naturelement beherbergen können.
Idealerweise sollte eine Stufe zum Haus hinaufführen, und zwar deshalb, weil Straßen ebenso wie Flüsse Gefahr anziehen, wenn man sich unterhalb ihres Niveaus befindet. Die Stufe/n sollte/n stabil und fest sein, und bei mehreren Stufen sollten diese unten breiter sein und nach oben hin schmäler werden.
Ein Garten, in den man von der Eingangstür aus hinaufgehen muss, könnte Probleme bereiten, und eine Tür, die sich in Richtung auf eine feste Mauer oder ein ähnliches Hindernis öffnet, ist genauso ungünstig, weil beide den freien Fluss von Ch'i ins Haus blockieren. Die Türen öffnen sich am besten auf einen einsehbaren, flachen Pfad zu, der nicht von anderen Strukturen beeinträchtigt wird. Der Außenbereich unmittelbar um die Tür herum sollte nachts gut beleuch-

tet sein. Auch ist dort kein Platz für Unrat, welkes Laub und andere Dinge wie Holzstapel, Mülltonnen oder Gummistiefel.

Das Wichtigste an Ihrem Haus ist die Eingangstür, denn die meiste Ch'i-Energie gelangt durch diese Tür ins Haus. Sie ist besonders durch »Giftpfeile« gefährdet (siehe Seite 48), die Sie sofort entschärfen müssen. Da Pflanzen gutes Ch'i erzeugen, könnten Sie zu beiden Seiten der Eingangstür Pflanzgefäße mit Immergrünen (für gute Gesundheit) und Blumen aufstellen. Die Pflanzen müssen voller Leben und gesund sein.

## Auffahrten und Vorgärten

Die Auffahrt hat als Weg des Ch'i von der Straße zum Haus große Bedeutung. Ihr Entwurf und die verwendeten Materialien sollten ästhetisch ansprechend sein und mit dem Stil des Hauses in Einklang stehen. Zu bevorzugen ist eine kreis- oder halbkreisförmige Auffahrt, am besten mit Windungen, die den Energiefluss lenken. Konzipieren Sie niemals eine Auffahrt, die gerade auf die Haustür zuläuft; wo sich eine solche Auffahrt nicht vermeiden lässt, sollten Pflanzen zu beiden Seiten die harten Linien auflockern und verdecken.

Die Auffahrt, eben und in der Proportion zum Gebäude passend, darf weder zu schmal noch zu breit sein, am besten sollte sie bei der Einfahrt etwas breiter sein und in Richtung auf das Haus schmaler zulaufen. Dies gilt auch für jeden Weg zur Haustür hin. Sehr breite Auffahrten fördern den Verlust von Ch'i, besonders wenn sie abwärts führen. In diesem Fall helfen Leuchten an der Haustür, den Fluss zu steuern. Hohe Lampenpfosten darf man aber nie direkt vor der Tür aufstellen, weil sie schneidendes Ch'i erzeugen und den Fluss des Ch'i ins Haus blockieren. Kaputte Glühbirnen sollten sofort ersetzt werden.

Jeder Weg zur Haustür sollte sanft gewunden sein. Falls sich dies nicht bewerkstelligen lässt, legen Sie an geeigneter Stelle einen Teich an oder pflanzen Sie einen kleinen Baum oder Strauch, um das Sha Ch'i abzuwenden, das von der Straße direkt auf die Haustür trifft. Schwere Gegenstände wie große Steine, Betonkugeln oder Statuen zu beiden Seiten der Haustür oder des Eingangstors sind von Vorteil, aber achten Sie beim Kauf darauf, dass sie zum Grundriss und Stil Ihres Hauses passen. Sie verhindern, dass Ch'i entweicht, und schützen das Haus, während grimmig blickende Steinfiguren wie Löwen Einbrecher fern halten.

Das Eingangstor sollte idealerweise aus Metall und leicht geschwungen sein und sich wie die Haustür sanft, leise und mühelos öffnen lassen.

Planen Sie Ihren Vorgarten pflegeleicht. Wenn Sie keine Lust haben, winzige Rasenflächen in einem Stadtgarten zu mähen, bietet sich Kies als Alternative an, der auch dem Unkraut keine Chance lässt. Günstig ist ein Gleichgewicht der Elemente: Ein Teich oder Springbrunnen, ein überlegt ausgesuchter und platzierter Baum, gemischte Blumenbeete, ein Steinelement in Form einer Statue oder eines Findlings und eine Außenbeleuchtung werden diesem Bereich vielfältige Energien liefern.

## Gartenplanung und -gestaltung

Oberstes Ziel ist es, den Energien des Gartens durch die Ausgewogenheit der verschiedenen Elemente Gestalt zu verleihen. Verwenden Sie möglichst natürliche, aus der Gegend stammende Materialien, die zwischen Ihrem Zuhause und der Umgebung Harmonie schaffen, und beachten Sie auch die außerhalb der Grundstücksgrenzen wirkenden Einflüsse.

Harmonie zwischen Yin und Yang lässt sich recht einfach erzielen durch helle, warme Bereiche, die die Aktivität (Yang) fördern, durch schattige, ruhige Plätze zur beschaulichen Kontemplation (Yin) sowie durch ein Gleichgewicht zwischen sanfter (Pflanzungen) und harter (Baumaterialien) Landschaftsgestaltung. Die Verbindung aller fünf Elemente wird zudem das Feng Shui verstärken und könnte bedeuten, dass Sie große Steine in die Bodendecker setzen, dass Pflanzen durch den Kies sprießen, dass vertikale, kräftige Äste sich gegen abgerundete Hügel abheben, dass es Bäche, Teiche oder Wasserfälle gibt und Farbe und Licht miteinander harmonieren.

Damit das gesundheitsfördernde Ch'i im Garten sanft und stetig fließen kann, sollten Sie keine geraden Linien anlegen. Das Zentrum des Gartens sollte weitgehend frei bleiben, Sie können aber »Barrieren« wie Spaliere oder Randbepflanzungen an der Peripherie einfügen, damit die Energie nicht davonfließt. Die

UNTEN Ein unauffälliger, mit Ziegeln gepflasterter gerader Weg wird von der üppigen Bepflanzung auf beiden Seiten überspielt, die über die Beetkanten hinausragt und ihn wie ein mäanderndes Band erscheinen lässt.

Wege sollten gewunden sein und auf die Grenzen des Gartens zu angelegt werden; halten Sie sie immer frei von Behältern, Abfall und überhängenden Pflanzen, damit die Energie ungehindert fließen kann.

Für alle gestaltenden Elemente wie Gartenteich, Aussichtspunkt oder Gartenlaube empfiehlt sich eine runde Form, da Rundungen kein schneidendes Ch'i aussenden; noch vorteilhafter ist die Pa-Kua-Form (ein Achteck, siehe Seite 42).

Unterschiedliche Ebenen bewahren den Garten vor Eintönigkeit. Obwohl auch ein flaches Grundstück annehmbar ist, kann man in einem völlig konturlosen Garten durch Pflanzen, Teiche, Findlinge oder Bäume Höhenunterschiede schaffen. Bei sorgfältiger Planung lässt sich dadurch auch die Philosophie der »Himmelstiere« besser umsetzen (siehe Seite 47). Ein ansteigender Garten oder aufragende Hügel hinter dem Haus stärken den »Schildkröten«bereich, und wenn der

RECHTS Diese Laube bietet ein beschützendes und vertrauliches Plätzchen, wo sich ein Paar entspannen und die Zweisamkeit genießen kann. Die gedämpften Töne der Pflanzen und der Rosenduft fördern ein Gefühl für Romantik. Die beiden Hunde schützen den Ort vor unerwünschten Eindringlingen.

Garten selbst Konturen besitzt, sollte sich der höchste Punkt auf der »Drachen«seite befinden.

Bei ausreichender Fläche unterteilen Sie den Garten in verschiedene Bereiche, so dass nicht alles auf den ersten Blick zu sehen ist und Sie Schritt für Schritt von einem Raum in den anderen gelockt werden: Ein Bereich für Kinder mit leuchtenden Farben, einem Sandkasten, Schaukeln oder einer Hütte; ein Bereich für Sie und Ihren Partner mit einem abgelegenen Sitzplatz, der von zarten Farben, duftenden Blumen und zwei Statuen, die die Partnerschaft stabilisieren, umgeben ist; ein ruhiger, kontemplativer Platz nur für Sie mit einem Wasserspiel, Aussichtspunkt oder einer Gartenlaube, abgeschirmt vom restlichen Garten.

Skulpturen im Garten können wohl tuend wirken, besonders wenn ihr Symbolgehalt zur »Aktivierung« eines bestimmten Bereichs genutzt wird. Wählen Sie immer Objekte mit sanften Konturen und vermeiden Sie strenge Winkel. Um das Gleichgewicht aufrechtzuerhalten, kultivieren Sie nur einen Teil des Gartens und lassen die verbleibende Fläche natürlicher wachsen, damit eine Harmonie zwischen Formalem und Zwanglosem, Mensch und Natur entsteht. Auf diese Weise wird auch das Tierleben im Garten gefördert, was große Vorteile bewirkt. Außerdem werden Frösche und andere Wasserbewohner dazu beitragen, jegliches Wasser sauber und gesund zu halten.

Die Jahreszeiten üben einen beachtlichen Einfluss auf den Garten aus, denn sie geben zu unterschiedlichen Zeiten bestimmte Aufgaben vor. Im Frühling sind Aufräum- und Vorbereitungsarbeiten angesagt, die den Beginn eines neuen Zyklus symbolisieren; dies ist auch eine günstige Zeit, um Veränderungen im Garten vorzunehmen. Der Sommer ist voller Yang-Energie und benötigt schattige, kühle Bereiche, friedliche Plätze, an denen die Hitze ausgeglichen wird, und wilde Farben. Im Herbst wird noch ein Großreinemachen und das Entfernen abgestorbener und verwelkter Pflanzen fällig. Der Yin-Energie und der Kälte des Winters begegnet man mit warmen, leuchtenden Farben. Lernen Sie die subtilen Übergänge im Garten wahrzunehmen, die der Wechsel der Jahreszeiten mit sich bringt, und zelebrieren Sie das Verstreichen der Zeit mit entsprechenden Tätigkeiten.

# FENG SHUI FÜR DIE GESUNDHEIT

Mit Feng-Shui-Worten ausgedrückt, bedeutet vollkommene Gesundheit nicht nur, sich wohl zu fühlen, sondern auch glückliche Beziehungen und Erfolg in allen Lebensbereichen zu genießen – die sich einstellen, wenn in Ihrem Zuhause in jedem Bereich fördernde Ch'i-Energie fließt. In diesem Abschnitt geht es darum, mit welchen speziellen Maßnahmen Sie in Ihrem Garten einen Raum schaffen können, der sowohl gesundheitsfördernd ist als auch die Sinne anspricht.

Sie müssen zunächst herausfinden, welche Probleme Ihr Leben belasten (besonders wiederkehrende), und diese mit Ihrer Umgebung in Verbindung bringen, um die notwendigen Veränderungen vorzunehmen. Erst wenn Sie sich Ihrer Umgebung völlig bewusst sind, können deren Energien aktiviert oder gedämpft werden. Eine detaillierte Feng-Shui-Gartenanalyse kann recht umfangreich werden, besonders wenn auch ein geistiger oder körperlicher Heilungsprozess damit verbunden ist. Bei ernsthaften Problemen sollten Sie sich unbedingt an einen erfahrenen Feng-Shui-Berater wenden.

## Probleme in Angriff nehmen

Die meisten Probleme lassen sich durch harmonisierende Maßnahmen ausgleichen, jedoch haben Art und Schwere des Problems eine Auswirkung auf die Lösung. Auch der Faktor Zeit verdient Beachtung; wenn etwa Bäume als Teil der »Heilung« notwendig sind, dauert es, bis sie gewachsen sind, Sie müssen bis dahin noch andere Schritte unternehmen.

Durch Feng Shui sollen das Fließen positiver Energie gefördert und negative Energie unterdrückt werden, damit sich in der ganzen Umgebung Harmonie einstellen kann. Dazu sind eine reaktive und eine proaktive Haltung notwendig, also je nach Bedarf ein Wechseln zwischen Abwehr- und Fördertaktiken. Einfach ausgedrückt heißt das, Sha Ch'i abzuwenden und Sheng Ch'i zu fördern, indem Sie ein Gleichgewicht zwischen Yin und Yang und den fünf Elementen herstellen.

Beginnen Sie mit einem Überblick über den Garten und nehmen Sie dazu die Richtlinien aus dem vorhergehenden Abschnitt zu Hilfe. Räumen Sie als nächstes das ganze Durcheinander auf, damit Sie Ihre derzeitige Situation klar erkennen können – das heißt, Sie müssen alle abgestorbenen Pflanzen und Unrat beseitigen, um das »Skelett« des Gartens freizulegen, und vielleicht den Teich, falls Sie einen haben, gründlich reinigen.

Sie müssen nach den Auslösern von Sha Ch'i in Form von »Giftpfeilen« suchen und diese entschärfen, um alle schädlichen Einflüsse abzuwehren (siehe vorhergehender Abschnitt). Als Schutz Ihrer Haustür (oder des Haupteingangs) können Sie einen (achteckigen) Pa-Kua-Spiegel oder einen anderen kleinen konvexen Spiegel draußen über die Tür hängen und so Sha Ch'i ablenken. Sie können den Garten umgestalten, um Grundstück oder Haus vor direkter Sicht auf Straßen, Laternenpfähle oder andere derartige Probleme zu schützen; setzen Sie ausladende Pflanzen, Bäume oder andere Gegenstände zwischen sich und derartige Auslöser, um das Sha Ch'i zu zerstreuen.

## »Fehlender Raum«

Fehlt vom Umriss Ihres Hauses oder Gartens ein Bereich, könnte sich dies nachteilig auswirken. Ergänzen Sie fehlende Bereiche des Hauses, so dass der Grundriss quadratisch oder rechteckig wird. Ein Anbau, Wintergarten oder Innenhof sollte so angelegt sein, dass der betreffende Bereich eher zum Haus als zum Garten zu gehören scheint. Hat Ihr Grundstück eine unregelmäßige Form, könnten Sie für einen symmetrischen Umriss das/die fehlende(n) Areal(e) dazukaufen.

Ist keiner dieser Vorschläge durchführbar, können Sie die fehlende Energie dieses Bereichs mit anderen Techniken aktivieren und ein Gleichgewicht herstellen. Legen Sie einen Teich oder eine Vogeltränke in dem Raum an, der dem Haus fehlt, damit das (saubere!) Wasser die fehlende Energie aktiviert.

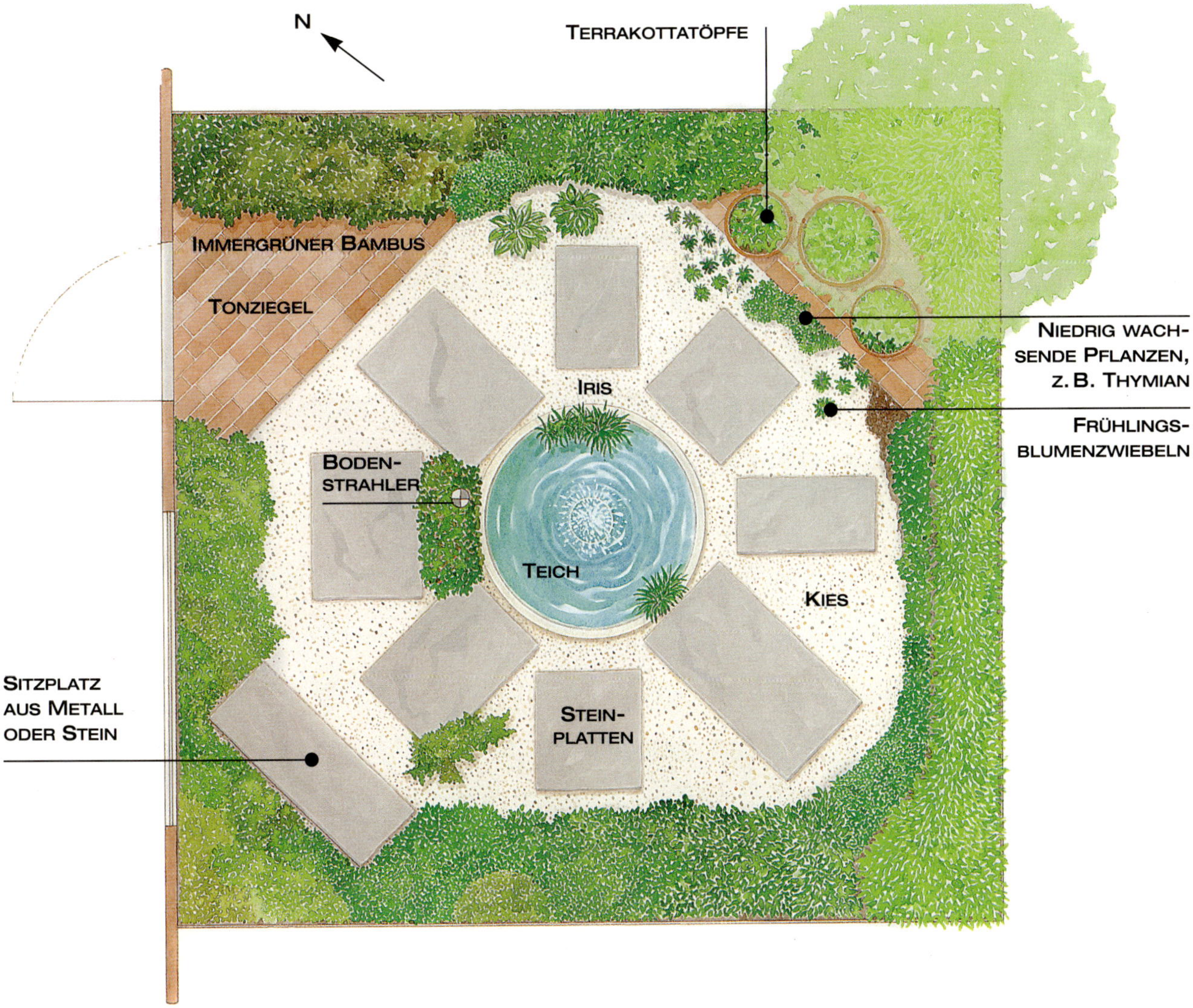


# Ein kleiner Garten für optimale Gesundheit

Dieser Entwurf ist für eine Terrasse oder einen Dachgarten geeignet. Der Teich bringt günstiges Ch'i ins Zentrum (Tai Ch'i), er muss sauber und darf nicht zu groß sein. Ein Springbrunnen wäre eine gute Ergänzung, und ein Bodenstrahler, welcher das Wasser beleuchtet, erhöht dessen Heilwirkung. Wasser unterstützt zwar Holz, aber es sollte nicht vorherrschen; aufrecht wachsende Iris rund um den Teich gleicht die Yin-Energie des Wassers aus. Jede Pflanze, besonders ein kleiner, aufrecht stehender Baum im Ostsektor, erzeugt Holzenergie, die gesundheitsförderndes Ch'i aktiviert. Früh blühende Zwiebelpflanzen lassen an den Frühling denken (die mit Holz assoziierte Jahreszeit), und die Zahl Drei könnte man durch Blumentöpfe symbolisieren. Lassen Sie andere Elemente nicht zu kurz kommen: Ein Sitzplatz aus Metall oder Stein in der westlichen Ecke schafft hier Abhilfe.

Eine helle Lampe, die in der äußeren (gedachten) Ecke des fehlenden Raums aufgestellt wird, leuchtet den Bereich aus und holt ihn scheinbar ins Pa Kua zurück. Spiegel vermitteln die Illusion eines Bereichs, der in Wirklichkeit gar nicht existiert. Reflektiert der Spiegel ein spezifisches »Heilmittel« wie ein Wasserspiel, eine Pflanze oder Statue, verdoppelt er seine Wirkung und kann daher eine sehr starke Energie erzeugen.

## Positive Energie aktivieren

Die Lehre der Kompassschule beruht auf der »Aktivierung« der verschiedenen Sektoren des Pa Kua, die sich auf die acht Lebensziele beziehen. Der Garten wird in acht Räume sowie einen Zentralbereich unterteilt. Legt man das Pa Kua auf den Gartenplan, kann man die Eigenschaften jedes Sektors klar erkennen. Das Thema Gesundheit steht in erster Linie mit dem Osten und dem Tai Ch'i (Zentrum) des Gartens in Zusammenhang. Da aber eine vollkommene Gesundheit auch mit Ihrer Umgebung als Ganzes verbunden ist, kommt dem Zustand Ihres gesamten Gartens ebenfalls große Bedeutung zu.

Bei spezifischen Gesundheitsbeschwerden empfiehlt es sich, einen Feng-Shui-Doktor (praktisch wie ein Arzt) zurate zu ziehen, da einzelne Teile unseres Körpers von bestimmten Elementen beherrscht werden, die mit unserem Geburtszeitpunkt in Zusammenhang stehen.

Prüfen Sie in Ihrem Garten, ob irgendein Element vorherrscht. Ist dies der Fall, versuchen Sie, die anderen (tatsächlich oder symbolisch) zu verstärken oder ein Element einzuführen, um das Ungleichgewicht zu neutralisieren. Besteht eine Terrasse ganz aus Stein, lockern Sie sie mit ausladenden Pflanzen an den Kanten und mit Fugen im Belag ein wenig auf; auf eine zu harte Sitzgelegenheit legen Sie ein paar Kissen; und überhängende Bäume schneiden Sie zurück, damit Licht einfällt. Denken Sie immer daran, dass ein Gefühl für Ausgewogenheit von größter Wichtigkeit ist.

Allerdings gibt es bei dieser Anwendung des Feng Shui keine strengen, vorgeschriebenen Regeln – Sie müssen nur nach kreativen Lösungen für Ihre Probleme suchen. Ganz oft geht es hierbei um persönliche Interpretation, und die Mittel müssen auf die individuellen Bedürfnisse zugeschnitten werden. Allgemein gilt: Wenn Ihnen etwas ein Wohlgefühl vermittelt, dann bleiben Sie dabei. Nehmen Sie die Veränderungen der Reihe nach vor und warten Sie mindestens einen Monat die Ergebnisse ab, denn es dauert seine Zeit, bis das fördernde Ch'i in Ihr Leben tritt und es harmonisiert. Handeln Sie langsam und Schritt für Schritt, damit Sie Zeit haben, die Unterschiede wahrzunehmen,

bevor Sie sich an die nächste Veränderung machen. Beachten Sie mit Sorgfalt die Ausgewogenheit einer jeden Maßnahme in einem Bereich, um das richtige Verhältnis zueinander zu wahren, und übertreiben Sie nichts. Folgende Verstärker oder »Heilmittel« werden häufig angewendet, damit sich positive Veränderungen einstellen:

## Wasser

Wasser enthält ganz viel positive Energie; es reinigt und belebt seine Umgebung, lockt Tiere an und fördert die Gesundheit. Doch Wasser im Garten muss überlegt platziert und vor allem peinlich sauber gehalten werden – faulende Pflanzen sofort entfernen, denn sie erzeugen Sha Ch'i.

LINKS Ein kleiner Teich passt in jede Ecke und schenkt Ihnen positive Energie – aber das Wasser muss kristallklar sein und der gesamte Bereich immer gut gepflegt werden. Mit mehreren Methoden lässt sich vermeiden, dass die Yin-Energie des Wassers überhand nimmt, besonders wenn der Teich in der Nähe des Hauses liegt. Das Wasser wird durch das Holz der ringsum stehenden Pflanzen und durch die Metallenergie der Steine ausgewogen. Es wird vor allem durch das ungestüme Yang-Wesen der roten Fliesen neutralisiert. Die sieben Fische wiegen die Yin-Eigenschaften noch zusätzlich auf.

Mit Wasser kann man eine übermächtige Feuerenergie neutralisieren. Es wirkt unglaublich »kühlend« auf die Atmosphäre und lässt einen Bereich in praller Sonne angenehmer erscheinen. Wasser in Bewegung aktiviert die Energie eines jeden Bereichs; Springbrunnen, Wasserfälle und Bäche wirken jeweils etwas anders. Die belebende Abwärtsbewegung eines Springbrunnens ist der eines Wasserfalls vorzuziehen, Letzterer kann den Verlust der Gesundheit bedeuten, wenn er nicht durch einen darunter liegenden, entsprechend großen Teich ausgeglichen wird.
Die lebende Energie von Fischen ist ebenfalls positiv und verdoppelt die förderlichen Kräfte von Wasser. Goldfische oder Koi-Karpfen regen das Fließen von Ch'i an und fördern Erfolg und Wohlstand, besonders wenn sie sich in der Nähe des Eingangs zum Haus befinden. Setzen Sie eine ungerade Anzahl (Yang) Fische ein, um die Yin-Energie des Wassers auszugleichen. Tote Fische müssen sofort entfernt und ersetzt werden, sonst nimmt ihre Yin-Präsenz überhand.
Die günstigste Form für einen Teich ist rund oder achteckig – die Form des Pa Kua. Lässt sich dies nicht bewerkstelligen, sind auch Formen mit geschwungenen Rändern akzeptabel; die Ecken von Quadraten und Rechtecken sollten abgerundet werden. Der Stil des Teiches muss zum Stil des Hauses passen und seine Größe im Verhältnis zu seiner Umgebung stehen; je näher er beim Haus liegt, desto kleiner sollte er sein. Vogeltränken sind für kleine Gärten geeignet, müssen aber sauber gehalten werden. Die günstigste Lage für einen Teich ist außerhalb des Haupteingangs zum Haus, wo er das allgemeine Glück verstärkt.
Wasser auf der Rückseite des Hauses führt angeblich zu verpassten Gelegenheiten und gefährdet Kleinkinder. Man sollte daher auf Teiche im hinteren Gartenteil verzichten, obwohl die Landschaftsschule in manchen Fällen einen gegenteiligen Rat erteilen würde (siehe Seite 47). Da Wasser in der Gartenplanung aber eine so wichtige Rolle spielt, kann man es im hinteren Gartenteil durch folgende Maßnahmen neutralisieren: Legen Sie den Teich ein gutes Stück vom Haus entfernt an. Verwenden Sie zur Wiederherstellung des Gleichgewichts Yang-Pflanzen wie solche mit aufstrebendem Wuchs und leuchtenden Blüten. Yin-Pflanzen wie Hängepflanzen und Blumen in zarten Farben sollten nicht an einem Teich stehen.
Auch Schwimmbecken stehen im Widerspruch zu der Regel, Wasser nicht hinter dem Haus vorzusehen. Falls Sie sich für einen Pool entscheiden, müssen Sie ihn ziemlich weit vom Haus entfernt anlegen. Auch sollte er nie größer sein als das Haus selbst und eine zwanglose, geschwungene Form haben, gerade Kanten oder geometrische Formen sind zu vermeiden.
Decken Sie Kanalisationen und Gullys mit einem geeigneten Filter ab, damit sie nicht durch Erdreich oder Blätter verstopft werden, die auch das Abfließen von Schmutzwasser behindern. Verkleiden Sie Schächte mit eingelassenen Abdeckungen oder stellen Sie Pflanztröge darauf, damit das Ch'i nicht fortgespült, dem Sha, das ihnen entströmt, jedoch Einhalt geboten wird.

## Pflanzen

Pflanzen liefern positive Energie und regen die Aktivität in jedem Bereich des Pa Kua an. Sie verbinden sich mit ihrer Holzenergie besonders gut mit dem gesundheitsbezogenen Ostbereich. Fast alle Pflanzen fördern das Ch'i im Garten; je größer und gesünder die Pflanze, desto mehr Ch'i erzeugt sie. Es gibt nur eine Einschränkung: Kranke oder absterbende Pflanzen können Krankheit bedeuten und verursachen. Entfernen Sie tote, welkende oder kränkelnde Pflanzen sofort, um ihre Yin-Energie unwirksam zu machen.
Bäume und andere große Gewächse verkörpern den Symbolgehalt der »Himmelstiere« und können an Stelle von Hügeln oder Gebäuden eingesetzt werden, um den Standort harmonischer zu gestalten. Auf der linken Seite (Drache) sollten höhere Pflanzen stehen als auf der rechten (Tiger). Mit einer Baumgruppe, besonders Immergrünen, können Sie der Schildkröte Schutz bieten, wenn es sonst keinen gibt. Lassen Sie den Phönixbereich (vorne) relativ frei, damit die Sicht nicht behindert ist. Auch der mittlere Gartenbereich sollte frei gehalten werden.
Mit Bäumen und großen Pflanzen lassen sich auch die durch scharfkantige Ecken, strenge Winkel und gerade Wege hervorgerufenen »Giftpfeile« abwenden. Bäume erzeugen sehr kraftvolle Energiefelder und können Sha wirksam transformieren, so dass sie einem Ort

Schutz bieten. Immergrüne Pflanzen gelten als besonders vorteilhaft (außer im Süden), weil ihre Blätter das ganze Jahr über ständig Ch'i erzeugen. Wenn ein Baum allerdings kränkelt, hat er genau den gegenteiligen Effekt, er zieht nämlich Lebensenergie ab. Daher müssen kranke oder beschädigte Bäume gepflegt, sehr kranke oder vernarbte Bäume sollten sofort gefällt werden. Solche Probleme sind oft ein Hinweis auf geopathische Störfelder oder ungesunde, unterirdisch verlaufende Energien. Wenn Sie den Verdacht haben, dies könnte in Ihrem Garten der Fall sein, lassen Sie sich von einem Feng-Shui-Experten über Abhilfemöglichkeiten aufklären.

Es ist ganz wichtig, wo Bäume in Ihrem Garten stehen. Setzen Sie große Spezies nie zu dicht ans Haus. Nicht nur ihr Yin-Einfluss wird überhand nehmen, sondern sie werden zu viel Schatten werfen, und ihre Wurzeln könnten das Fundament beschädigen. Aus denselben Gründen sollten Bäume auch niemals über das Haus hinauswachsen.

Pflanzen Sie Bäume im vorderen Bereich, die in einer Linie mit der Eingangstür stehen, immer in einiger Entfernung (je nach Spezies) zum Haus, damit Ch'i ungehindert fließen kann. Sie bilden auch eine schützende Barriere zwischen dem Haus und der Straße, sollten den Blick auf die Straße aber nicht völlig versperren, da sich die Bewohner sonst isoliert oder beengt fühlen würden.

Einige Feng-Shui-Anwender halten Kletterpflanzen an der Hausmauer wie Efeu für ungünstig, weil Ziegel- oder Steinmauern »atmen« müssen. Wird dieser Prozess blockiert, kann das bei den Bewohnern zu Hautproblemen führen. Anderen wiederum erscheint der »besänftigende« Effekt solcher Pflanzen von Vorteil; wie fast immer ist dies auch hier eine Frage der Ausgewogenheit. Lassen Sie die Fassade nicht von Kletterpflanzen überwuchern, sie sollten nicht über den Dachvorsprung oder die Dachrinne hinauswachsen.

Vermeiden Sie in den Beeten neben schmalen Wegen stachelige Pflanzen wie Rosen, Feuerdorn oder Berberitze. Setzen Sie stattdessen Pflanzen mit runden Blättern, die einem beim Vorübergehen nicht die Haut verletzen. Oder schneiden Sie sie zurück, so dass sie nicht bis auf den Weg vordringen. Auch Pflanzen mit großen, spitzen Blättern wie Yuccas sollten Sie mit Überlegung platzieren, damit das schneidende Ch'i, das ihren Blättern entströmt, keine Probleme verursacht. Halten Sie sie von Wegen und Terrassen fern, damit rundherum genügend Platz verbleibt, um ihre schädliche Energie unwirksam zu machen.

Viele Pflanzen haben einen Bezug zu Yin- und Yang-Energie sowie zu den fünf Elementen. Yang-Pflanzen wachsen nach oben, ihre Blüten oder Blätter sind von intensiver Färbung; Yin-Pflanzen sind dagegen eher »schlapp«, wachsen nach unten und tragen blasse, zart gefärbte Blüten und Blätter. »Wasser«pflanzen kriechen eher nach unten oder klammern sich an, während »Holz«pflanzen robust wirken und nach oben streben, sie ähneln dem Wachstum von Bäumen. Pflanzen mit »Feuer«-Energie haben intensiv gefärbte Blüten und eine vertikale Form oder spitze Blätter, »Erd«-Pflanzen wiederum breiten sich aus und erscheinen horizontal. »Metall«energie geht von Pflanzen mit runden Blättern, Blüten und Formen aus. Entscheiden Sie sich für eine ausgewogene Kombination von Pflanzentypen, um attraktive Gruppierungen zu schaffen, die sich in Form, Farbe und Textur voneinander abheben. Sie sind eine Freude für das Auge und sorgen für harmonische Energien im Garten.

## Günstige Pflanzen

Obwohl Pflanzen generell gesunde Energie und Glück symbolisieren, gelten einige als besonders günstig und haben ihre eigene Bedeutung:

- Pfirsiche aktivieren eine gute Gesundheit und verhelfen zu einem langen Leben.
- Bambus kennzeichnet ebenfalls Gesundheit und ein langes Leben.
- Kiefern und andere Nadelgehölze symbolisieren ein langes Leben: Pflanzen Sie einen entsprechenden Baum für einen kleinen Jungen, damit er stärker wird.
- Pflanzen Sie einen Kirschbaum für ein kleines Mädchen, damit es ein gesundes und glückliches Leben führt.
- Chrysanthemen bringen Glück ins Heim und werden mit einem entspannten Leben in Verbindung gebracht.
- Pfingstrosen gelten als sehr günstig für Männer, sie stärken ihre Konstitution.

## Rote Pflanzen zur Aktivierung von Ch'i

Das kraftvolle Rot dieser Pflanzen bringt Feuerenergie in einen Bereich, sie gleicht ein Übermaß an Metall aus (zum Beispiel wo zu viel Stein Disharmonie verursacht) oder unterstützt Erde, die sonst zu schwach wäre oder ganz fehlen würde. Die Yang-Natur dieser Farbe stärkt und erhebt den Geist. Doch vielleicht ist es ganz gut, dass diese Kübel vergänglich sind: Nur wenige Menschen fühlen sich wohl, wenn sie der Farbe Rot zu lange ausgesetzt sind.

## Farben

Setzen Sie Farbe im Garten in Harmonie mit der Zielsetzung von Yin und Yang und den fünf Elementen ein. Die mit den Elementen verbundenen Farben können tief greifend auf ihre Umgebung wirken. Vielen wird eine andere Bedeutung zugeschrieben als in der westlichen Welt, weshalb ihre Verwendung womöglich dem Rat im Kapitel über Farbtherapie widerspricht.

- **Blau** (Wasser) bezeichnet Nachdenklichkeit, Glaube, Fürsorge und Treue. Blau ist Yin und erzeugt eine sehr besänftigende Atmosphäre. Auch Schwarz steht für Wasser und ist eine ehrenvolle Farbe, obwohl man sie im Garten nur selten antrifft; wird sie übermäßig eingesetzt, senkt sie den Energiepegel.
- **Rot** (Feuer) steht für Aktivität, Leben, Stärke, Leidenschaft, Zufriedenheit, Glück und Wohlstand. Rosa repräsentiert Jugend und Romantik und mäßigt Wut. Purpur, das fast genauso günstig wie Rot ist, steht für Leidenschaft und wird oft mit Philosophie, Träumen sowie spirituellen und künstlerischen Beschäftigungen in Verbindung gebracht.
- **Grün** (Holz) ist die Farbe des Wachstums. Sie fördert Heilung und Stille und reflektiert, wenn sie von Pflanzen kommt, Frieden und Harmonie, die ein verstörtes Gemüt beruhigen. Die Kombination von Grün und Rot ist sehr günstig. Blaugrün tendiert zu Yin und wirkt entspannend, aber noch belebend.
- **Weiß** (Metall) ist in der chinesischen Kultur die Farbe des hohen Alters und der Trauer und deshalb zur ausschließlichen Verwendung in ausgedehnteren Bereichen nicht geeignet. Alle blassen Farbschattierungen haben eine erhöhte Yin-Qualität.
- **Gelb** (Erde) bedeutet Geduld, Toleranz, Weisheit, Ruhm und Aufstieg. Es bringt Inspiration, ist warm und belebend, wenn auch nicht so heiß wie Orange. Orange hellt seine Umgebung auf und fördert den Gemeinschaftssinn; es besitzt auch heilende Kräfte.

## Licht

Lichter bringen »Feuer«-Energie in jeden Bereich und sind besonders wohl tuend, wenn sie Gegenstände beleuchten, die als »Heilmittel« eingesetzt sind, zum Beispiel Wasser, Pflanzen oder Skulpturen.

## Spiegel

Spiegel leisten gute Dienste, wenn es darum geht, die Energie in einem Bereich umzulenken. Man kann sie so aufstellen, dass sie »fehlende Räume« zu ersetzen scheinen, oder mit ihnen den Fluss von Ch'i aktivieren, besonders wenn sich in ihnen ein »Heilmittel« spiegelt. Ein Spiegel in Pa-Kua-Form (achteckig) wirft Sha Ch'i in Form von »Giftpfeilen« zurück.

Spiegel müssen sauber sein und flach auf der Wand aufliegen. Sorgen Sie dafür, dass ein erfreulicher Anblick reflektiert wird, niemals Dinge wie Abfalltonnen oder düstere Ecken. Stellen oder hängen Sie Spiegel im Garten mit Bedacht auf, denn Vögel, von dem scheinbaren Tageslicht irritiert, fliegen sonst dagegen.

## Klänge

Zur Freude aller Sinne haben in einem Garten auch Instrumente wie Windspiele oder Glocken ihren Platz. Mit Windspielen wird der Ch'i-Fluss verlangsamt, wo die Energie ansonsten schnurgerade durch einen Raum schießen würde, zum Beispiel an gerade verlaufenden Gartenwegen.

Hören Sie sich den Klang vor dem Kauf gut an und wählen Sie einen aus, der Ihnen gefällt und der die Nachbarn nicht stört.

## Kreisförmige Bewegung

Alles, was eine kreisförmige Bewegung ausführt, ist dem Energiefluss zuträglich. Dazu gehören Mobiles, kleine Windmühlen und Springbrunnen.

## Schwere Gegenstände

In einem Bereich, dessen Energie instabil oder unausgewogen scheint, wirken schwere Steine oder Skulpturen stabilisierend. Tun Sie hier nicht zu viel des Guten, denn das könnte zu Stagnation führen.

## Kunst

Viele Skulpturen oder Statuen können Ch'i »aktivieren« – hier spielt der Symbolgehalt eine wichtige Rolle. Wählen Sie das jeweilige Stück immer in Gedanken an Ihre Zielsetzung aus, die sich an einer persönlichen Vorstellung orientiert; es handelt sich also um eine ganz individuelle Angelegenheit.

OBEN Mit Windspielen lässt sich das Fließen von Ch'i durch einen Bereich verlangsamen, doch man kann damit auch ganz einfach Klänge in den Garten bringen.

3

# FARBTHERAPIE

Kann jemand je eine rote Geranie erdacht haben!
Als ob das Rot einer roten Geranie mehr sein könnte
als eine sinnliche Erfahrung
und als ob es sinnliche Erfahrung hätte geben können,
ehe es Sinne gab.
Wir wissen, dass sich selbst Gott
weder das Rot einer roten Geranie noch den Duft einer
Reseda hätte vorstellen können,
bevor es Geranien oder Reseden gab.

D. H. LAWRENCE

Von allen körperlichen Sinnen ist das Sehen der unmittelbarste. Wir brauchen nur unsere Augen zu öffnen und sehen ein ständig sich veränderndes Kaleidoskop von Licht und Farbe, das unser Wohlbefinden in höchstem Maß beeinflusst. Bei unseren täglichen Entscheidungen über das Ausschmücken unserer Umgebung sind wir uns oft nicht bewusst, wie sie auf unseren körperlichen und emotionalen Zustand einwirken. Jahrzehntelange Forschungen haben ergeben, dass Farben unsere Gedanken, unser Tun, unsere Gesundheit, ja sogar unsere Beziehungen zu anderen Menschen beeinflussen. Tatsächlich sind viele Farbenergien so voller Kraft, dass selbst ein in seinem Sehen beeinträchtigter Mensch ihre Vibrationen spüren und eine Farbe identifizieren kann, indem er die Dichte der sie umgebenden Luft »erfühlt«.

Farbtherapie als Heilmethode gibt es schon seit sehr langer Zeit. Genau wie andere ganzheitliche Behandlungsweisen versucht sie, Harmonie wiederherzustellen und die inneren Ressourcen des Patienten zu stimulieren, an seiner Gesundung mitzuwirken. Dahinter steht die grundlegende Überzeugung, dass Krankheiten aufgrund eines energetischen Ungleichgewichts auf emotionaler, geistiger oder körperlicher Ebene entstehen.

Heutigen Vermutungen zufolge praktizierten die alten Ägypter als erste eine Farbtherapie: Sie ließen Sonnenlicht durch farbige Edelsteine auf die Patienten fallen. Heilbehandlungen mit Farben waren auch im alten Griechenland, in Indien, Tibet und China sowie bei den Maya Mittelamerikas und den Indianern Nordamerikas bekannt. (Auch heute noch glauben Praktizierende der chinesischen Medizin, dass Farben einen großen Einfluss auf die Gesundheit ausüben; sie gehen davon aus, dass man Krankheiten anhand der Farbe bestimmter Körperteile – darunter auch die Zunge – diagnostizieren kann.)

LINKS Als direkte Gegensatzpaare auf dem Farbkreis erzeugen Violett und Gelb einen stark komplementären Kontrast. Auf diesem Foto sorgen winterblühende Stiefmütterchen und Narzissen für frühe Farbakzente im Garten; wo Platzmangel herrscht, machen sich beide auch in einem Blumenkasten gut.

Doch die Farbtherapie geriet wie die Kräuterheilkunde, Aromatherapie und andere alte Heilkünste im Westen nahezu in Vergessenheit. Erst im achtzehnten Jahrhundert weckten Wissenschaftler und Künstler das Interesse an den Eigenschaften von Licht und Farbe von neuem. Im neunzehnten und zwanzigsten Jahrhundert wurden eifrig Studien betrieben, und der Philosoph und Pädagoge Rudolf Steiner (1861–1925) entwickelte Theorien zur Farbtherapie, die heute weitgehend anerkannt werden. Die Wirkung von Farben bei der Raumgestaltung ist gut dokumentiert, doch gibt es nur wenige Empfehlungen für den Außenbereich. In diesem Kapitel werden einige dieser Heiltechniken vorgestellt und auf den Garten übertragen.

## Heilende Farben

Der theoretische Hintergrund der Farbtherapie ist zum Teil wissenschaftlich nicht zu belegen, doch haben Studien gezeigt, dass Farben die Stimmung zutiefst beeinflussen können und oft messbare Auswirkungen auf das emotionale und körperliche Verhalten von Menschen haben. Die Palette chronischer und akuter Gesundheitsprobleme, die von Therapeuten behandelt werden, ist riesengroß. Es hat sich gezeigt, dass die Farbtherapie besonders bei stressbedingten Erkrankungen wie Ekzemen und leichten Depressionen hilfreich ist. Auch stellt sie eine wertvolle Unterstützung für andere Therapien dar und wird oft Hand in Hand mit der konventionellen Medizin praktiziert.

Unsere psychologische Reaktion spielt bei der Heilung durch Farben eine wesentliche Rolle, da viele Farben kraftvolle emotionale und spirituelle Schwingungen sowie körperliche Auswirkungen haben. Ein Leben lang machen wir Gefühle, Erinnerungen und Bedeutungen an unserem Farberleben fest, und diese Assoziationen bilden unsere persönlichen Farbvorlieben. Viele von uns fühlen sich stark zu bestimmten Farben hingezogen, und die Gründe, weshalb wir manche Farben bevorzugen oder ablehnen, gelten als sehr wichtig für den Heilprozess; Therapeuten sind oft der Ansicht, wir vermieden eine dringend benötigte Farbe, weil wir sie mit etwas Unangenehmen aus der Vergangenheit assoziieren. Zwar spielt der persönliche Geschmack eine Rolle, aber es wird doch ganz deutlich, dass die meisten Menschen Farben in der so genannten Grundordnung von Blau, Rot, Grün, Violett, Gelb, Orange bevorzugen. Doch üben auch Modeströmungen ihren Einfluss aus.

Krankheit wird als das Fehlen einer oder mehrerer Farben im Körper betrachtet, denn jeder Farbe werden bestimmte Eigenschaften und Wirkungen zugeordnet. Jedes natürliche Wesen ist – für die meisten Menschen unsichtbar – von einem Energiefeld umgeben, das als umhüllende Aura erkennbar ist. Die Aura ist eine ständig sich bewegende und pulsierende Wesenheit, die Lebensenergie fest hält und den körperlichen und geistigen Zustand widerspiegelt. Bei einem gesunden Menschen sind alle Farben des Spektrums sichtbar, von Rot ganz dicht am Körper bis hin zu Magenta ganz außen. Dieselbe Lebenskraft offenbart sich auch über die Chakren – Energiezentren im Körper, die mit der Funktion innerer Organe und Systeme in engem Zusammenhang stehen.

Geistige, körperliche und emotionale Traumata werden von einem Ungleichgewicht innerhalb der Aura reflektiert, welches Farbtherapeuten durch Behandlung mit der fehlenden Farbe auszugleichen versuchen. Auf diese Weise wird die Heilung gefördert, bevor sich noch unmerkliche Schwächen als ernsthaftere Krankheit manifestieren können. Jede Farbe enthält die Energie einer bestimmten Schwingung, und jedem Körperorgan wird eine entsprechende Farbe zugeordnet; die gezielte Strahlung einer geeigneten Farbe kann deshalb den Energiefluss im Körper korrigieren oder verstärken. Emotionale Extremzustände, die wir alle kennen, wenn wir Redewendungen wie »gelb vor Neid« benutzen, sind oft das äußere Erscheinungsbild von Ungleichgewichten oder Blockaden im Fluss der Farbenergien in den und aus dem Körper.

Je nach der Farbe fällt eine unterschiedliche Menge und Art von Licht auf uns. Farbe in Form von Lichtenergie dringt nicht nur durch die Augen, sondern auch durch die Haut ein, doch das merken wir nicht. Sie durchdringt die Aura und löst im Körper chemische und hormonelle Veränderungen aus, die sich auf Gesundheit und Wohlbefinden auswirken. Die Ausstrahlung bestimmter Farben kann deshalb unsere Aufnahme von Lichtenergie regulieren und so den Körper

ins Gleichgewicht bringen. Selbst Farbenblinde oder Blinde kann man mit Farben heilen, da sie die Farben bei der Behandlung nicht zu sehen brauchen.
Unausgewogenheiten werden durch die verschiedensten Techniken korrigiert, wobei die Einstrahlung einer oder mehrerer Farben ungefähr zwanzig Minuten dauert. Die Patienten werden mit Speziallampen, Kristallen, farbiger Seide, bunten Nahrungsmitteln oder Flüssigkeiten oder farbenfrohen Massageölen behandelt. Jede Behandlung wird durch völlige Entspannung vertieft. Ausgehend vom Garten als unsere heilende Umgebung, werden wir geeignete Techniken untersuchen, die wir draußen einsetzen können.

## Farbe und Licht

Sir Isaac Newton (1643–1727) entdeckte als Erster, dass Licht in die einzelnen Farben des Spektrums von Rot bis Violett gebrochen werden kann, wenn es durch ein dreieckiges Prisma fällt. Er fand noch eine andere Farbe, Indigo, um sieben Farben zu klassifizieren (denn Sieben galt als »mystische« Zahl), und entwickelte auch als Erster einen Farbkreis, der alle Farben des Spektrums in der richtigen Reihenfolge enthielt.
Im zwanzigsten Jahrhundert wurde das Thema weitgehend entmystifiziert, als Einstein bewies, dass Licht sich viel komplexer verhält, als man bisher gedacht hatte. Sichtbares Licht war, so fand man heraus, Teil eines größeren Spektrums von elektromagnetischer Energie, zu der auch Radiowellen, Röntgenstrahlen, Mikrowellen und Gammastrahlung gehören. Genau so wie ein Radio Energiewellen einer bestimmten Frequenz empfängt und sie in Klang umwandelt, empfängt das Auge Lichtwellen zwischen 400 Nanometer pro Sekunde (Violett) und 750 Nanometer pro Sekunde (Rot), die das Gehirn in Farbe umwandelt. Das schmale Energieband, das vom menschlichen Auge wahrgenommen wird, liegt in der Mitte des elektromagnetischen Spektrums.
Man geht davon aus, dass solch eine Energie sich wellenförmig fortbewegt, wobei das Auge jede kleine Veränderung der Wellenlänge wahrnimmt und als unterschiedliche Farbe interpretiert. Die Energie von weißem Licht enthält alle Farbwellenlängen. Zu viel oder zu wenig Licht sowie die Art des Lichts können den allgemeinen Gesundheitszustand durcheinander bringen. Zum Beispiel sind jahreszeitlich bedingte affektive Störungen auf künstliches Licht im Winter zurückzuführen, das eine andere Zusammensetzung als natürliches Licht hat und uns bestimmte Farbenergien vorenthält.

## Wie wir Farbe sehen

Das Auge funktioniert wie eine Kamera: Seine Linse fokussiert die Lichtstrahlen, und die Iris steuert, wie viel Licht auf die Netzhaut (Retina) im Augenhintergrund fällt. Die Netzhaut enthält zwei Lichtrezeptoren (Sinneszellen) – Zapfen und Stäbchen. Zapfen sind bei Tageslicht aktiv und vermitteln Farbempfindungen; ihre drei Typen enthalten jeweils ein Pigment, das nur auf Rot, Blau oder Grün anspricht. Stäbchen sind nur auf die Lichtintensität empfindlich und deshalb für das Sehen in der Dämmerung zuständig. Stäbchen- und Zapfenzellen wandeln die vom Auge empfangene Lichtenergie in elektrische Impulse um, die sich über einige Millionen Nervenfasern von der Netzhaut zum Sehnerv hin bewegen. Der Sehnerv übermittelt dann die Gesichtseindrücke zum Sehzentrum im Gehirn, wo sie als Sehen – Farbe, relative Helligkeit und Form – interpretiert werden.
Einige dieser Nervenimpulse regen den Hypothalamus an, ein biologisches Kontrollzentrum, das Schlaf, Hunger, Durst, Körpertemperatur und andere unwillkürliche Funktionen reguliert. Der Hypothalamus beeinflusst auch die Hirnanhangdrüse und die Zirbeldrüse im Gehirn, die andere Körperfunktionen durch die Produktion von Hormonen steuern.
Die unterschiedlichen Wellenlängen der Lichtenergie werden von den Objekten auf die Netzhaut zurückgeworfen und die Informationen vom Gehirn als unterschiedliche Farben interpretiert. Eine rein weiße Oberfläche reflektiert fast alle Lichtstrahlen, die sich auf der Netzhaut dann zu Weiß vereinen. Ein rein rotes Pigment absorbiert orange, gelbe, grüne, blaue und violette Strahlen, nur die reflektierten roten Strahlen treffen auf das Auge und werden folglich als Rot empfunden. Die Farbwahrnehmung wird von der Lichtqualität und der Beschaffenheit des Gegenstandes bestimmt.

RECHTS Auch dies ist ein gelungenes Beispiel für komplementäre Kontraste, diesmal in Blau und Orange. Jede Farbe lässt ihren Gegenpol intensiver erscheinen, als dies bei der Gegenüberstellung mit jeder anderen Farbe des Spektrums der Fall sein würde. In der Farbtherapie müssen Sie den Komplementärkontrast der gewünschten Heilfarbe in den Pflanzplan mit einbeziehen, damit eine ausgewogene Behandlung erreicht wird, es darf keine »Überdosierung« der von Ihnen gewählten Farbe erfolgen.

Wir sehen zunächst die Farbe eines Gegenstandes, das Auge entschlüsselt ihre Eigenschaften, zum Beispiel Licht und Schatten, Farbton und -sättigung. Gelbes oder gelbgrünes Licht fokussiert direkt auf die Netzhaut und ist deshalb die Farbe, die wir am leichtesten wahrnehmen. Rotlichtwellen sind länger und werden an einem Punkt hinter der Netzhaut gebündelt, so dass sich die Linse konvex krümmen muss, um fokussieren zu können. Es scheint, als ziehe man die Farbe näher zu sich heran und als ob Rot, wenn man es zusammen mit anderen Farben sieht, sich vor den anderen befindet. Kurzes blaues Licht fokussiert meistens vor der Netzhaut, so dass die Linse sich konkav krümmen muss, und dadurch scheint Blau im Vergleich zu anderen Farben zurückzuweichen.

Es gibt unerklärliche Reaktionen, die im Geist stattzufinden scheinen. Hier einige Beispiele dafür. »Nachbild« oder »Sukzessiv-Kontrast«: Wenn wir eine Minute auf eine Primärfarbe und dann auf eine weiße Fläche schauen, sehen wir ein »Phantombild« in der Komplementärfarbe. »Simultan-Kontrast«: Zwei nebeneinander liegende Farben nehmen jeweils leicht die Komplementärfarbe ihres Nachbarn an. Liegt Blau neben Gelb, wird das Blau violett und das Gelb orange getönt. So erklärt sich, weshalb Komplementärfarben eine so starke Wirkung haben, wenn sie gemeinsam verwendet werden – jede Farbe wird zur Antithese der anderen (siehe nächste Seite).

Die Farbwahrnehmung könnte man daher als mentales und psychologisches wie auch als physisches Phänomen ansehen. Das schließt eine höchst komplexe und weitgehend subjektive Wechselwirkung zwischen Auge und Gehirn ein. Während wir physisch mit dem Auge fokussieren, übernimmt das Gehirn alles Weitere und entschlüsselt anhand seiner eigenen Erfahrungswerte, was es tatsächlich sieht und wie es das Gesehene benennt. Auf diese Weise werden Farbwirkungen oft durch Stimmungen, Erinnerungen und andere psychologische Faktoren getrübt, wobei das Gehirn das übernimmt, was das Auge sieht. Niemand sieht eine Farbe auf die gleiche Weise oder mit derselben Intensität. Für uns ist sie vielleicht lediglich etwas Physisches, doch sie ist auf allen Ebenen – der geistigen, der emotionalen und der spirituellen – aktiv.

## Die Farbtheorie

Im neunzehnten und zwanzigsten Jahrhundert wurden intensive Forschungen über die Dynamik der Farben betrieben. Die meisten Wissenschaftler und Künstler, die mit Farben arbeiten, sind sich darin einig, dass es sechs Grundfarben gibt: drei Primärfarben (Rot, Gelb und Blau) und drei Sekundärfarben (Grün, Orange und Violett). Primärfarben heißen sie, weil sie nicht durch Mischung anderer Pigmente erzielt werden können. Aus der Kombination zweier Primärfarben entsteht eine Sekundärfarbe. Tertiärfarben erhält man, wenn man eine Primär- und eine Sekundärfarbe mischt, so dass wiederum sechs Farben entstehen. Zum Beispiel ergibt eine Kombination aus Gelb und Grün Gelbgrün, aus Blau und Violett entsteht Blauviolett; diese Kategorisierung läßt sich bis ins Unendliche fortführen, da Menschen mit normalem Sehvermögen bis zu zehn Millionen verschiedene Farbnuancen unterscheiden und mit etwas Übung diese Fähigkeit noch verbessern können.

Farbtherapeuten arbeiten oft mit neun Farben: Rot, Orange, Gelb, Grün, Blau, Indigo, Violett, Magenta und Türkis. Damit die Sache nicht zu kompliziert wird und wir die verfügbaren Farben möglichst gezielt im Garten einsetzen können, werden wir uns nur mit den sechs Primär- und Sekundärfarben beschäftigen: Rot, Orange, Gelb, Grün, Blau und Violett.

FARBKREIS Für eine einfache Handhabung wird das Farbenspektrum gewöhnlich als Kreis dargestellt. Er gehört zu den wichtigsten Instrumenten bei der Farbanalyse.

## Farbmischungen

Werden Farben nebeneinander eingesetzt, ist ihre Beziehung zueinander genauso wichtig wie jede Farbe für sich. Das Auge neigt dazu, die Verschiedenheit von zwei nebeneinander liegenden Farben zu übertreiben, während Farben neben Weiß (oder Grau) oft ihr wirkliches Erscheinen zurückhalten. Das muss man immer berücksichtigen, wenn man im Garten ein Fleckchen für die Heilbehandlung sucht. Es empfiehlt sich, die umgebenden Mauern oder Zäune weiß zu streichen, damit die Farbe von Ziegeln oder Holzbeize die Bepflanzung nicht beeinträchtigt.

Die intensivsten Kontraste entstehen, indem man jeweils die drei Primär- und Sekundärfarben paarweise kombiniert, also: Rot/Grün, Gelb/Violett und Blau/Orange. Die Farbenpaare zusammen schaffen ein ausgewogenes Ganzes. Dieses Konzept steht in engem Zusammenhang mit der Theorie von Yin und Yang – dass alles im Universum eine Entsprechung und ein Gegenstück hat und ein jedes in sich das Potential für das jeweils Andere birgt.

Von den Komplementärpaaren wirken einige Farben dominanter als andere, und so muss man darauf achten, ein harmonisches Gleichgewicht herzustellen. Für eine Behandlung empfiehlt sich eine Mischung aus 70% Heilfarbe und 30% Komplementärfarbe. Allerdings haben Gelb und Orange die Tendenz, ihre Partnerfarben Violett und Blau zu dominieren, so dass man nur durch eine Korrektur das Gefühl von Ausgewogenheit erzielt. Rot und Grün sind vom Ton einander ähnlicher und haben denselben Einfluss.

Außerdem scheinen einige Farben hervorzutreten, während andere zurücktreten; dieser Effekt kommt durch das Fokussieren der Netzhaut zustande (siehe vorhergehende Seite). Die warmen Töne von Rot und Orange treten vor kühleren Tönen wie Blau, Grün oder Violett stärker hervor, und dies kann sich verheerend auf das gewünschte Ergebnis auswirken. Deshalb müssen die Mengen von Orange und Rot, als Kontrast zu Blau und Grün eingesetzt, reduziert werden, damit sie die Heilfarbe nicht erdrücken. Viel hängt auch von individuellen Umständen ab, und so werden Sie nur durch Versuch und Irrtum zu einem akzeptablen Gleichgewicht finden.

RECHTS Die Idee von komplementären Farbpaaren wird manchmal schon durch eine einzige Pflanze umgesetzt. Der Rotstielige Schnittmangold auf diesem Foto zeigt eine unglaubliche Kombination aus Rot und Grün, wie man sie in der Natur normalerweise nicht vermutet.

# FARBEN IM GARTEN

Nie standen für unsere Gärten mehr Farben zur Verfügung als heute. Pflanzenzüchter bieten Blüten und Laub in fast jeder vorstellbaren Farbschattierung an, und auch Materialien, Farbanstriche und Accessoires sind in jeder Farbe des gesamten Spektrums erhältlich. Doch immer noch herrschen in einigen Gärten grauer oder beiger Beton, fade pastellfarbene Blumen und langweiliges grünes Laub vor. Oft scheint es, als scheuten wir uns, auffallende Farben einzusetzen, vielleicht weil uns sanfte Erdtöne für den Garten am passendsten vorkommen. Doch entgehen uns auf diese Weise wunderbare Gelegenheiten, um die heilende Kraft der Farben in unserem Garten zu nutzen.

Jede Farbe birgt viele Bedeutungen und Fähigkeiten und kann die unterschiedlichsten Beschwerden lindern. Für die Heilung gibt es nicht »die« beste Farbe, denn die Auswahl ist eine persönliche Sache. Therapeuten sind der Ansicht, dass es uns ganz instinktiv zu der Farbe hinzieht, die wir am dringendsten brauchen, und deshalb müssen wir einfach nur lernen, unseren inneren Gefühlen zu vertrauen.

Eine gesunde Aura (das unsichtbare Energiefeld, das jedes Lebewesen umgibt) ist farblich ausgewogen. Aus diesem Grund muss man bei einer Therapie immer beide Komplementärfarben einsetzen, da sich sonst der Zustand weiter verschlechtern könnte. Im Garten müssen deshalb zu Heilzwecken auch Pflanzen mit eng verwandten Schattierungen der gewählten Farbe vorgesehen werden und weniger (etwa ein Drittel) in der Komplementärfarbe, welche man gehäuft an mehreren Stellen des vorgesehenen Bereichs einfügen sollte.

Die Farbwirkung wird besser durch den Gesamteindruck vermittelt als durch die Farbe der einzelnen Blüten. Dabei ist auf die Beziehung der Pflanzen zueinander und zu ihrer weiteren Umgebung zu achten. Es gibt Situationen in Gärten, da sagt einem der gesunde Menschenverstand, dass bestimmte Farben zu dominierend oder sogar unpassend sind, aber die Wirkung einer besonders leuchtenden Farbe lässt sich immer durch eine bedachte Platzierung und Abschirmung mildern. Sie sollten auch daran denken, dass grünes Laub in größeren Pflanzbeeten unweigerlich vorherrscht. Die Wahl geeigneter Pflanzen richtet sich daher nach der Intensität der Blüten- oder Laubfarbe und nach der Menge der Blüten.

Wir nehmen die Farben im Garten mit dem wechselnden Stand der Sonne immer wieder anders wahr und freuen uns an der Dynamik der verstreichenden Zeit. Wie jeder Künstler weiß, herrscht das beständigste Licht im Norden, aber leider eignen sich für solch eine Lage nur wenige Pflanzen. Andererseits kann in starkem Sonnenlicht alles gelb getönt erscheinen, was das Hervorheben besonders leuchtender Farben erschwert. Sie sollten Ihren Sitzplatz und die Bepflanzung aus diesem Grund im Halbschatten anlegen, damit Sie für Ihr Wohlbefinden unter möglichst vielen Pflanzen auswählen können. Im Halbdunkel wirken Violett-, Rot- und Blautöne nüchterner, dafür kommen blassere Gelbtöne besser zur Geltung.

Gärtner dürfen auch nicht vergessen, dass sich durch unterschiedliche Bodenverhältnisse ganz automatisch Farbunterschiede bei den Blüten ergeben. Ein altbekanntes Beispiel sind Hortensien, bei denen sich der pH-Wert des Bodens in der Blütenfarbe widerspiegelt. Doch es sind auch viele andere Pflanzen, wenngleich nicht so stark, davon betroffen.

Wo Sie einen Bereich für Farbheilung anlegen, hängt zu einem gewissen Grad von der Grundstruktur Ihres Gartens ab. In einem großen Garten können Sie wahrscheinlich mehrere unterschiedliche Bereiche anlegen, jeden in einer eigenen Farbzusammenstellung. Vielleicht wäre es auch sinnvoll, eine Einfassung aus Blattpflanzen beizubehalten und nur die Blütenpflanzen je nach Bedarf auszutauschen. Aber auch in einem kleinen Stadtgarten oder auf einer Terrasse können Sie Ihre Wünsche realisieren, ja sogar ein Blumenkasten auf der Fensterbank ist geeignet. In einem kleineren Garten können Sie, wenn Sie möchten, die von Ihnen

gewählte Farbe jedes Jahr verändern, indem Sie einfach mehrere Töpfe neu bepflanzen und eventuell auch die Accessoires andersfarbig anstreichen. Mit einem neutralen Hintergrund in Weiß oder Grautönen können Sie die Farbe der Bepflanzung zu jeder Jahreszeit wechseln und sie Ihren sich ändernden gesundheitlichen Bedürfnissen anpassen. Mit dem zeitweiligen Einsatz von einjährigen Pflanzen lässt sich eine Dauerbepflanzung ergänzen oder erweitern.

Die Farbwirkung wird nicht nur von der Größe des Bereichs abhängen, sondern auch von der Entfernung, aus der man ihn betrachtet. Sie sollten möglichst nah bei der Bepflanzung sitzen, um voll davon zu profitieren. Falls Ihr Garten groß genug ist, können Sie vielleicht sogar mitten in dem gewählten Bereich sitzen und völlig in die Farbe eintauchen. Bei einem kleineren Garten müssen Sie mitunter nur die Pflanzbehälter nahe um Ihren Sitzplatz herum gruppieren, damit Sie die Farbwirkung besser spüren.

Mit einfarbigen Pflanzungen – die zwar für sich genommen attraktiv sind, aber kein Heilpotenzial bergen – können wir eine Menge über die Verwendung einer begrenzten Farbpalette lernen. Hier spielen Faktoren wie Form, Gestalt und Textur eine Rolle, damit sich

OBEN Viele Pflanzen in diesem Beet wurden aufgrund ihrer gelben Blüten und Blätter ausgewählt, darunter Goldrute *(Solidago)*, Stechpalme *(Ilex)* und Sonnenbraut *(Helenium)*. Die hellvioletten Verbenenblüten im Vordergrund liefern die notwendige Kontrastfarbe im richtigen Mengenverhältnis.

LINKS Violett kann sich, großflächig eingesetzt, als schwierige Farbe erweisen, da manche Schattierungen leicht stumpf wirken. Solch ein Beet lässt sich durch eine Reihe von Zwischentönen, von Rosa bis Blau, und durch verschiedenartige Texturen beleben. Hier heben sich die einem Paukenschlegel ähnlichen Blüten von *Allium sphaerocephalon* gegen die Ähren von *Liatris spicata* ab, während die Häufung der lilafarbenen Blüten von Edeldistel *(Eryngium)* und *Phlox paniculata* 'Franz Schubert' für einen harmonischen Hintergrund sorgt. Für die Farbheilung würde ein Tupfer Gelb das Bild vervollständigen – ein klein wenig würde schon genügen, weil Gelb dazu neigt, seine Umgebung zu dominieren.

dem Auge nicht nur eine langweilige Fläche darbietet. Stellen Sie eine ausgewogene Komposition zusammen, indem Sie für den Hintergrund und die Struktur kräftige Pflanzen mit horizontalen und vertikalen Kontrasten auswählen, runde neben spitze Formen und dazwischen eher zarte Blatt- und Blütenpflanzen setzen.

Obwohl die gewählte/n Farbe/n weitgehend von den persönlichen gesundheitlichen Bedürfnissen abhängig ist/sind, dürfen Sie die Größe und den Stil des Gartens, die Farben des Hauses und die Art der Nachbargrundstücke nicht außer Acht lassen. Hier gelten die üblichen Regeln der Gartengestaltung, das heißt, Sie müssen Lage, Maßstab und Privatsphäre in Ihre Überlegungen einbeziehen. Für ein stimmiges Gesamtbild sollten Sie ein wenig über die natürliche Ökologie der Pflanzen wissen, um auch deren Kulturbedürfnissen gerecht zu werden.

Gewisse Farben wirken wie Brennpunkte, weil sie dominieren oder die Aufmerksamkeit auf sich lenken; andere Farben – besonders Blautöne – vermitteln ein stärkeres Raumempfinden, indem sie in den Hintergrund treten. Sie können daher die tatsächliche Größe Ihres Gartens manipulieren, indem Sie einen kleinen Garten optisch vergrößern oder in einem größeren Garten eine heimeligere Atmosphäre schaffen. Die leuchtenderen Farbtöne von Rot, Orange und Gelb müssen besonders überlegt platziert werden, damit sie auch in eine ländliche Landschaft passen; normalerweise empfiehlt es sich, diese Farben dichter ans Haus zu setzen. Wenn die Lage und die Farben des betreffenden Bereichs feststehen, sollten Sie nicht beim Garten aufhören. Oft ist es sinnvoll, die Gartenfarben mit der Inneneinrichtung zu verbinden. Wenn Sie schon Geld ausgeben, sollten Sie nur Pflanzen wählen, die Ihnen gefallen, und nicht nur solche, die Ihre grundlegenden Bedürfnisse erfüllen. Berücksichtigen Sie bei Ihrer Entscheidung für Pflanzen mit einer bestimmten Farbwirkung auch, wie sie außerhalb ihrer Hauptblütezeit aussehen. Die Palette geeigneter Pflanzen, die anfangs schier unüberschaubar schien, kann schnell auf wenige zusammenschrumpfen.

Natürlich ist es nicht leicht, das ganze Jahr über bestimmte Farben im Garten zu präsentieren. In gemäßigten Klimazonen erfreuen wir uns am jahreszeitlich bedingten Farbenwechsel. Im Frühling warten wir auf belebende Gelb-, Blau- und Lindgrüntöne und wissen, dass die Farben im Spätsommer üppiger und intensiver werden, um dann von glühenden Herbsttönen und schließlich von den winterlichen Braun- und Grautönen abgelöst zu werden. Ein orangefarbener Garten kann im Herbst durchaus am eindrucksvollsten sein, während man nach Violett im Winter vergeblich sucht. Auch wenn solche Einschränkungen manchmal enttäuschend sind, wird es immer Möglichkeiten geben, vor allem wenn Sie nicht nur auf die Blüten schauen, sondern auch auf das Laub, die Früchte, Beeren, Rinde und Stämme.

Unterschätzen Sie nicht den Wert von Materialien und Accessoires im Farbgarten. Möbel und andere dekorative Gegenstände bringen Farbe ins Spiel, wenn sie bei Pflanzen fehlt. Rote Ziegelplatten, goldfarbener Kies, gelber Stein oder blauer Schiefer können mit der gewählten Farbschattierung harmonieren oder einen Kontrast zu ihr bilden. Glasierte Blumentöpfe sind in jeder nur denkbaren Farbe erhältlich und können bepflanzt faszinierende Arrangements ergeben. Alle Materialien sollten möglichst natürlicher Herkunft sein: Tonplatten, Naturstein und Terrakottatöpfe sind Beton vorzuziehen.

Wertvolle Dienste leistet auch ein Sonnenschirm mit Tuchbespannung oder eine Markise. Sie läßt sich fast beliebig einfärben, und das Licht, das durch sie hindurchfällt, umhüllt Sie mit einem heilenden Schein und ergänzt die Farbe anderer Gartenelemente.

# ROT FÜR VITALITÄT

Rot, die Farbe der Liebe und Fruchtbarkeit, besitzt große energetisierende Kräfte. Sie macht munter, zerstreut Negativität und macht Mut. Da Rot für Willensstärke und Unternehmungsgeist steht, ist seine Energie hilfreich bei Depression und Müdigkeit. Auf Menschen, die unter Druck stehen, wirkt Rot allerdings zu anregend, so dass es Stress verschlimmern kann und damit zu Wutausbrüchen führt. In Farbtests wird Rot – neben Blau – am häufigsten gewählt. Doch viele Menschen mögen Rot nicht, und zwar oft diejenigen, die frustriert oder niedergeschlagen sind.

Viele Menschen empfinden Rosa angenehmer als ein leuchtendes Rot; das könnte auf Mutlosigkeit hinweisen. Für Rosa entscheiden sich auch diejenigen, die Zuneigung suchen, denn es hat die Fähigkeit, bedingungslose Liebe entstehen zu lassen. Es hilft auch bekümmerten und besorgten Menschen, denen es Seelenfrieden bringt und auch erhält.

Eine Rot-Therapie ruft im Körper messbare Reaktionen hervor. Blutdruck, Temperatur und Energiespiegel steigen, der Kreislauf funktioniert besser, und Atmung, Pulsschlag sowie die Gehirnwellentätigkeit beschleunigen sich. Dies sind nur vorübergehende Wirkungen, die schnell nachlassen, sobald die Farbe entzogen wird. Rot stärkt das Blut und hilft daher bei der Behandlung von Anämie. Es hat auch entgiftende Wirkung, da es aus Psyche und Körper Schlacken abtransportiert und Infektionen bekämpfen hilft. Mit Rot fühlen wir uns behaglicher, weil es kalte Bereiche um einige Grade wärmer wirken lässt, als sie tatsächlich sind. Es ist deshalb eine nützliche Farbe für alle, die sich schnell eine Erkältung zuziehen oder Wärme brauchen. Rot bietet echte Unterstützung, wenn wir uns träge oder apathisch fühlen, denn es schenkt uns körperliche und geistige Energie. Als erregende Farbe eignet es sich nicht zur Behandlung von Angstzuständen oder Gefühlsverwirrung.

Rot ist die Farbe des Wurzelchakras, des Energiezentrums im Körper, das mit dem Unterleib und den Fortpflanzungsorganen verbunden ist. Aus diesem Grund soll es hilfreich sein bei Beschwerden der Geschlechtsorgane, Problemen mit der Sexualität und bei Unfruchtbarkeit. Es bringt auch bei steifen Gliedmaßen Erleichterung, besonders bei den Beinen.

## Rot im Garten

Als kräftigste und auffälligste Farbe im Garten gebietet Rot Aufmerksamkeit und sorgt für Dynamik, weil es aufgrund seines »hervortretenden« Wesens Bereiche kleiner wirken läßt, als sie tatsächlich sind. Welche Rotschattierung auch immer vorliegt, die essenzielle Energie geht niemals verloren; am häufigsten trifft man sie im Spätsommer und Herbst an, wenn sie scheinbar auf jede Pflanze übergreift. Dank seiner appetitanregenden Eigenschaft lässt sich Rot gut rings um Essbereiche einsetzen und ist auch für Räume geeignet, in denen Aktivität gefördert werden soll. Materialien, mit denen man die Pflanzen hervorheben könnte, sind glasierte Töpfe, roter Sandsteinkies und rote Ziegelsteine, Fliesen oder Bodenplatten.

## **Rote Pflanzen** Komplementärfarbe: Grün

Im Frühling und Sommer gibt es mit Stiefmütterchen, Kapuzinerkresse, Geranien, Salbei, Verbenen oder Fleißigen Lieschen vorübergehend eine regelrechte Rotexplosion. Im Herbst und Winter bringen Pflanzen, deren Laub, Rinde, Beeren und nackte Stämme rote Tupfer tragen, Farbe in den Garten.

LINKS Die erstaunlichen roten Blüten von *Crocosmia* 'Lucifer' sorgen im Spätsommer für kräftige Farbakzente.

RECHTS Die Blätter von *Berberis thunbergii* 'Red Pillar' sind zwar das ganze Jahr über rot, aber im Herbst, wenn sich die Blätter leuchtend scharlachrot verfärben, ist es ein regelrechtes Glühen.

### Frühling

Flieder *(Syringa vulgaris* 'Souvenir de Louis Spaeth'*)*
Geißklee *(Cytisus* 'Burkwoodii'*)*
Glanzmispel – Laub *(Photinia* x *fraseri* 'Red Robin'*)*
Goldlack *(Erysimum cheiri* 'Blood Red'*)*
Japanische Zierquitte *(Chaenomeles* x *superba* 'Crimson and Gold'*)*
Johannisbeere *(Ribes speciosum)*
Magnolie *(Magnolia liliiflora* 'Nigra'*)*
*Rhododendron* 'Elizabeth'
Tulpe *(Tulipa* 'Balalaika'*)*
Zierapfel *(Malus* x *purpurea* 'Lemoinei'*)*

### Sommer

Bartfaden *(Penstemon* 'Garnet'*)*
*Clematis* 'Niobe'
*Fuchsia* 'Mrs. Popple'
Kosmee *(Cosmos atrosanguineus)*
Nelke *(Dianthus* 'Queen of Hearts'*)*
Pfingstrose *(Paeonia officinalis)*
*Primula japonica* 'Miller's Crimson'
Rose *(Rosa* 'Parkdirektor Riggers'*)*
Taglilie *(Hemerocallis* 'Stafford'*)*
Türkenmohn *(Papaver orientale* 'Goliath'*)*

### Herbst

Berberitze – Laub, Beeren *(Berberis thunbergii* 'Atropurpurea'*)*
*Clematis* 'Madame Julia Correvon'
Hortensie *(Hydrangea quercifolia)*
Jungfernrebe *(Parthenocissus tricuspidata* 'Veitchii'*)*
Montbretie *(Crocosmia* 'Lucifer'*)*
Perückenstrauch *(Cotinus coggygria* 'Royal Purple'*)*
Rostrote Rebe *(Vitis coignetiae)*
Schmetterlingsstrauch *(Buddleja davidii* 'Royal Red'*)*
Schneeball – Laub, Beeren *(Viburnum opulus)*
Spindelstrauch *(Euonymus alata)*

### Winter

*Bergenia* 'Margery Fish'
Feuerdorn – Beeren *(Pyracantha* 'Mohave'*)*
Hartriegel – Stämme *(Cornus alba* 'Sibirica'*)*
Kamelie *(Camellia japonica* 'Adolphe Audusson'*)*
Neuseeländer Flachs – Laub *(Phormium* 'Dazzler'*)*
Schneeheide *(Erica carnea* 'Eileen Porter'*)*
Skimmie – Beeren *(Skimmia japonica)*
Stechpalme – Beeren *(Ilex aquifolium* 'J.C. Van Tol'*)*
Weide – Rinde *(Salix alba* 'Chermesina'*)*
Zierkirsche – Rinde *(Prunus serrula)*

# ORANGE FÜR OPTIMISMUS

Orange ist in erster Linie die Farbe der Freude. Wer sich in einem orangefarbenen Umfeld bewegt, wird von einem Gefühl des Wohlbehagens getragen, das uns in die Lage versetzt, die alltäglichen Sorgen leichter zu nehmen. Diese warme, einladende Farbe, die zu Optimismus und Geselligkeit inspiriert, hat erdhafte Energie und wirkt als Stimulans auf alles in ihrer Umgebung, jedoch tut sie dies sanfter als Rot.

Orange ruft Veränderungen hervor, schafft günstige Verhältnisse und ist die Farbe der Aktivität, der Begeisterung und der Freiheit. Es steht mit latenten Unruhezuständen in Verbindung und trägt dazu bei, sie differenzieren und ausgleichen zu können. Mit dieser Farbe können Sie Ihr Leben nach Zeiten der Trauer, nach einer Scheidung oder einem Schock wieder in den Griff bekommen, deshalb wird sie oft bei seelischen Zusammenbrüchen oder Selbstmordabsichten eingesetzt. Bei richtiger Anwendung können ihre heilenden Eigenschaften genutzt werden, um die Stimmung zu heben, Depressionen zu bekämpfen und unbekannte Ängste zu vertreiben.

Für Orange, das von gewitzten, gesprächigen Menschen bevorzugt wird, entscheiden sich in Tests auch all diejenigen, die an geistiger oder körperlicher Erschöpfung leiden, was vielleicht auf den unterbewussten Wunsch nach einem weniger anstrengenden Leben hindeutet. Orange ist vor allem auch bei Kindern sehr beliebt und wird in den Klassenzimmern der Steiner-Schulen für die Jüngeren eingesetzt mit der Absicht, dass es zu Einfallsreichtum und Unabhängigkeit anregen und gleichzeitig das Sozialverhalten verbessern soll, indem es Feindseligkeit und Reizbarkeit abbaut.

Orange ist die Farbe des Sakralchakras – des Energiezentrums im Körper, das mit den Nebennieren, dem Darm und dem Becken verbunden ist und Nieren sowie Blase reguliert. Orange hilft bei Darmstörungen und Verdauungsbeschwerden, und es regt den Appetit an, da es mit der Nahrungsaufnahme assoziiert wird. Es gilt als hilfreich in der Menopause (bei Männern genauso wie bei Frauen), da es für Ausgewogenheit der Hormone sorgt. Orange wird auch zur Behandlung folgender Beschwerden eingesetzt: Arthritis, Asthma, Bronchitis, Katarrh, Myome, Gallensteine, Hüftprobleme, Impotenz, Unfruchtbarkeit, Kniebeschwerden, Muskelkrämpfe oder Muskelspasmen, Unterfunktion der Schilddrüse.

## Orange im Garten

Orange ist in seiner Farbwirkung zwar nicht so stark wie Rot, muss aber trotzdem im Garten umsichtig eingesetzt werden. Besonders in einer ländlichen Umgebung wirkt diese kraftvolle, oft grelle Farbe nicht immer angebracht. In kleinen Gärten schafft sie meist eine optische Verkürzung und kann überwältigend wirken, wenn man ihr keinen Einhalt gebietet. Am intensivsten entfaltet sich diese Farbe bei Blüten, reifen Früchten und Blättern im Spätsommer und im Herbst, aber auch sonst trifft man sie in der Natur häufig an.

In unserer Wohnung eignet sich Orange für das Esszimmer oder einen Raum, der der Unterhaltung dient, da die Farbe mit Freude und Bewegung verbunden ist. Im Garten ließe sie sich an einem Grillplatz oder um eine Terrasse herum, auf der das Essen eingenommen wird, einsetzen. Mit Orange kann man auch frohgemut den neuen Tag beginnen, deshalb ist es eine ausgezeichnete Wahl für einen Bereich, in dem man eine Tasse Kaffee oder Tee in der Morgensonne genießt. Auch Möbel und Accessoires sind gute »Farblieferanten«, ebenso Kübelpflanzen, die je nach Jahreszeit Farbakzente setzen.

Viele Materialien, die man häufig im Garten antrifft, können die von den Pflanzen vorgegebene Farbe ergänzen, zum Beispiel in Form von Terrakottatöpfen und -ziergegenständen, rostendem Metall, warmem goldfarbenem Kies und Tonziegeln mit ihren verschiedenartigen Erdtönen.

LINKS Die Blüten der Fackellilie *(Kniphofia rooperi)* erscheinen den ganzen Spätsommer und im Herbst über Gruppen schwertförmiger Blätter.

RECHTS Eine besondere Augenweide im tiefen Winter sind die orangefarbenen Beeren der Iris *(Iris foetidissima)*, die sichtbar werden, wenn die Kapseln aufplatzen.

# **Orange Pflanzen** Komplementärfarbe: Blau

Für einen ganzjährigen Farbeindruck können Sie Lücken in Gartenbepflanzungen mit Stiefmütterchen, Ranunkeln, Mittagsgold, Kapuzinerkresse, Tagetes, Gauklerblumen oder Zinnien schließen. Nach den Frühjahrs- und Sommerblumen und den Beeren im Herbst bleibt die Rinde bestimmter Bäume den Winter über orange.

## Frühling

Azalee *(Rhododendron* 'Gibraltar'*)*
Berberitze *(Berberis darwinii)*
*Crocus* 'Golden Bunch'
Japanische Zierquitte *(Chaenomeles japonica)*
Kaiserkrone *(Fritillaria imperialis* 'Orange Brilliant'*)*
Narzisse *(Narcissus* 'Delibes'*)*
Primel *(Primula bulleyana)*
Tulpe *(Tulipa* 'Orange Emperor'*)*
Türkenmohn *(Papaver orientale* 'Harvest Moon'*)*
Wolfsmilch *(Euphorbia griffithii* 'Fireglow'*)*

## Sommer

Fackellilie *(Kniphofia rooperi)*
Fingerstrauch *(Potentilla fruticosa* 'Tangerine'*)*
Fuchsrose *(Rosa foetida* 'Bicolor'*)*
Geißblatt *(Lonicera sempervirens)*
Inkalilie *(Alstroemeria aurea)*
Lilie *(Lilium* 'Enchantment'*)*
Nelkenwurz *(Geum coccineum* 'Borisii'*)*
Schlafmützchen *(Eschscholzia californica)*
Taglilie *(Hemerocallis fulva* 'Florepieno'*)*
Trompetenblume *(Campsis radicans)*

## Herbst

Essigbaum, Hirschkolbensumach – Laub *(Rhus typhina)*
Gemeiner Schneeball – Laub, Beeren *(Viburnum opulus* 'Xanthocarpum'*)*
Holzapfel – Früchte *(Malus* 'John Downie'*)*
Johanniskraut – Beeren *(Hypericum* x *inodorum* 'Elstead'*)*
Kartoffelrose – Früchte *(Rosa rugosa)*
Kupferfelsenbirne – Laub *(Amelanchier lamarckii)*
Perückenstrauch – Laub *(Cotinus coggygria)*
Sanddorn – Beeren *(Hippophae rhamnoides)*
Schlangenhaut-Ahorn *(Acer capillipes)*
Sumpfzypresse *(Taxodium distichum)*

## Winter

Birke – Rinde *(Betula albosinensis* var. *septentrionalis)*
*Cotoneaster* x *suecicus* 'Coral Beauty' – Beeren
Feuerdorn – Beeren *(Pyracantha* 'Orange Glow'*)*
Grauer Ahorn *(*Acer griseum*)*
Iris – Beeren *(Iris foetidissima)*
Schneeheide *(Erica carnea* 'Ruby Glow'*)*
Sicheltanne – Laub *(Cryptomeria japonica* 'Elegans'*)*
Stechpalme – Beeren *(Ilex aquifolium* 'Amber'*)*
Zaubernuss *(Hamamelis* x *intermedia* 'Jelena'*)*
Zierkirsche – Rinde *(Prunus serrula)*

# GELB FÜR ZUFRIEDENHEIT

Gelb ist die leuchtendste Farbe im Spektrum, sie steht für die Kraft der Sonne. Die Gelbenergie regt den Intellekt und die Inspiration an und fördert auf diese Weise die Konzentrations- und Lernfähigkeit, erhöht die geistige Beweglichkeit, hilft, präzise zu denken, Fakten genau aufzunehmen und mit Schwierigkeiten zurechtzukommen.

Einige Farbtherapeuten glauben allerdings, dass zu viel Gelb gleichzeitig auch viel Unruhe stiftet und die Farbe daher mit Vorsicht eingesetzt werden sollte. Gelb ist eine nützliche Farbe für schüchterne oder einsame Menschen, denn es verleiht ihnen Optimismus sowie Selbstwertgefühl, und es kann dazu beitragen, Depressionen zu lindern. Mit Gelb kann sich jemand, der in einer Situation zu stark verhaftet ist, von dieser leichter distanzieren und sich eine eigene Meinung dazu bilden.

Oft entscheiden sich intelligente Menschen, die gern Neuerungen durchführen, sowie geistig Behinderte für die Farbe Gelb. Abgelehnt wird sie von denjenigen, die sich häufig isoliert fühlen oder Enttäuschungen erlitten haben. Die Gelbenergie kann den Körper von Schlacken befreien und den Organismus beleben und reinigen. Dies ist nicht nur auf den Körper bezogen, sondern gilt auch für das emotionale Gepäck, das wir mit uns herumtragen, denn die ganzheitliche Medizin ist davon überzeugt, dass Krankheiten auch dadurch entstehen können, dass die Menschen an belastenden, ungelösten Situationen festhalten und alte Probleme nicht loslassen.

Gelb regiert das Solarplexuschakra (Sonnengeflecht), das Energiezentrum im Körper, das mit der Leber, der Bauchspeicheldrüse, Gallenblase, Milz und dem Magen verbunden ist. Deshalb ist diese Farbe von großem Nutzen für das Verdauungssystem. Bei der Gewichtskontrolle hilft sie, ein ausgewogenes Verhältnis von Flüssigkeiten im Körper aufrechtzuerhalten, da sie die Wasseransammlung reguliert. Sie wirkt auch auf die Haut ein und kann die Behandlung von Ekzemen und Psoriasis unterstützen. Gelb scheint Kalziumansammlungen in den Gelenken älterer Menschen zu verhindern, wodurch Arthritis und Rheuma gelindert werden. Es kurbelt das Nervensystem an, da es die Nerven nachhaltig kräftigt und darüber hinaus Muskelenergie erzeugt.

Auch die folgenden Beschwerden sprechen vermutlich gut auf Gelb an: Allergien, Cellulitis, hoher Blutcholesterinspiegel, schlechte Durchblutung, Verstopfung, Blasenentzündung, Depression, Diabetes, Ohrenbeschwerden und Tinnitus, Haarausfall, myalgische Enzephalitis (ME) und sogar Leukämie und Schlaganfall (letzterer sollte gleichzeitig konventionell behandelt werden).

## Gelb im Garten

Gelb ist eine kraftvolle Farbe, die die Aufmerksamkeit auf sich zieht und dominiert. Sie verstärkt das Raumgefühl, das heißt, dass Bereiche ineinander übergehen und viele Einzelheiten zurücktreten lassen. Wird die Farbe im Übermaß eingesetzt, verschwimmen Pflanzen mit gelbem oder gold-buntem Laub zu einem unansehlichen Durcheinander; es ist daher wichtig, Textur und Form an geeigneter Stelle durch starke vertikale und horizontale Akzente zu variieren. Da die goldenen Blätter vieler Pflanzen im prallen Sonnenlicht versengen, sollte solch ein Bereich generell im leichten Schatten liegen; dadurch wirken auch die Pflanzen leuchtender.

Gelb bringt sogar an einem trüben Tag ein Gefühl von Wohlbefinden in den Garten. Es beschwört den Geist des Frühlings und ruft die dynamischen Farben von Osterglocken, Forsythien und von den blassen gelbgrünen Trieben junger Blätter ins Gedächtnis. Viele Pflanzen mit grauen oder »silbernen« Blättern haben gelbe Blüten.

Zu den Materialien für den gelben Garten gehören unter anderem natürliche Steintröge und -ziergegenstände, goldfarbener Sandsteinkies und gelbbraune Bodenplatten.

LINKS Blühende Zwiebelpflanzen wie diese gefüllte gelbe Tulpe *(Tulipa* 'Monte Carlo'*)* verkünden, dass der Frühling Einzug gehalten hat.

RECHTS Im Hochwinter werden Ihre Lebensgeister ganz bestimmt vom Anblick der duftenden, spinnenartigen Blüten der Zaubernuss *(Hamamelis mollis)* angeregt.

## **Gelbe Pflanzen** Komplementärfarbe: Violett

Zu den einjährigen Pflanzen mit einer dauerhaften Farbwirkung gehören Stiefmütterchen, Primeln, Goldlack, Ranunkeln, Löwenmäulchen, Dotterblumen, Margeriten, Kapuzinerkresse. Wenn Frühlings- und Sommerblumen verblüht sind, tragen viele Pflanzen im Herbst und Winter gelbe Beeren und eine gelbe Rinde.

### Frühling

Azalee *(Rhododendron luteum)*
Banksrose *(Rosa banksiae* 'Lutea'*)*
*Crocus chrysanthus* 'E. A. Bowles'
*Forsythia* x *intermedia* 'Lynwood'
*Hakonechloa macra* 'Aureola' – Laub
Narzisse *(Narcissus* 'Golden Rapture'*)*
Strauchpfingstrose *(Paeonia lutea* var. *ludlowii)*
Sumpfdotterblume *(Caltha palustris* 'Plena'*)*
Wolfsmilch *(Euphorbia polychroma)*
Zierkirsche *(Prunus* 'Ukon'*)*

### Sommer

Brandkraut *(Phlomis fruticosa)*
Buschbambus – Laub *(Pleioblastus auricomus)*
Elfenbeinginster *(Cytisus* x *praecox)*
Fingerstrauch *(Potentilla fruticosa* 'Elizabeth'*)*
Geißblatt *(Lonicera japonica* 'Halliana'*)*
Hopfen – Laub *(Humulus lupulus* 'Aureus'*)*
Nachtkerze *(Oenothera biennis)*
Rose *(Rosa* 'Golden Wings'*)*
Schafgarbe *(Achillea* 'Moonshine'*)*
Taglilie *(Hemerocallis* 'Towhead'*)*

### Herbst

*Clematis tangutica*
*Cotoneaster salicifolius* 'Exburyensis' – Beeren
Eberesche – Beeren *(Sorbus* 'Joseph Rock'*)*
Feuerdorn – Beeren *(Pyracantha* 'Soleil d'Or'*)*
Ginkgo – Laub *(Ginkgo biloba)*
Goldbandlilie *(Lilium auratum)*
Johanniskraut *(Hypericum* 'Hidcote'*)*
Sonnenbraut *(Helenium* 'Butterpat'*)*
Sonnenhut *(Rudbeckia fulgida* 'Goldsturm'*)*
Zypresse – Laub *(Cupressus macrocarpa* 'Goldcrest'*)*

### Winter

Aukube *(Aucuba japonica* 'Crotonifolia'*)*
Dotterweide – Rinde *(Salix alba* ssp. *vitellina)*
Efeu *(Hedera colchica* 'Sulphur Heart'*)*
Gartensalbei *(Salvia officinalis* 'Icterina'*)*
Hartriegel – Rinde *(Cornus stolonifera* 'Flaviramea'*)*
Mahonie *(Mahonia* x *media* 'Charity'*)*
Stechpalme – Beeren *(Ilex* x *altaclerensis* 'Golden King'*)*
Thymian *(Thymus* x *citriodorus* 'Aureus'*)*
Winterjasmin *(Jasminum nudiflorum)*
Zaubernuss *(Hamamelis mollis)*

# GRÜN FÜR WACHSTUM

UNTEN In dieser Zusammenstellung heben sich die duftigen limonengrünen Blüten von *Alchemilla mollis* und das spitze, frisch austreibende Blattwerk von Iris gegen die breiteren Blätter von *Rheum palmatum*, *Ligularia dentata* 'Desdemona' und *Gunnera manicata* ab. Zur Abrundung fehlen nur noch ein paar farblich kontrastierende rote Pflanzen oder Accessoires.

Grün, die Farbe der Natur, ist ein ausgewogener Farbton, der weder wärmend noch kühlend wirkt und alles in seiner Umgebung harmonisiert. Das Grün junger Sämlinge hat in allen Gesellschaften symbolische Kraft, es repräsentiert Regeneration und Fruchtbarkeit. Aus diesem Grund soll Grün Veränderungen einläuten, neue Lebenswege eröffnen und neue Hoffnung aufkeimen lassen. Diese friedvolle und entspannende Farbe bietet Zuflucht vor der Außenwelt und lässt ein Gefühl von Frieden aufkommen. Sie ist für Meditation geeignet, da sie die geistige Zielstrebigkeit fördert. Zu viel Grün verlangsamt jedoch den Aufbruch und führt zu Unentschlossenheit.

Grün wird oft von gepflegten, konventionellen und angepassten Menschen bevorzugt, während einsame oder geistig leicht beeinträchtigte Menschen es ablehnen.

Grün wirkt allgemein tonisierend und entgiftend, da es alle Energien von Körper, Geist und Seele ausbalanciert, Muskeln beruhigt, Nerven kräftigt und geistige Anspannung lindert. Es hilft bei Klaustrophobie, sein beruhigender Einfluss lindert Kopfschmerzen, reguliert den Blutdruck, besänftigt die Nerven und ist erfolgreich bei hyperaktiven Kindern.

Grün regiert das Herzchakra, das Energiezentrum im Körper, das mit Brust, Schultern und dem unteren Lungenbereich verbunden ist. Daher setzt man es bei Herzbeschwerden ein – körperlichen (Angina pectoris) und seelischen. Mitunter vertreibt es negative Gefühle und besänftigt und beschwichtigt Emotionen.

Auch die folgenden Beschwerden sprechen gut auf eine Grün-Therapie an: Gelenkschmerzen, Erkältung, Gicht, Hepatitis, Gelbsucht und andere Leberbeschwerden, Krebs und Parkinson (nur in Verbindung mit konventioneller Medizin), Gürtelrose, Magenbeschwerden (darunter Magengeschwüre, Magenverstimmung, Übelkeit, Reisekrankheit), Soor.

## Grün im Garten

Grün, die Farbe des Pflanzenreichs und der Natur, ist sehr variantenreich und mit vielen Assoziationen verknüpft. Blasses Zitrusgrün kündigt das erste Wachstum im Frühling an, tiefere Blaugrüntöne sind kälter, bei einem bräunlichen Grün denken wir an die Farben des Spätsommers und Herbstes. Im Garten scheint Grün den Raum zu vergrößern und hat eine beruhigende Wirkung. Auch regt es den Appetit an und eignet sich daher hervorragend als Farbe für Essbereiche.

Bei der Heilung mit Farben zerstreut Grün Angstzustände und vermittelt ein Gefühl von Frieden und Wohlbefinden. Wie könnten wir Stille besser schaffen als bei einem Zwiegespräch mit den Grünpflanzen in unserem Garten?

Grün kommt in Baumaterialien selten vor, doch Sie können grüne Holzanstriche für Zäune und andere Strukturen verwenden – für einen attraktiven Hintergrund. Es ist eine beliebte Farbe für Gartenmöbel und Sonnenschirme. Sie können auch grün glasierte Töpfe und Ziergegenstände im Garten aufstellen.

## **Grüne Pflanzen** Komplementärfarbe: Rot

Natürlich passen die Blätter der meisten Gartenpflanzen in diesen Abschnitt; einige Pflanzen bringen auch grüne Blüten hervor. Wenn Sie eine bestimmte Art verwenden wollen, die aber leuchtend bunte Blüten hervorbringt, schneiden Sie sie einfach ab, damit der vorherrschende Grün-Eindruck erhalten bleibt.

LINKS Die Wedel des Strauß- oder Trichterfarns *(Matteucia struthiopteris)* bleiben den ganzen Sommer über schön grün, wenn die Pflanzen im leichten Schatten stehen und feuchten Boden haben.

RECHTS Die hellgrünen Deckblätter dieser Wolfsmilchartblüten *(Euphorbia amygdaloides* var. *robbiae)* hellen ab Winterende selbst die dunkelste Ecke des Gartens auf.

### Frühling

Alpenjohannisbeere – Blüten *(Ribes alpinum)*
Bergkiefer *(Pinus mugo)*
Funkie *(Hosta* 'Royal Standard'*)*
Immergrün *(Vinca minor)*
Lorbeerseidelbast – Blüten *(Daphne laureola)*
Meerkohl *(Crambe cordifolia)*
Nieswurz – Blüten *(Helleborus argutifolius)*
Robinie, Scheinakazie *(Robinia pseudoacacia)*
Schildfarn *(Polystichum setiferum)*
Schneeball *(Viburnum davidii)*

### Sommer

Angelika – Blüten *(Angelica archangelica)*
Berberitze *(Berberis thunbergii)*
Chinaschilf *(Miscanthus sinensis* 'Gracillinus'*)*
Frauenmantel – Blüten *(Alchemilla mollis)*
Funkie *(Hosta fortunei)*
Mehlbeere *(Sorbus aria)*
Perückenstrauch *(Cotinus coggygria)*
Rose – Blüten *(Rosa* 'Green Ice'*)*
Sandbirke *(Betula pendula)*
Wacholder *(Juniperus scopulorum* 'Skyrocker'*)*

### Herbst

Aukube *(Aucuba japonica)*
Buchsbaum *(Buxus sempervirens* 'Suffruticosa'*)*
Erdbeerbaum *(Arbutus unedo)*
Flügelnuss – Blüten *(Pterocarya fraxinifolia)*
Gottvergess *(Ballota pseudodictamnus)*
*Itea ilicifolia* – Blüten
Stechpalme *(Ilex aquifolium* 'J.C. Van Tol'*)*
Strauchveronika *(Hebe cupressoides)*
Wurmfarn *(Dryopterix filix-mas)*
*Yucca gloriosa*

### Winter

Bambus *(Fargesia murieliae)*
Dickanthere *(Pachysandra terminalis)*
Duftblüte *(Osmanthus decorus)*
Efeu *(Hedera colchica)*
*Garrya elliptica*
Kirschlorbeer *(Prunus laurocerasus* 'Otto Luyken'*)*
Neuseeländer Flachs *(Phormium tenax)*
Wacholder *(Juniperus communis* 'Hibernica'*)*
Wolfsmilch – Blüten *(Euphorbia amygdaloides* var. *robbiae)*

# BLAU FÜR DEN GEIST

Blau ist die ideale Farbe für Plätze mit Heilwirkung, denn es fördert die Entspannung und Gelassenheit. Es eignet sich gut für Kontemplation und regt zum Meditieren an, da es zu Geduld und ruhigen Gedanken inspiriert. Blau macht Ihnen bewusst, dass Sie Ruhe brauchen, und gestattet Ihnen, Raum in Ihrem Leben zu schaffen. Mit Blau wird der Wunsch nach Frieden und Ordnung verbunden.

Für Blau entscheiden sich Testpersonen – konservative, talentierte, besonnene und erfolgreiche Menschen – oft als Erstes. Wer ängstlich ist oder an Minderwertigkeitskomplexen leidet, lehnt diese Farbe oft ab.

Blau ist zwar sehr variantenreich, doch bleibt es eine kalte Farbe mit einer kühlenden, reinigenden Wirkung, die Geist und Seele zur Ruhe kommen lässt. Aus Tests geht hervor, dass ein blaues Umfeld den Blutdruck, den Pulsschlag und die Gehirnwellenaktivität senken hilft – interessanterweise ist dies auch bei Violett so (einer Kombination aus Blau und Rot). Blau ist die Farbe gegen den Stress der heutigen Zeit und gegen Ängstlichkeit, denn ihr besänftigender Einfluss lindert Schlaflosigkeit und baut Nervosität, Spannungszustände oder Furcht ab. Sie fördert die Ausatmung und ist deshalb sehr hilfreich bei Asthma, wo sie Kurzatmigkeit lindert. Mit Blau kann man Entzündungen hemmen, Fieber senken und Herzrasen verlangsamen.

Blau steht für das Halschakra, das Energiezentrum im Körper, das mit dem Hals, dem oberen Lungenbereich, den Armen und der Schädelbasis verbunden ist. Es ist hilfreich bei der Behandlung von Überfunktion der Schilddrüse, Schluckauf, Stottern, Zahnfleischproblemen, Nackensteife, Halsentzündungen, Mandelentzündung und vor allem beim Zahnen oder bei Sprachproblemen von Kindern. Auch lindert es einige Magenbeschwerden, darunter Koliken, Colitis und Magengeschwüre.

## Blau im Garten

Blau, eine charakteristische Frühlingsfarbe, sorgt für einen klaren Kopf und erzeugt ein Gefühl von Geräumigkeit. Es lässt den wahrgenommenen Raum in einem Garten größer erscheinen; da es aber keine Ausmaße festlegt oder Grenzen setzt, muss man es wohl überlegt einsetzen. Diese wunderbare Farbe, die uns den Stress nimmt, ist für Ess- oder Unterhaltungsbereiche vielleicht zu beruhigend.

Zu den typischen Frühlingsblumen gehören Vergissmeinnicht, Glockenblumen und Hyazinthen. Rein blaue Blüten kommen aber in der Natur selten vor. Dafür variieren die Farbschattierungen von Blassblau über kühles Grünblau zu intensiverem Violettblau.

Gartenmaterialien sind in Blautönen erhältlich: Granitplatten sind häufig dunkelblaugrau, blau getönte industriell gefertigte Ziegelsteine und Bodenplatten gehören zu den üblichen Gartenelementen, bei Schieferplatten ist Blau zwar etwas ungewöhnlicher, aber genauso gut geeignet. Es gibt auch wunderschöne Keramikobjekte mit lebhaft blauer Glasur, und blaue Gartenmöbel und Zubehör wie Stühle und Sonnenschirme sind ebenfalls beliebt.

## **Blaue Pflanzen** Komplementärfarbe: Orange

Viele blaue Pflanzen setzen je nach Jahreszeit Farbakzente, zum Beispiel Stiefmütterchen, Lobelien, Petunien, Jungfer im Grünen, Blaues Gänseblümchen, Rittersporn, Prunkwinde. Außer den Pflanzen, die wegen ihrer Blüten aufgelistet sind, haben viele Pflanzen wie Funkien grünblaue oder bläuliche Blätter.

LINKS Die leuchtend blauen Blüten von *Geranium* 'Johnson's Blue' sorgen den ganzen Sommer über für dauerhafte Farbe in einer Schattierung, die man sonst im Garten selten antrifft.

RECHTS Es lohnt sich, nach ausgewählten Pflanzenformen Ausschau zu halten, um möglichst mannigfaltige Farbschattierungen zu erzielen. *Eryngium amethystinum* (Edeldistel) beschenkt Sie im Spätsommer und Herbst mit Büscheln distelähnlicher Blüten.

## Frühling

Akelei *(Aquilegia alpina)*
Anemone *(Anemone blanda* 'Atrocaerulea'*)*
*Clematis alpina*
Immergrün *(Vinca minor)*
Kaukasusvergissmeinnicht *(Brunnera macrophylla)*
Lungenkraut *(Pulmonaria angustifolia* 'Munstead Blue'*)*
Rosmarin *(Rosmarinus officinalis)*
Säckelblume *(Ceanothus impressus)*
Traubenhyazinthe *(Muscari armeniacum)*
Vergissmeinnicht *(Myosotis alpestris)*

## Sommer

Bartblume *(Caryopteris* x *clandonensis)*
Funkie – Laub *(Hosta sieboldiana* var. *elegans)*
Gamander *(Teucrium fruticans)*
Katzenminze *(Nepeta* x *faassenii)*
Kornblume *(Centaurea cyanus)*
Nachtschatten *(Solanum crispum* 'Glasnevin'*)*
Ochsenzunge *(Anchusa azurea* 'Loddon Royalist'*)*
Rittersporn *(Delphinium*-Hybriden*)*
Säckelblume *(Ceanothus* x *veitchianus)*
Scheinmohn *(Meconopsis betonicifolia)*
Sibirische Wieseniris *(Iris sibirica)*

## Herbst

*Agapanthus campanulatus*
Aster *(Aster* x *frikartii* 'Monch'*)*
Blauraute *(Perovskia atriplicifolia* 'Blue Spire'*)*
*Clematis heracleifolia*
Gartenhortensie *(Hydrangea macrophylla* 'Blue Wave'*)*
Kugeldistel – Laub *(Echinops ritro)*
Mahonie – Beeren *(Mahonia aquifolium)*
Roseneibisch *(Hibiscus syriacus* 'Blue Bird'*)*
Säckelblume *(Ceanothus* x *delileanus* 'Gloire de Versailles'*)*
Schmetterlingsstrauch *(Buddleja davidii* 'Empire Blue'*)*

## Winter

*Acaena saccaticupula* 'Blue Haze' – Laub
Blauschwingel – Laub *(Festuca glauca)*
*Crocus* 'Blue Pearl'
Eukalyptus – Laub *(Eucalyptus gunnii)*
Frühlingsiris *(Iris reticulata)*
Leberblümchen *(Hepatica* x *media* 'Ballardii'*)*
Raute – Laub *(Ruta graveolens* 'Jackman's Blue'*)*
Schneeglanz *(Chionodoxa luciliae)*
Stechfichte – Nadeln *(Picea pungens* 'Koster'*)*
Strauchveronika – Laub *(Hebe pimeleoides* 'Quicksilver'*)*

# VIOLETT FÜR INNERE RUHE

Violett, eine königliche Farbe, hat in der Geschichte schon immer Wissen, Selbstachtung, Spiritualität, Nostalgie, Würde und Wohlstand repräsentiert. Violett verleiht Selbstwertgefühl und hilft besonders gut, wenn man lernen muss, sich selbst zu lieben.

Diese an sich nicht besonders populäre Farbe wird von launischen oder empfindsamen Menschen mit einem Hang zum Künstlerischen und Philosophieren bevorzugt. Auch Menschen, die ihre inneren Wünsche erfüllen möchten, mögen Violett. Abgelehnt wird es häufig von denjenigen, die Heuchelei hassen, und von allen, die engen Beziehungen aus dem Weg gehen.

Violett ist die Farbe des Scheitel- oder Kronenchakras, des Energiezentrums im Körper, das eng mit der Epiphyse, also der Zirbeldrüse verbunden ist und Kreativität, Bewusstsein und Spiritualität betrifft. Daher hilft uns diese Farbe, zu Inspiration oder Einsichten über uns selbst zu gelangen; sie verstärkt angeblich die mediale Wahrnehmung, regt sehr stark zum Meditieren an und besitzt eine intensive, doch ausgewogene Schwingungsenergie, die Gedanken und Gefühle klären kann. Kreative Menschen sprechen gut auf Violett an.

Aufgrund seiner Verbindung zum Kopf setzen Farbtherapeuten Violett bei unterschiedlichsten geistigen Störungen wie Schizophrenie, den Frühstadien der Alzheimer-Krankheit und Gehirnerschütterung ein. Es vermag Beschwerden wie Ischias, Hautausschlag, müde oder entzündete Augen, Beschwerden des Nervensystems und Kopfhautprobleme wie Schuppenbildung zu lindern. Violett fördert den Schlaf, beruhigt strapazierte Nerven, besänftigt Gefühlsaufruhr und verringert Herzklopfen. Man muss allerdings vorsichtig damit umgehen, da es im Übermaß niederdrückend wirken oder zu Einsamkeitsgefühlen führen kann. Violett sollte weder bei bekannter Depression noch bei Kleinkindern angewendet werden.

Mit der kürzesten Wellenlänge im Spektrum kommt nach Violett nur noch Ultraviolett, das für das menschliche Auge unsichtbar ist. Ultraviolettes Licht wird jedoch von vielen Insekten erkannt. Einige Blumen haben spezielle, nur unter ultraviolettem Licht erkennbare Muster entwickelt, mit denen sie Bestäubungsinsekten anlocken.

## Violett im Garten

Es ist schwierig, Violett im Garten einzusetzen, da es häufig düster wirkt, wenn nicht zusätzlich kontrastierende Texturen, Formen und Farbschattierungen vorhanden sind. Die sanfteren malven- und fliederfarbenen Töne wirken beruhigend, sie verlieren jedoch auf großen Flächen an Intensität. Setzen Sie für eine bessere Wirkung viele Pflanzen mit stärkeren Farben ein wie *Berberis thunbergii* 'Atropurpurea', und verwenden Sie Struktur gebende Pflanzen mit deutlichen Konturen wie *Phormium tenax* 'Purpureum'.

Violett findet man selten als Farbe für Gartenelemente und Zubehör. Die Auswahl beschränkt sich vermutlich auf glasierte Töpfe und vielleicht passend gefärbte Stoffe für Gartenmöbel.

## **Violette Pflanzen** Komplementärfarbe: Gelb

Viele einjährige Pflanzen sorgen je nach Jahreszeit für Farbakzente, darunter Stiefmütterchen, Petunie, Leberbalsam, Rittersporn, Verbene, Gartenwicke. Die aufgelisteten Pflanzen sind hauptsächlich ihrer Blüten wegen interessant, einige haben aber auch auffallende lilafarbene Blätter.

LINKS Die ungewöhnlichen violetten Blüten von Schopflavendel *(Lavandula stoechas)* kontrastieren im Sommer wunderbar mit seinen silbrigen Blättern.

RECHTS *Clematis viticella* 'Etoile Violette', eine robuste Kletterpflanze mit kräftig violetten Blüten und attraktiven cremefarbenen Staubbeuteln, hat die typische Farbe des Spätsommers und Herbstes.

## Frühling

Blaukissen *(Aubrieta* 'J. S. Baker'*)*
Flieder *(Syringa vulgaris* 'Katherine Havemeyer'*)*
Glyzine *(Wisteria sinensis)*
Immergrün *(Vinca minor* 'Atropurpurea'*)*
Judasbaum *(Cercis siliquastrum)*
Kugelprimel *(Primula denticulata)*
Lambertsnuss *(Corylus maxima* 'Purpurea'*)*
*Magnolia liliiflora* 'Nigra'
*Rhododendron* 'Sleepy'
Veilchen *(Viola labradorica* 'Purpurea'*)*

## Sommer

Amstelraute *(Thalictrum aquilegiifolium)*
*Clematis* 'The President'
*Heuchera micrantha* 'Palace Purple'
Rittersporn *(Delphinium* 'Bruce'*)*
Rose *(Rosa* 'Veilchenblau'*)*
Schopflavendel *(Lavandula stoechas)*
Schöterich *(Erysimum* 'Bowles Mauve'*)*
Weigelie *(Weigela florida* 'Foliis Purpureis'*)*
Zierlauch *(Allium aflatunense)*
Zistrose *(Cistus* x *purpureus)*

## Herbst

Akanthus *(Acanthus mollis latifolius)*
Bartfaden *(Penstemon* 'Sour Grapes'*)*
Herbstzeitlose *(Colchicum autumnale)*
Samthortensie *(Hydrangea aspera* ssp. *sargentiana)*
Schmetterlingsstrauch *(Buddleja davidii* 'Nanho Purple'*)*
Sommeraster *(Aster amellus* 'King George'*)*
*Verbena bonariensis*
*Viburnum plicatum* 'Lanarth' – Laub
Weinrebe – Laub *(Vitis vinifera* 'Purpurea'*)*

## Winter

Berberitze – Laub *(Berberis wallichiana)*
Gartensalbei *(Salvia officinalis* 'Purpurascens'*)*
Kriechwacholder – Laub *(Juniperus horizontalis* 'Douglasii'*)*
Neuseeländer Flachs – Laub *(Phormium tenax* 'Purpureum'*)*
*Rhododendron* 'Blue Peter'
Schneeheide *(Erica carnea* 'Heathwood'*)*
Seidelbast *(Daphne mezereum)*
Spindelstrauch – Laub *(Euonymus fortunei* 'Coloratus'*)*

# 4 KRÄUTER-HEILKUNDE

Es gibt keine Heilung ohne Veränderung der Lebenseinstellung, ohne Seelenfrieden und inneres Glücksgefühl.
EDWARD BACH

Seit Jahrtausenden werden Pflanzen zum Wohl der Menschheit eingesetzt: als Nahrungsmittel, zum Aromatisieren oder Konservieren, als Medizin, Kosmetik, Duft oder Färbemittel. Bei einigen Kulturen gilt praktisch jede Pflanze als nützlich, und diejenigen, denen man Heilkräfte nachsagt, werden besonders geschätzt. Im Westen werden »Kräuter« aber viel enger definiert, hier zählen meist nur die essbaren Pflanzen dazu. Dieses Kapitel enthält eine Auswahl an Pflanzen, die bekanntermaßen für die Gesundheit förderlich sind. Es wäre schön, wenn darüber hinaus Ihr Interesse an Ziergartenpflanzen geweckt würde.

## Historischer Überblick

Während das Kräuterwissen von einer Generation an die nächste weitergegeben wurde, entwickelte sich allmählich auch eine Kräuterheilkunde. Mittlerweile gibt es unzählige Bereiche in der Heilkräutermedizin, doch die Prinzipien, die von den traditionellen Kulturen auf der ganzen Welt übernommen wurden, weisen oft verblüffende Ähnlichkeiten auf. Sie gehen davon aus, dass ein Ungleichgewicht der Energien im Körper Krankheit zur Folge hat.

In Europa waren es die alten Griechen und Römer, die einen Großteil des Kräuterwissens von den Ägyptern, Chinesen und Arabern zusammentrugen. Sie befassten sich eingehend mit Pflanzen und verwendeten viele Kräuter zum Kochen, zur täglichen Hygiene und wegen ihrer Heilkräfte. Ihre Kenntnisse und die Beschreibung der Pflanzeneigenschaften hielten sie in Kräuterbüchern fest. Im frühen Mittelalter ging ein großer Teil dieses Wissens verloren, wenngleich viele Traditionen von den großen Religionsgemeinschaften bewahrt wurden. Die ersten medizinischen Gärten wurden dann auch in Klöstern angelegt, meistens neben der Krankenstation.

Zum Glück wurde Kräuterheilkunde im gesamten Nahen Osten weiterhin öffentlich praktiziert, so dass die Kreuzritter dieses Wissen von ihren Kreuzzügen im elften, zwölften und dreizehnten Jahrhundert mit zurückbringen konnten. Als über die neuen Handelswege immer mehr exotische Spezies ihren Weg nach Europa fanden, wurden auch diese fremden Pflanzen in die Kräuterbücher aufgenommen.

Im sechzehnten und siebzehnten Jahrhundert herrschte die Überzeugung vor, dass alle Pflanzen um ihrer Heilwirkung willen auf der Erde wuchsen, so dass man für ein Leiden lediglich die passende Pflanze finden musste. Die aus dem sechzehnten

LINKS Dieser Zierkräutergarten zeigt, wie attraktiv solch ein Bereich sein kann. Lavendelhecken unterteilen den Garten und gehen strahlenförmig von einem Beet in der Mitte aus, das ein Kübel mit einem Olivenbaum ziert; Rosenbäumchen sorgen für Höhe und Sommerfarbe. Mit Leichtigkeit könnte man die Ideen dieses Gartens jeder beliebigen Gartengröße anpassen.

Jahrhundert stammende Signaturenlehre erläuterte das Prinzip, dass Pflanzen entsprechend ihrer äußerlichen Ähnlichkeit mit der Krankheit verschrieben werden sollten. Zum Beispiel meinte man, die gesprenkelten Blätter von *Pulmonaria officinalis* ähnelten dem Lungengewebe, weshalb diese Pflanze oft bei Atemwegsbeschwerden eingesetzt wurde – daher ihr volkstümlicher Name Lungenkraut. Interessanterweise konnte man in diesem Jahrhundert den wissenschaftlichen Nachweis für einige dieser ganz frühen Theorien erbringen.

Damals baute man Kräuter in so genannten »Arznei«-Gärten an, wo Gelehrte ihre Eigenschaften studieren konnten und Apotheker sie sammelten. Pflanzen mit ähnlichen Merkmalen oder von einer bestimmten Stammform setzte man ins selbe Beet, damit man sie leichter zuordnen und ernten konnte. Eines der wichtigsten Werke Mitte des siebzehnten Jahrhunderts stammt von Nicholas Culpeper, der seine detaillierten Forschungen zur Heilkraft der Pflanzen in seinem *Herbal* veröffentlichte.

Mit Anbruch des wissenschaftlichen Zeitalters und der damit einhergehenden Entwicklung von Bereichen wie Anatomie, Physiologie und Chemie wurde die Botanik zu einer richtigen Wissenschaft, und die Kräuterheilkunde verlor ihre mystische Aura. In den Kräuterbüchern ging es nunmehr darum, wissenschaftliche Fakten zu präsentieren, Forschungen ermöglichten die präzise Klassifikation und Analyse von Pflanzen. Das bedeutete auch, dass für Ansichten, wie sie die Signaturenlehre vertrat, kein Platz mehr war.

Ab Mitte des siebzehnten Jahrhunderts griffen vor allem arme Leute zu Kräuterarzneien; wer es sich leisten konnte, ließ sich lieber von den neuen Ärzten behandeln. Als die Kräuterheilkunde in den Hintergrund gedrängt wurde, entwickelte sich die allopathische Medizin: Den Ärzten ging es nun darum, die Krankheit zu heilen, nicht den Patienten. Kräuterarzneien wurden oft als Altweibergeschwätz bezeichnet und (so auch heute oft noch) für nicht wissenschaftlich genug gehalten. Das war die Geburtsstunde der Schulmedizin, wie wir sie kennen. Die Kräuterheilkunde erhielt einen weiteren Rückschlag mit der Entwicklung der Pharmakologie und der Möglichkeit, aktive Bestandteile von Pflanzen wie Fingerhut (Digitalis), Schlafmohn (Morphin) und Weidenrinde (Aspirin) zu isolieren und synthetisch herzustellen. Diese neuen Medikamente waren zwar sehr stark, hatten aber auch Nebenwirkungen.

## Die heutige Verwendung von Kräutern

Seit Anfang des zwanzigsten Jahrhunderts erlebt die Kräutermedizin einen kontinuierlichen Aufschwung und erfreut sich mittlerweile großen Interesses. Ursachen für diese Entwicklung sind offenbar eine allgemeine Hinwendung zu ergänzenden Methoden sowie die nachlassende Beliebtheit der Schulmedizin, was zweifellos mit den Nebenwirkungen vieler heutiger Medikamente zusammenhängt. Auch kann die Kräuterheilkunde in vielen Fällen Erfolge verzeichnen, wo die konventionellen Methoden versagt haben. Kräuter helfen dem Körper über das Immun-, das Nerven- und das endokrine System, sich an die alltäglichen Belastungen des Lebens anzupassen.

Kräuterheilkundige verwenden alle Pflanzenbestandteile für die Behandlung: Wurzeln, Blüten, Blätter und Rinde. Der Extrakt wird als Ganzes verwendet und enthält eine komplexe Mischung aus allen Bestandteilen, so dass das Prinzip der Synergie zum Tragen kommt: Die medizinische Wirkung aller Bestandteile ist stärker als die Summe ihrer isolierten Wirkungen. Die Verwendung unverfälschter Ausgangsstoffe hat auch eine Schutzfunktion, da jedes einzelne Element die Wirkung des anderen abpuffert. Diesen höchst komplexen Mechanismus können synthetische Medikamente immer noch nicht nachvollziehen.

Wie in fast allen Bereichen der ergänzenden Medizin konnte man bei einigen Heilmitteln ihre Wirkung nachweisen, bei vielen aber auch nicht. Fragen Sie einen Arzt, und er wird Ihnen sagen, dass er nicht weiß, wie ein Mittel wirkt ..., aber es wirkt! Immerhin verlaufen viele Behandlungen seit Jahrtausenden erfolgreich, und über 60 Prozent der Weltbevölkerung vertrauen ausschließlich auf Kräuterarzneien. Zwar bezeichnet die westliche Gesellschaft die Kräuterheilkunde oft verächtlich als »verschroben«, aber inzwischen ändert sich die öffentliche Meinung, wir kehren zurück zu den Wurzeln der uns heute bekannten Medizin.

## Homöopathie

Während die allopathische Medizin behauptet, Symptome seien die Folge von Krankheit und müssten unterdrückt werden, halten Homöopathen Symptome für den Versuch des Körpers, sich selbst zu heilen und Hinweise auf die erforderliche Arznei zu liefern. Aus diesem Grund verwenden sie Substanzen, die ähnliche Symptome hervorrufen wie die Krankheit – und zwar in winzigen Dosen als Heilmittel: Ähnliches wird mit Ähnlichem behandelt. Man glaubt, dass bei homöopathischen Arzneien, auch wenn sie so gut wie kein Molekül der ursprünglichen Pflanzenessenz mehr enthalten, das Energiemuster der Pflanze die Heilung bewirkt. Wenn derart verdünnte Heilmittel eine so starke Wirkung haben, kann man sich vorstellen, dass schon das bloße Vorhandensein bestimmter Pflanzen Heilung bewirken kann, ohne dass man diese selbst zur Behandlung einsetzen muss. Wachsen diese Pflanzen im Garten, signalisieren sie dem Körper vielleicht, seine Selbstheilungskräfte zu aktivieren.

Homöopathen sind auch der Überzeugung, dass der Zustand von Körper, Geist und Seele das Fortschreiten einer Krankheit beeinflusst und dass jeder dieser drei Bereiche gleichermaßen wichtig ist, wenn der Körper sich selbst heilen soll.

## Anwendung im Garten

An dieser Stelle sei darauf hingewiesen, dass ein Produkt, nur weil es natürlichen Ursprungs ist, nicht unbedingt auch harmlos ist – einige der tödlichsten Gifte wie Strychnin stammen unmittelbar aus pflanzlichem Material. Viele Kräuterheilmittel sind sehr stark, und auch wenn eine Pflanze in Ihrem Garten ganz unschädlich ist, sollten Sie ihren Heilkräften mit Respekt begegnen. Nebenwirkungen dürften nicht auftreten, weil Sie mit der Pflanze ja nicht in Berührung kommen müssen; aber wenn Ihnen etwas befremdend vorkommt, machen Sie eine Weile einen Bogen darum.

Erfreuen Sie sich an den Pflanzen in ihrer natürlichen Umgebung, würdigen Sie die Schönheit ihrer Blüten, Blätter oder ihrer Form, aber wenden Sie sie – es sei denn, es wurde ausdrücklich empfohlen – nicht äußerlich an und nehmen Sie nur die echten Küchenkräuter innerlich ein. Lassen Sie sich von einem erfahrenen Kräuterheilkundigen beraten. Versuchen Sie niemals, ernsthafte Beschwerden selbst zu behandeln, und suchen Sie sofort einen Arzt auf, wenn das Mittel bei unbedeutenderen Leiden nicht sofort wirkt.

Wenn Sie Kräuter so verwenden, vollzieht sich die Heilung auf einer Schwingungs-, nicht auf einer physiologischen Ebene. Jede Pflanze besitzt ihre eigene einzigartige Lebenskraft oder »Schwingung«, die auf unsere Energie wirken, sich mit ihr verbinden kann und so Körper und Geist ins Gleichgewicht bringt. Deshalb eignen sich Kräuter so hervorragend für zahlreiche kleinere gesundheitliche Störungen oder als Unterstützung anderer Therapien. Die Pflanzen in Ihrem Garten sind auch als Vorbeugung von großem Wert, wenn sie nämlich Beschwerden ausgleichen, bevor sie sich als Krankheit manifestieren.

Die Fähigkeit zur Selbstheilung hat mit dem Immunsystem zu tun; ein starkes Immunsystem schützt vor Krankheit, denn es stabilisiert jedes System im Körper und bekämpft Infektionen. Wenn Sie schon beim geringsten Anlass krank werden, dann sollten Sie sich für Pflanzen entscheiden, die das Immunsystem als Ganzes unterstützen, so dass Beschwerden bereits im Keim erstickt werden können.

Falls Sie Ihren Garten teilweise oder ganz mit Kräutern bepflanzen wollen, sind Ihnen keine Grenzen gesetzt. Kräuter gehören zu den besten Pflanzen für sinnliche Gärten, da alle das Auge erfreuen und viele duften und/oder essbar sind. Es gibt die unterschiedlichsten Texturen, angefangen beim fedrigen Laub von Fenchel oder Beifuß bis hin zu weichen, behaarten Blättern von Königskerze und Salbei. Viele Kräuter ziehen auch Insekten an, so dass in Ihrem Garten bald das Summen der Bienen ertönen wird.

Die meisten Regeln, die wir auch bei jeder anderen Form der Gartengestaltung befolgen würden, gelten gleichermaßen für den Kräutergarten. Bevor Ihnen die riesige Auswahl an Pflanzen, die Sie gern setzen möchten, über den Kopf steigt, fragen Sie sich, welche Bedürfnisse nicht nur die Pflanzen, sondern auch Sie selbst haben. Ist Ihre Freizeit knapp bemessen, setzen Sie sinnvollerweise mehrjährige Pflanzen ein, die mit minimalem Aufwand Jahr für Jahr zuverlässig einen schönen Anblick bieten.

## Die Planung eines Kräutergartens

Neben den Küchenkräutern wurden in der Vergangenheit auch viele Ziergartenpflanzen, die wir nicht einmal mehr den Kräutern zuordnen würden, wegen ihres medizinischen Nutzens oder ihrer vielfältigen Einsatzmöglichkeiten im Haushalt kultiviert. Heute baut man sie wegen ihrer Blätter, ihres Duftes und ihrer Farbe an, und es gehören sehr große Bäume, Heckenpflanzen, Sträucher, krautige Mehrjährige und Zwiebelpflanzen wie auch winzig kleine kriechende Bodendecker dazu. Ihr ganzes Grundstück könnte sich leicht in einen Kräutergarten verwandeln, und Sie bräuchten sich nicht auf ein kleines Eck beim Hintereingang mit ein paar Töpfen Minze und Petersilie zu beschränken.

Als Erstes müssen Sie Ihr Vorurteil ablegen, dass Kräuter eine völlig getrennte Pflanzenkategorie darstellen – es gibt unzählige Varietäten, die überall im Garten ganz wunderbar hinpassen. Bei Küchenkräutern ist es wahrscheinlich sinnvoller, sie für einen leichten Zugriff dicht ans Haus zu setzen. Jeder Garten sollte die Sinne ansprechen, und dabei spielen Kräuter eine wichtige Rolle. Machen Sie sich ihre verschiedenen Farben, Strukturen und Texturen zunutze und arrangieren Sie sie hübsch in Ihren Beeten. Bäume und Sträucher eignen sich als Hintergrundelemente, kleinere Mehrjährige und Einjährige schließen die Lücken.

Für den Anbau von Kräutern sollten Sie eine biologische Methode wählen. Das ist unverzichtbar, wenn Sie die Pflanzen für Heilbehandlungen oder in der Küche verwenden wollen, denn ihre Heilkräfte könnten durch chemische Zusätze beeinträchtigt werden.

Wenngleich es von vielen Pflanzen »verbesserte« Varietäten zu kaufen gibt, besitzen ihre Stammformen vermutlich die größten Heilwirkungen. Moderne Hybriden haben allerdings größere Blüten, leuchtendere Blätter oder gedeihen besser, weshalb Sie sie vielleicht aus sachlichen Gründen vorziehen; ist dies nicht der Fall, wählen Sie die Originalspezies. Kaufen Sie immer bei einer spezialisierten Gärtnerei oder Baumschule, damit Sie genau das bekommen, was Sie wollen.

1 WEISSDORN *(Crataegus laevigata* 'Paul's Scarlet'*)*

2 ROTER FINGERHUT *(Digitalis purpurea)*

3 NACHTKERZE *(Oenothera biennis)*

4 BESENGINSTER *(Cytisus scoparius)*

5 DUFTVEILCHEN *(Viola odorata)*

6 MARIENDISTEL *(Silybum marianum)*

7 MAIGLÖCKCHEN *(Convallaria majalis)*

8 ADONISRÖSCHEN *(Adonis vernalis)*

# Ein Apothekerbeet

Die Pflanzen in diesem Beet werden traditionsgemäß bei Herzbeschwerden eingesetzt. Das Beet sollte möglichst offen sein, viel Sonne bekommen und einen gut dränierten Boden haben. Veilchen setzen schon zu Frühlingsbeginn Farbakzente, es folgen die gelben Blüten der Adonisröschen und des Besenginsters sowie die roten Blüten des Weißdorns. Der Duft der Maiglöckchen, die gelben Blüten der Nachtkerze, die marmorierten Blätter und rotvioletten Blüten der Mariendistel machen das Beet in den folgenden Jahreszeiten zu einer Augenweide.

RECHTS Formale Knotengärten verkörpern die mittelalterliche Zeit der Gartengeschichte: Geometrische Muster wurden mit Hilfe von gestutzten Hecken, blühenden Zwiebelpflanzen und Kräutern gestaltet. Auf diesem Foto wurde Buchsbaum *(Buxus sempervirens)* verwendet, aber Heiligenkraut *(Santolina* spp.*)*, Gamander *(Teucrium fruticans)* oder Lavendel *(Lavandula* spp.*)* sind genauso gut geeignet.

## Standorte für Kräuter

Lassen Sie sich mit der Planung etwas Zeit, bevor Sie sich auf eine Bepflanzung festlegen – bedenken Sie alle üblichen Aspekte wie zur Verfügung stehender Platz, Lage, Licht und Schatten, Klima- und Bodenbedingungen. Eine vorgegebene Situation lässt sich zwar ein wenig abändern, indem Sie beispielsweise einen Baum fällen, Kies streuen oder eine Dränage verlegen, aber solche Aktionen sind nicht zu empfehlen. Vielmehr sollten Sie überall dort, wo es geht, Hand in Hand mit der Natur arbeiten und, statt die gesamte Ökologie Ihres Gartens auf den Kopf zu stellen, Pflanzen auswählen, die Ihren Gartenbedingungen entsprechen.

Pflanzen vom selben ökologischen Standort in der freien Natur brauchen ähnliche Bedingungen und sollten deshalb gemeinsam an einen geeigneten Platz gesetzt werden. Das fördert nicht nur ein gesundes und kräftiges Gedeihen, sondern diese Pflanzen sind auch sehr pflegeleicht, wenn sie ungehindert wachsen und sich selbst aussamen dürfen.

In jedem Garten gibt es ein Fleckchen für Kräuter. Viele gedeihen hervorragend im vollen Schatten (Mahonie, Akanthus, Immergrün, Lungenkraut, Waldlilie), einige stehen lieber im Halbschatten (Günsel, Fingerhut, Christrose, Heilziest, Silberkerze); wieder andere brauchen pralle Sonne (Mohn, Nachtkerze, Heiligenkraut, Ringelblume, Stiefmütterchen). Feuchte Lagen oder offenes Wasser eignen sich für Wasserlilien, Mädesüß, Alant, Purpurdost und Baldrian, während Küchenschelle, Königskerze, Ysop, Goldmohn und Kiefer auf trockenem Boden gedeihen. Wieder andere wachsen fast überall (einige könnte man allerdings auch als Unkraut bezeichnen!).

Manche Kräuter gedeihen auf besonders kargen, dünnen Böden, etwa solche aus dem Mittelmeerraum und ähnlichen Gebieten; dazu gehören Lavendel, Thymian und Salbei. Andere wie Petersilie, Schnittlauch und Fingerhut brauchen dagegen für ein üppiges Wachstum fettere, Wasser speichernde Böden. Wenn Sie Kräuter in Kübeln ziehen, sorgen Sie für die richtigen Bedingungen und verwenden Sie Steinmehl, damit Wasser und Nährstoffe gespeichert werden, oder fügen Sie zur besseren Dränage Kiesel hinzu.

Die einzelnen Standorte sind fast so unterschiedlich wie die Zahl der Pflanzen:

- Pflanzen Sie in ein sonniges Beet Kräuter mittelmeerischer Herkunft, die oft silbernes oder graues Laub haben (Beifuß, Salbei, Heiligenkraut, Königskerze).
- Pflanzen Sie Kräuter (Kamille, Thymian) als Alternativrasen für kleine Flächen (siehe Seite 33).
- Setzen Sie Pflanzen als Einfassungen oder niedrige Hecken überall im Garten (Lavendel, Schnittlauch, Frauenmantel).
- Legen Sie einen kleinen Wald- oder Hecken-Lebensraum mit lichtem Schatten an (Fingerhut, Primeln, Hängebirke, Waldmeister).
- Lassen Sie Kletterpflanzen an einer Mauer und Spalieren hoch wachsen (Wein, Passionsblume, Geißblatt).
- Locken Sie mit einem Teich Tiere an und pflanzen Sie Kräuter hinein oder rundherum (Wasserlilie, Mädesüß, Fieberklee, Blutweiderich – siehe Seite 29).
- Bepflanzen Sie einen Steingarten mit Kräutern, die gut dränierten Boden lieben (Gelbes Sonnenröschen, Thymian, Salbei, Goldmohn, Königskerze).
- Manche Kräuter wachsen sogar in Mauern oder in den Ritzen zwischen Bodenplatten (Thymian, Baldrian, Gelbes Sonnenröschen, Poleiminze).
- Einige sind hervorragend für Töpfe, Hängekörbe oder Blumenkästen geeignet, weil in diesen Behältern das Wasser gut abläuft und das Wachstum besser kontrollierbar ist (Basilikum, Pfefferminze, Petersilie, Thymian, Ringelblume).

## Gestaltung nach Themen

Zeichnen Sie Ihre Pläne auf und malen Sie verschiedene Ideen hinein, etwa einen formalen Ziergarten oder einen zwanglosen Bauerngarten, in dem die Kräuter zwischen Blumen und Gemüse wachsen. Sie können sogar beides haben: üppige Fülle neben ordentlich gestutzten Buchsbaumhecken. Sehen Sie sich an, wie moderne Ideen oder eher traditionelle Anordnungen umgesetzt werden – es gibt bestimmt etwas, das zu Ihnen und Ihrem Zuhause besonders gut passt.

Wege im Garten sind unverzichtbar, damit Sie mühelos an alle Pflanzen herankommen. Gestalten Sie sie ansprechend, aber auch praktisch; schaffen Sie mit Kies, Ziegeln, Fliesen oder Platten trockene Wegabschnitte, die Sie auch nach einem Regenguss betreten können. Planen Sie Sitzgelegenheiten ein, damit Sie Zeit zwischen den Pflanzen verbringen und ihre wohl tuenden Düfte einatmen können, besonders wenn diese Fläche zur Genesung gedacht ist. Umgeben Sie den Sitzplatz mit Pflanzen, die sich besonders schön anfassen oder die man zerdrücken muss, damit sie ihren Duft verströmen; Sie können auch einen Torfsitz bauen und mit Kamille oder Thymian bepflanzen.

In vielen formalen Gärten gibt es ein zentrales Element, beispielsweise eine Sonnenuhr, eine Vogeltränke, einen Springbrunnen oder Bienenkorb (idealer Standort zum Sammeln von Nektar). Sie sollten in Ihren Plan auch hohe Elemente einbringen wie Bögen oder Spalierwände und vielleicht Rosenbäumchen oder in Form geschnittenen Lorbeer, Myrte usw.

Überlegen Sie sich genau, wo Sie Solitärpflanzen setzen wollen. Sollten sie unter einem Fenster stehen, wo ihr Duft ins Haus hinaufzieht? Auf manche muss man erst drauftreten, damit sie ihr Aroma verströmen, andere eignen sich am besten für Hochbeete, wo man ihre Schönheit aus der Nähe bewundern kann; einige benötigen eine stützende Laube oder einen Rundbogen.

Kräuter fühlen sich zwar zwischen anderen Pflanzen sehr wohl, aber vielleicht wollen Sie ihnen einen separaten Teil des Gartens zuweisen. Diese Flächen lassen sich oft sehr erfolgreich gestalten, wenn man ihnen ein Thema zuordnet (und sei es auch nur, um die Auswahl der Pflanzen auf eine vernünftige Anzahl zu begrenzen!). Es gibt unendlich viele Möglichkeiten:

- Ein geometrisch angelegter Garten in Form eines Wagenrads, Schachbretts oder Knotengartens; die Unterteilungen erleichtern das Auffinden der einzelnen Varietäten.
- Ein Küchengarten mit Kräutern und Gemüse, eingefasst von niedrigem Schnittlauch, Petersilie oder Zwergbuchs (ideal für Helferpflanzen, siehe Seite 18).
- Eine Wildblumenwiese (Samenmischungen im Handel) mit Margeriten, Stiefmütterchen, Klatschmohn und Schlüsselblumen (siehe auch Seite 23).
- Ein Wintergarten mit interessanten Formen, Farben, Texturen und Düften. Dazu gehören Mohn und Fenchel mit ihren Samenkapseln, Schneeglöckchen, Seidelbast, Christrose oder Zaubernuss.
- Ein Apothekergarten, in dem bestimmten Beschwerden ein jeweils anderes Beet zugeordnet ist: zum Beispiel Verdauung (Wermut, Ringelblume, Eibisch), Atemwege (Ysop, Katzenminze, Lungenkraut) oder Schlafstörungen (Heilziest, Weißdorn, Goldmohn).
- Ein astrologischer Garten; der Kräuterkundler Nicholas Culpeper, der im 17. Jahrhundert lebte, ordnete viele Kräuter bestimmten Tierkreiszeichen zu.
- Ein orientalischer Paradiesgarten mit traditionellen Elementen persischer Gartenanlagen wie Pavillons, Wasserspielen, geometrischen Formen (Passionsblume, Myrte, Rosen, Lavendel, Thymian, Lilien).
- Ein streng historischer Garten, in dem nur Kräuter wachsen, die zum Beispiel ins Mittelalter, in die Tudorzeit oder in die Elisabethanische Epoche passen.
- Ein Shakespeare-Garten mit Kräutern, die dieser geniale Dichter erwähnte (Primeln, Lorbeer, Borretsch, Veilchen, Akelei).
- Ein Kräutergarten für Kinder mit »witzigen« Kräutern, leuchtenden Farben, interessanten Texturen und essbaren Pflanzen (Gänseblümchen, Springkraut, Sonnenblume, Ringelblume, Kapuzinerkresse, Veilchen, Zitronenmelisse).
- Ein chinesischer Kräutergarten (Schlafmohn, *Bambusa breviflore, Rosa chinensis*, Ginkgo, Pfingstrose).
- Ein Garten, in dem nur Pflanzen aus der näheren Umgebung stehen; damit locken Sie viele Tiere an.
- Ein Garten, der schädliche Einflüsse abwehrt (Christrose, Holunder, Holzapfel, Kamille, Liebstöckel, Johanniskraut).

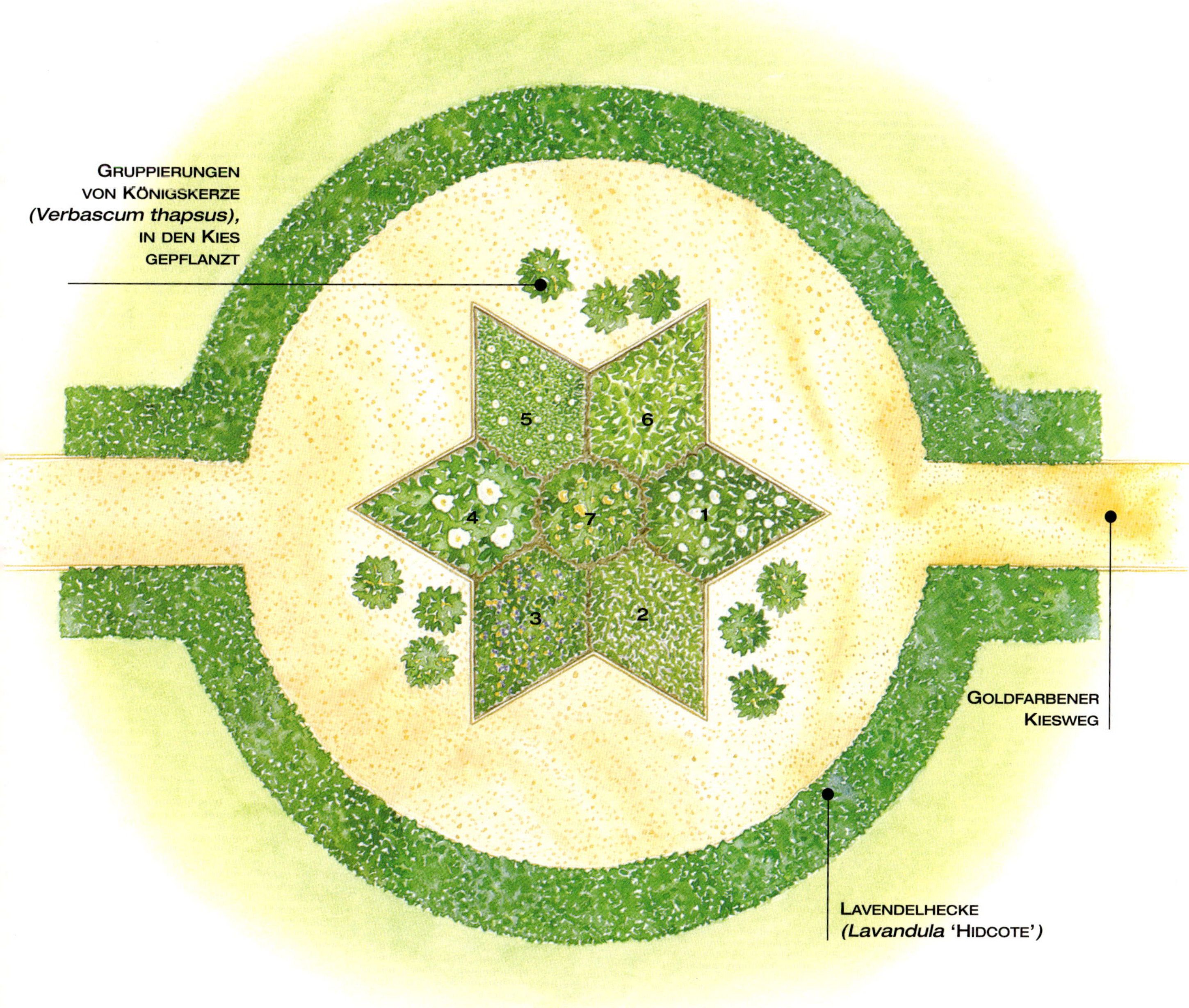


1 CHRISTROSE
*(Helleborus niger)*
2 EISENKRAUT
*(Verbena officinalis)*
3 STIEFMÜTTERCHEN
*(Viola tricolor)*
4 CHINESISCHE PFINGSTROSE
*(Paeonia lactiflora)*
5 KAMILLE
*(Chamaemelum nobile)*
6 ANGELIKA
*(Angelica archangelica)*
7 TÜPFEL-JOHANNISKRAUT
*(Hypericum perforatum)*

# Ein Garten, der böse Geister vertreibt

Der sechszackige Stern ist ein mächtiges altes Symbol; zu dieser Pflanzung gehören sieben Pflanzen, traditionell eine Glückszahl. Mit den Königskerzengruppen und der Lavendelhecke sind es insgesamt neun Pflanzen, auch eine Zahl, die früher als geheiligt galt. Das Johanniskraut in der Mitte leuchtet so golden wie die Sonne und symbolisiert die Lebenskraft des Tageslichts. Die Pflanzen wurden nach Farbe und danach ausgewählt, ob sie das ganze Jahr über interessant aussehen. Sie eignen sich alle für einen offenen, gut dränierten Standort, der vor starken Winden geschützt ist.

# KÜCHENKRÄUTER

RECHTS Viele Kräuterblüten sind essbar oder zieren einen Salat. Hier werden Kapuzinerkresse und Ringelblume wegen ihrer Farbe und ihres pfeffrigen Geschmacks gezogen. Auch die Blüten von Schnittlauch, Stiefmütterchen, Rose und Borretsch sind essbar.

Es gibt nur wenige Dinge, die mehr Freude bereiten, als frische Kräuter aus dem eigenen Garten zu ernten, wenn man sie gerade braucht und ihr Aroma am besten ist, und nicht auf getrockneten Ersatz angewiesen zu sein. Viele besitzen zudem Eigenschaften, die die Verdauung unterstützen.

Kräute sagen etwas über Ihren persönlichen Geschmack aus, doch spielen auch Standort und verfügbarer Raum eine Rolle. Die folgende Liste enthält die bekanntesten Küchenkräuter und solche, die in Supermärkten selten verkauft werden, trotzdem aber sehr lohnend im Anbau sind und herrlich schmecken.

ÄHRENMINZE *(Mentha spicata)*
Mehrjährig, bis 60 cm hoch, stark duftende, runzlige Blätter und rotviolette Blütenähren im Spätsommer. Mag Sonne oder Halbschatten und reichen, feuchten Boden. Helferpflanze für Rosen bei Blattläusen.
*Schmeckt gut zu Kartoffeln, Erbsen und Lammfleisch. Aus den frischen oder getrockneten Blättern einen Kräuteraufguß zubereiten.*
Lindert Erkältungssymptome.

ANIS *(Pimpinella anisum)*
Einjährig, bis 45 cm hoch, aromatische, runde mittelgrüne Blätter und winzige weiße Blüten im Spätsommer. Braucht einen sonnigen, geschützten Standort und reichen, durchlässigen Boden.
*Wird vor allem wegen seiner Samen angebaut, mit denen man Kuchen, Konfekt, Likör und Currygerichte aromatisiert.*
Antiseptisch. Erleichtert Husten und Bronchitis. Lindert Koliken; hilft bei Übelkeit.

APFELMINZE *(Mentha suaveolens rotundifolia)*
Mehrjährig, bis 60 cm hoch, pelzige, nach Apfel duftende hellgrüne Blätter und blasslila Blütenähren im Sommer; auch bunt erhältlich. Liebt Halbschatten und reichen Boden.
*Gut in Obstsalaten und kalten Getränken.*
Verdauungsfördernd. Lindert Erkältungen und Grippe.

BASILIKUM *(Ocimum basilicum)*
Einjährig, bis 45 cm hoch, aromatische, glänzende Blätter und kleine weiße Blüten; im Handel gibt es rot-, groß- und kleinblättrige Varietäten. Empfindliche Pflanze, braucht Sonnenwärme, Schutz vor Wind und Frost sowie durchlässigen feuchten Boden.
*Die Blätter werden verbreitet in der Mittelmeer- und der asiatischen Küche verwendet.*
Beruhigende, doch aufbauende Wirkung – hilft bei Schlaflosigkeit und geistiger Erschöpfung. Bei Kopfschmerzen mit frischen Blättern die Schläfen einreiben. Ein Aufguss aus frischen Blättern beugt Reisekrankheit vor. Basilikum verringert Stress, reguliert den Menstruationszyklus und lindert Muskelschmerzen.

BORRETSCH *(Borago officinalis)*
Einjährig, bis 60 cm hoch, große, stachlige Blätter und sternförmige himmelblaue Blüten im Sommer. Mag Sonne, Licht und durchlässigen Boden. Lockt Bienen an, gute Helferpflanze für Tomaten und Erdbeeren.
*Mit den Blüten dekoriert man pikante Gerichte, Obstsalate, Kuchen und Getränke. Die jungen Blätter schmecken nach Gurke. Man kann sie klein schneiden und in Salaten und Sandwiches verwenden.*
Relaxans; erleichtert Kummer und Traurigkeit. Lindert Entzündungen der Atemwege, des Verdauungstraktes und des Harnsystems; fiebersenkend; harntreibend. Regt die Nebennieren an (hemmt die Wirkung von Steroiden). Enthält Gammalinolensäure, den aktiven Bestandteil von Nachtkerzenöl, die Erleichterung bei prämenstruellem Syndrom, Allergien, Ekzemen und Arthritis/Rheuma verschafft.

DILL *(Anethum graveolens)*
Einjährig, bis 1 m hoch, fedrige, aromatische blaugrüne Blätter und kleine gelbe Blütendolden im Hochsommer. Liebt pralle Sonne und lockeren Humus.

*Die Blätter dienen zum Garnieren und Aromatisieren von Quark, Kartoffelsalat und Fischgerichten. Die Samen werden in würzigen und süßen Gerichten verwendet oder zur Verbesserung des Atems gekaut.*

Hilft bei Schluckauf, lindert Koliken und Magenverstimmungen; hilft bei Übelkeit, Blähungen und stressbedingten Verdauungsstörungen. Nerventonikum mit sedierenden Eigenschaften. Erleichtert schmerzhafte Periode, reguliert die Menstruation. Das Öl hat krebshemmende Eigenschaften.

ESTRAGON *(Artemisia dracunculus)*

Mehrjährig, bis 60 cm hoch, schmale, duftende, würzige (an Anis erinnernd) Blätter. Braucht einen sonnigen, geschützten Standort und nährstoffreichen, durchlässigen Boden.

*Die in Essig eingelegten Blätter dienen als Salatdressing. Hauptbestandteil der Sauce béarnaise, das klassische Kraut für Hühner- und Eierspeisen.*

Reich an Mineralsalzen, wirkt daher allgemein tonisierend und appetitanregend. Lindert Zahnschmerzen.

FENCHEL *(Foeniculum vulgare)*

Mehrjährig, bis 2 m hoch, gefiederte Blätter und gelbe Blütendolden im Hochsommer. Liebt pralle Sonne und durchlässigen Boden.

*Mit Fenchelsamen und -blättern aromatisiert man Fischgerichte; in der Provence wird der Fisch über getrockneten Fenchelstengeln gegrillt. (Das Knollengemüse ist eine andere Fenchel-Varietät.)*

Seine beruhigenden Eigenschaften lindern Magenkrämpfe, Magenverstimmungen, Verstopfung und helfen bei der Gewichtskontrolle. Wird auch bei Augenbeschwerden, Husten und Katarrh verwendet. In der Schwangerschaft vermeiden.

KERBEL *(Anthriscus cerefolium)*

Einjährig, bis zu 45 cm hoch, zarte, blassgrüne, farnartige Blätter und winzige weiße Blüten im Sommer. Liebt lichten Schatten und durchlässigen Boden.

*Die Blätter werden zum Garnieren von Fisch- und Eierspeisen verwendet; ihr Geschmack kommt am besten zur Geltung, wenn man sie erst kurz vor dem Servieren an das Gericht gibt.*

Verdauungsanregend. Lindert Katarrh, verbessert die Durchblutung und hilft bei Leberbeschwerden.

KORIANDER *(Coriandrum sativum)*

Einjährig, bis 60 cm hoch, zart gefiederte, duftende hellgrüne Blätter und kleine weißrosa Blütendolden im Sommer. Liebt pralle Sonne und lockeren Boden.

*Die Samen dienen ganz oder gemahlen als Gewürz. Die Blätter gibt man an Suppen, Eintöpfe, Currygerichte und Salate (Mittel- und Südamerika, Asien); in Thai-Gerichten wird auch die Wurzel verwendet.*

Verdauungsfördernd; beseitigt Koliken und Blähungen. Mildes Sedativum; lindert rheumatische Schmerzen.

KÜMMEL *(Carum carvi)*

Zweijährig, bis 30 cm hoch, gefiederte Blätter und winzige weiße Blütendolden im Hochsommer. Liebt pralle Sonne und nährstoffreichen Boden.

*Seine Samen passen gut zu Schweinefleisch und Kohlgerichten, Kuchen und Keksen. Schnäpse und einige nordeuropäische Käsesorten werden mit Kümmel aromatisiert, und in Indien kaut man nach jeder Mahlzeit die Samen, um den Atem zu verbessern.*

Lindert Verdauungsbeschwerden; schafft Erleichterung bei Blähungen und Koliken.

LIEBSTÖCKEL *(Levisticum officinale)*

Mehrjährig, bis 2 m hoch, glänzende, aromatische, gefiederte Blätter und gelbgrüne Blütendolden im Sommer. Gedeiht prächtig in sonnigen Lagen oder im Halbschatten und in reichem, feuchtem Boden.

*Samen, Blätter, Stengel und Wurzeln haben ein kräftiges, sellerieartiges Aroma. Für Suppen, Eintöpfe und Salate; gut für Hühner- und vegetarische Gerichte.*

Aphrodisiakum und Stimulans; lindert Magenverstimmungen und Bronchitis. Harntreibend; ein Samen- oder Blätteraufguss wirkt entgiftend, verringert die Wasserretention und lindert Rheuma. In der Schwangerschaft oder bei Nierenproblemen vermeiden.

MEERRETTICH *(Armoracia rusticana)*

Mehrjährig, bis 1 m hoch, große, elliptische dunkelgrüne Blätter. Liebt offene, sonnige Standorte und reichen, feuchten Boden. Gute Helferpflanze für Kartoffeln, da sie vor Krankheiten an den Knollen schützt.

*Wird hauptsächlich wegen seiner Wurzel gezogen, die gerieben zu einer Sauce für Roastbeef oder Fisch ver-*

*arbeitet wird – aber Vorsicht, seine stechenden flüchtigen Öle treiben einem die Tränen in die Augen.*

Regt die Verdauung an. Beseitigt überschüssigen Nasenschleim und entgiftet. Lindert Ischias und Rheuma. Ein Teelöffel der geriebenen Wurzel, mit der gleichen Menge Honig vermischt, schafft bei Husten und Bronchitis Erleichterung.

OREGANO *(Origanum vulgare)*

Mehrjährig, bis 60 cm hoch, aromatische, kleine grüne Blätter und duftende rosafarbene oder weiße Blüten im Sommer; andere Varietäten erhältlich, darunter goldblättrige. Braucht pralle Sonne und durchlässigen Boden. Lockt Bienen und Schmetterlinge an.

*Verwenden Sie frische oder getrocknete Blätter zu Fisch oder Gerichten auf Tomatenbasis.*

Ein Teeaufguss lindert Seekrankheit, Husten, Magen- und Gallenblasenbeschwerden, nervöse Kopfschmerzen, Reizbarkeit und Erschöpfung. Antiseptisch. Lindert Rheuma.

PETERSILIE *(Petroselinum crispum)*

Zweijährig, bis 40 cm hoch, krause, gezähnte Blätter; es gibt auch eine glattblättrige Varietät. Liebt pralle Sonne oder leichten Schatten und reichen Boden.

*Zahllose Verwendungsmöglichkeiten in der Küche: als Garnitur, in Suppen, Saucen, zu Fleisch, Gemüse usw.*

Reich an Vitaminen und Mineralstoffen, zur allgemeinen Gesundheit und für reine Haut. Antiseptisch. Erfrischt den Atem. Verdauungstonikum. Harntreibend – lindert Harnwegs- einschließlich Nierenbeschwerden.

ROSMARIN *(Rosmarinus officinalis)*

Mehrjähriger buschiger Halbstrauch, bis 1,8 m hoch, nadelartige, ledrige Blätter – Oberseite dunkelgrün, Unterseite grau – und bläuliche Blüten im Spätfrühling. Braucht Sonne und durchlässigen Boden.

*Aromatisiert Eintöpfe und Fleisch, besonders Lamm.*

Antiseptisch, fördert die Verdauung, kräftigendes Tonikum; stärkt Nervensystem und Kreislauf – gut bei hohem Blutdruck. Hilft bei anhaltenden Schmerzen, Kopfschmerzen, verstopfter Nase. Gut für Haut und Haare.

SALBEI *(Salvia officinalis)*

Mehrjähriger, verholzender Halbstrauch, bis 75 cm hoch, graugrüne, leicht filzige Blätter und hellviolette Blüten; es gibt auch buntblättrige Varietäten. Liebt Sonne, Wärme und durchlässigen Boden.

*Passt gut zu Pasta und fettem Fleisch, aber auch zu Leber, Aal und als Salbei-Zwiebel-Füllung für Geflügel.*

Antiseptisch. Lindert Halsentzündungen, Katarrh, Bronchitis, Asthma, Tuberkulose. Antioxidative Eigenschaften – verzögert den Alterungsprozess. Verstärkt die Immunantwort (AIDS). Wirkt reinigend bei Arthritis und Gicht; gut für die Leber. Verdauungsheilmittel – lindert Koliken und Blähungen, regt den Appetit an. Tonikum für das weibliche Fortpflanzungssystem, auch bei Klimakteriumssymptomen (enthält Östrogen). Nerventonikum gegen Stress. In der Schwangerschaft vermeiden.

SCHNITTLAUCH *(Allium schoenoprasum)*

Mehrjähriges Zwiebelgewächs, bis 20 cm hoch, röhrenförmige, spitze Blätter, kugelige rötlich-violette Blüten im Sommer. Wächst in der Sonne oder im Halbschatten, liebt nährstoffreichen Boden. Wehrt als Helferpflanze Blattläuse ab.

*Blätter und Blüten haben einen milden Zwiebelgeschmack. Für Salate, Suppen und zum Garnieren.*

Appetitanregend, verdauungsfördernd. Mildes Antibiotikum.

THYMIAN *(Thymus vulgaris)*

Mehrjähriger Halbstrauch, bis zu 40 cm hoch, kleine, schmale Blätter (bleiben im Winter grün) und rosa bis lila Blüten. Lockt Bienen an. Liebt pralle Sonne und durchlässigen Boden. Viele Formen mit unterschiedlichen Blatt- und Blütenfarben erhältlich.

*Die frischen oder getrockneten Blätter werden zu Fleisch, Eintöpfen, Marinaden, Saucen und Füllungen verwendet.*

Antiseptisch – bei Husten, rauhem Hals und Erkältungen. Erhöht die Widerstandsfähigkeit gegen Infektionen. Unterstützt die Verdauung. Ein Aufguss aus frischen Blättern hilft bei Kater. In der Schwangerschaft vermeiden.

WINTERBOHNENKRAUT *(Satureja montana)*

Mehrjährig, bis 40 cm hoch, aromatische, schmale dunkelgrüne Blätter und weiße oder blasslila Rispenblüten im Sommer. Bevorzugt pralle Sonne und durchlässigen Boden.

*Für Gerichte mit frischen oder getrockneten Bohnen.*

Appetitanregend; verdauungsfördernd; erleichtert Verdauungsstörungen und Blähungen. Senkt Fieber. Die zerdrückten Blätter, auf Insektenstiche gelegt, lindern die Schmerzen.

YSOP *(Hyssopus officinalis)*
Halbimmergrün, mehrjährig, bis 60 cm hoch, aromatische, schmale dunkelgrüne Blätter und Wirtel mit winzigen blauen Blüten im Sommer. Auch andersfarbige Blüten erhältlich. Lockt Bienen und Schmetterlinge an; gute Helferpflanze für Kohl. Liebt pralle Sonne und gut durchlässigen Boden.
*Mit den Blüten garniert man Salate. Die Blätter sparsam als Würze für Patés, Hülsenfrüchte und Eintöpfe verwenden.*
Wehrt Infektionen ab und erhöht die Immunität. Nerventonikum – baut Spannungszustände ab. Lindert Atemwegsbeschwerden, regt die Durchblutung an; fiebersenkend; verdauungsfördernd. In der Schwangerschaft vermeiden.

ZITRONENMELISSE *(Melissa officinalis)*
Mehrjährig, bis 60 cm hoch, leuchtend grüne, nach Zitrone duftende Blätter und kleine weiße Blüten im Sommer. Es gibt auch bunt- und goldblättrige Varietäten. Liebt Morgensonne, Nachmittagsschatten und feuchten Boden. Lockt Bienen an.
*Frische Blätter in kalte Getränke geben, klein gehackt in Obstsalate; aus den Blättern einen Kräutertee oder eine Süßspeise bereiten. Auch gut zu Fisch und Huhn.*
Stärkt das Immunsystem und beruhigt die Nerven. Hilft bei Stress, Angst, Depression, Kopfschmerzen und Migräne, fiebrigen Erkältungen und Schlaflosigkeit, Menstruations- und Verdauungsbeschwerden, Übelkeit und hohem Blutdruck.

ZITRONENSTRAUCH *(Aloysia triphylla)*
Mehrjährig, bis 1,2 m hoch, glänzende gelbgrüne Blätter und winzige lilafarbene Blüten im späten Sommer. Liebt pralle Sonne, geschützten Standort und lockeren, gut dränierten Boden. Die Blätter verströmen einen starken Zitronenduft, wenn man sie zerdrückt oder schneidet; getrocknete Blätter bewahren ihren Duft.
*Hervorragend für Potpourris geeignet. Für Getränke, Eiscreme und Pudding oder als Kräutertee.*
Mildes Sedativum. Lindert Nasen- und Bronchialverstopfung. Hilft bei Magenverstimmungen und Übelkeit.

LINKS Selbst der kleinste Garten oder Balkon bietet Platz für ein paar Küchenkräuter. In dieser flachen Terrakottaschale kann man hervorragend Thymian anpflanzen; auf dem Foto wurde eine Mischung aus (u. a.) goldblättrigem und Zitronenthymian zusammen gepflanzt. Der in Form geschnittene Buchsbaum in der Mitte verleiht der Komposition eine zusätzliche Dimension in der Höhe.

# HEILPFLANZEN

Die folgenden Pflanzen haben alle heilende Eigenschaften, werden aber normalerweise nicht als Kräuter bezeichnet. Die beschriebenen Eigenschaften beziehen sich auf ihre Verwendung als Kräuter- sowie als homöopathische Heilmittel. Pflanzen, deren essenzielle Öle zur Heilung eingesetzt werden (zum Beispiel Schafgarbe, Lavendel, Kiefer), finden Sie im Kapitel Aromatherapie.

Auch viele Wildpflanzen – sogenannte »Unkräuter« wie Löwenzahn und Brennnessel – werden bei Kräuterbehandlungen eingesetzt; diese sind hier nicht erwähnt, weil die meisten Menschen sie nicht in einem kultivierten Garten haben wollen. Da sie ebenfalls sehr nützlich sind, sollten Sie sie vielleicht doch anpflanzen; ein kleines Stück Wildgarten ist dafür bestens geeignet.

Die meisten aufgeführten Pflanzen können unbedenklich im Garten angebaut, sollten allerdings nicht ohne genauere Hinweise für bestimmte häusliche Behandlungen verwendet werden. Einige sind aber auch giftig; wenn kleine Kinder im Garten spielen, sollten Sie auf potenziell giftige Pflanzen verzichten. Zwar sollen in der Schwangerschaft alle Kräuterheilmittel vermieden werden, doch Pflanzen, die arglos im Garten wachsen, bereiten meist keine Probleme. Einige besitzen jedoch speziell auf Schwangerschaft und Geburt bezogene Eigenschaften, auf diese sollten Sie dann im Garten verzichten.

Die folgenden Pflanzenbeschreibungen fallen recht kurz aus. Wenn Sie eine Auswahlliste von Pflanzen erstellt haben, lesen Sie in Spezialbüchern über Einzelheiten der erforderlichen Anbaubedingungen nach.

✱ In der Schwangerschaft vermeiden

☠ Die Pflanze ist giftig/kann giftig sein

*Acanthus mollis* (AKANTHUS)

Halbimmergrün, mehrjährig, bis 1 m hoch, tiefgrüne, gelappte, glänzende Blätter und weiße, purpurrote oder blaue Blütenähren im Sommer.

Hilft bei Gelenkschmerzen und Verbrennungen. Lindert Beschwerden des Verdauungs- und Harnwegstrakts.

*Adonis vernalis* (FRÜHLINGS-ADONISRÖSCHEN) ☠

Mehrjährig, bis 40 cm hoch, mehrfach gefiederte Blätter und gelbe Blüten im frühen Frühjahr.

RECHTS Das Adonisröschen *(Adonis vernalis)* bringt im Frühling attraktive leuchtend gelbe Blüten hervor; mit dieser Pflanze lassen sich zahlreiche Herzbeschwerden behandeln.

GANZ RECHTS Kriechender Günsel *(Ajuga reptans)*, eine in Europa heimische Pflanze, hilft bei der Heilung von Schnittwunden und Prellungen.

LINKS Frauenmantel *(Alchemilla xanthochlora)* wird seit Jahrhunderten bei Frauenleiden eingesetzt; man verwendet das Kraut auch, um den Wundheilungsprozess zu beschleunigen.

Stärkt die Herztätigkeit, den Blutdruck und den Kreislauf, lindert Angina.

*Ajuga reptans* (KRIECHENDER GÜNSEL)

Immergrün, mehrjährig, bis 30 cm hoch, ovale Blätter und tiefblaue Blütenähren im Frühsommer; buntblättrige Varietäten erhältlich.

Schmerzstillend. Heilt Wunden und Prellungen – stillt Blutungen. Reinigt die Leber. Senkt den Blutdruck.

*Alchemilla xanthochlora* (FRAUENMANTEL) *

Mehrjährig, bis 30 cm hoch, gelappte, zartgrüne Blätter und lockere grünlich-gelbe Blütenrispen im Sommer.

Ein klassisches Frauenheilmittel; lindert gynäkologische und Klimakteriumsbeschwerden; fördert die Empfängnisbereitschaft. Stillt Blutungen, heilt Wunden, schwächt Entzündungen ab.

Macht alle Arten von Übergängen im Leben leichter.

*Althea officinalis* (EIBISCH)
*Alcea rosea* (STOCKROSE)

Mehrjährig, bis 2 m hoch, samtige, gelappte, graugrüne Blätter und blassrosa oder weiße Blüten im Spätsommer.

Schwächen Entzündungen und Reizungen innerer Systeme ab, unter anderem Reizdarm. Gegen Furunkel und Abszesse, hilfreich bei Insektenstichen. Lindern Husten und Brustinfektionen sowie Schlaflosigkeit.

*Arnica montana* (ARNIKA) ☠

Aromatisch, mehrjährig, bis 60 cm hoch, grundständige Blattrosetten und goldgelbe, duftende, gänseblümchenartige Blüten von Hochsommer bis Frühherbst.

Stärkt die Widerstandsfähigkeit gegen Infektionen. Verbessert die lokale Blutversorgung, beschleunigt die Heilung von Prellungen, Verstauchungen, Muskelzerrungen, Gicht, Rheuma. Bei seelischem und körperlichem Schock, auch nach Schlaganfall; der Patient erholt sich leichter von Traumata.

*Artemisia vulgaris* (BEIFUSS) *

Mehrjährig, bis 1 m hoch, stark gefiederte, dunkelgrüne Blätter und zahlreiche Rispen mit rötlichen oder gelben Blüten.

Antiseptisch. Tonikum – regt die Verdauung an, seine krampflösende Wirkung lindert Koliken und Magenverstimmungen. Bei Menstruationsbeschwerden aller Art, auch Klimakterium; erhöht die Fruchtbarkeit. Wirkt gegen Flüssigkeitsansammlungen – eliminiert und reinigt das Blut bei Gicht, Arthritis. Leicht beruhigend und hilfreich für das Nervensystem, bei Epilepsie, Schwindel und Schlafwandeln.

Hilft auch, jemanden zu »erden« und seine reale mit der emotionalen Seite ins Gleichgewicht zu bringen.

*Baptisia tinctoria* (FÄRBERHÜLSE) ☠

Mehrjährig, bis 1,2 m hoch, blaugrüne Blätter und lupinenähnliche gelbe Blüten im Frühsommer.

Antiseptisch und entzündungshemmend. Entgiftend. Regt das Immunsystem an. Lindert Atemwegsbeschwerden.

*Bellis perennis* (GÄNSEBLÜMCHEN)

Mehrjähriges Rasen»unkraut«, bis 7 cm hoch, grundständige Blattrosette, rosaweiße Blüten im Sommer.

Gutes Heilmittel für Kinder. Wird bei Beschwerden des weiblichen Fortpflanzungssystems eingesetzt. Lindert rheumatische Schmerzen, Prellungen, allgemeine Steifheit und Rückenschmerzen. Entgiftet zur Linderung von Arthritis, Gicht, Akne, Durchfall, Husten und Erkältungen.

Klärt auch den Geist und erhöht die Konzentration.

*Calendula officinalis* (RINGELBLUME) *

Einjährig, bis 60 cm hoch, blassgrüne, behaarte Blätter und leuchtend orangefarbene, gänseblümchenähnliche Blüten im Sommer.

Regt das Immunsystem zur Infektionsabwehr an; wirkt auch krebshemmend. Verbessert die Durchblutung; senkt das Fieber; entgiftend; entzündungshemmend – bei Gicht, Arthritis. Beruhigt das Verdauungssystem. Antiseptisch und adstringierend – heilt äußerliche Wunden und Entzündungen wie Geschwüre, Krampfadern, Hautausschläge, Ekzeme. Lindert Periodenschmerzen, reguliert die Menstruation.
Ruft auch Wärme und Mitgefühl hervor.

*Catalpa bignonioides* (TROMPETENBAUM)
Laub abwerfender Baum, bis 15 m hoch, große ovale Blätter und weiße Blütenstände im Sommer, aus denen lange, dünne Samenhülsen hervorgehen.
Sedativum; lindert Asthma und Keuchhusten. Schafft Abhilfe bei Augenleiden.

*Centaurea cyanus* (KORNBLUME)
Einjährig, bis 90 cm hoch, lanzettliche graugrüne Blätter und blaue Blüten (auch rosa, lila und weiße) den ganzen Sommer lang.
Erhöht die Widerstandsfähigkeit gegen Infektionen. Lindert Augenleiden. Fördert die Verdauung und stärkt die Leber. Erleichtert rheumatische Beschwerden.

*Cimicifuga racemosa* (SILBERKERZE)
Mehrjährig, bis 1,5 m hoch, gezähnte Blätter und lange Ähren mit kleinen cremeweißen Blüten im Sommer und Herbst.
Bei Nerven- und Muskelschmerzen – Arthritits, Rheuma, Kopfschmerzen, Tinnitus. Krampflösend, sedierend – lindert Asthma. Senkt den Blutdruck, normalisiert die Herztätigkeit. Gut für das weibliche Fortpflanzungssystem – Menstruation und Menopause; bereitet den Körper auf die Geburt vor.
Auch gegen Depressionen bei Frauen; fördert eine positive Einstellung.

*Cnicus benedictus* (BITTERDISTEL) *
Einjährig, bis 60 cm hoch, blassgrüne, stachelige Blätter und gelbe Distelblüten im Sommer.
Tonikum während der Genesungszeit, stärkt das Nervensystem. Appetitanregend und verdauungsfördernd, kurbelt eine träge Leber an. Unterstützt das Immunsystem – wird manchmal bei der Krebsbehandlung eingesetzt. Wirkt antibiotisch. Verbessert die Durchblutung – angezeigt bei Kopfschmerzen, Migräne, Nervenschmerzen, Krampfadern. Lindert Menstruationsbeschwerden, auch Symptome des Klimakteriums.
Hilft Ihnen, auf Ihr eigenes Urteil zu vertrauen.

*Colchicum autumnale* (HERBSTZEITLOSE) * ☠
Mehrjährige Knollenpflanze, grundständige, fleischige Blätter im Frühjahr, lilafarbene, krokusähnliche Blüten (bis 30 cm hoch) im Herbst.
Heilmittel bei Gicht, Rheuma, äußerlich bei Neuralgie und Juckreiz. Wird in der Krebsforschung verwendet.

*Convallaria majalis* (MAIGLÖCKCHEN) ☠
Mehrjährige Knollenpflanze, bis 25 cm hoch, zwei breit-lanzettliche Blätter und glockenförmige, duftende weiße Blüten im Spätfrühling, später rote Beeren.
Harntreibend. Senkt hohen Blutdruck. Hilfreich nach Schlaganfällen. Starke Wirkung bei Herzschwäche und Lungenemphysem.

*Crataegus laevigata/C. monogyna* (WEISSDORN)
Laub abwerfender Baum, mit dornigen Zweigen, bis 6 m hoch, kleine, gelappte Blätter und weiße Blüten im Frühling, später rote Beeren; auch mit gefüllten und rosa oder roten Blüten erhältlich.
Tonikum für Herz und Kreislauf – hilft gegen Vergesslichkeit, indem es das Gehirn mit mehr Blut versorgt, normalisiert den Blutdruck; gut gegen Arterienverkalkung, Angina. Lindert Stress. Fördert den Schlaf.
Auch bei emotionalen Problemen – zum Beispiel bei gebrochenem Herzen – angezeigt.

*Cytisus scoparius* (BESENGINSTER) *
Laub abwerfender Strauch, bis 2 m hoch, winzige grüne Blätter und gelbe Schmetterlingsblüten im Frühling.
Allgemeines Bluttonikum. Beruhigt das Herz, erhöht jedoch den Blutdruck. Harntreibend – bei Gicht. Regt Urinbildung an und wirkt so der Flüssigkeitsansammlung entgegen.

*Daphne mezereum* (SEIDELBAST) ☠
Laub abwerfender Strauch, bis 1,2 m hoch, stark duftende rosaviolette Blüten im Spätwinter, danach lanzettliche Blätter und rote Beeren.
Lindert von Rheuma befallene Gelenke und verbessert auch den Blutfluss.

LINKS *Cytisus scoparius* 'Cornish Cream' ist eine erlesene Ginster-Züchtung; sie wirkt zwar nicht so stark wie die Stammform, aber Sie können sie wegen ihrer sanfteren Farben im Garten pflanzen, um damit verschiedene Beschwerden zu heilen.

*Dictamnus albus* (WEISSER DIPTAM) * ☠

Mehrjährig, bis 1 m hoch, duftende dunkelgrüne Blätter und lockere Trauben mit weißen oder rosa Blüten im Frühsommer, später Samenkapseln, die aufplatzen.

Krampflösende Wirkung auf den Verdauungstrakt. Regt die Gebärmuttermuskulatur an. Lindert Nervenbeschwerden und Rheumaschmerzen. Fiebersenkend.

*Digitalis purpurea* (ROTER FINGERHUT) ☠

Zweijährig, bis 1,5 m hoch, lanzettliche, unterseits graufilzige Blätter und purpurfarbene, selten weiße Blüten im Frühsommer; auch in anderen Farben erhältlich.

Herztonikum – findet Einsatz bei schwachem und unregelmäßigem Herzschlag und Herzerkrankungen.

*Echinacea purpurea* (SONNENHUT)

Mehrjährig, bis 1 m hoch, raue mattgrüne Blätter, rosa oder karminrote Blütenblätter und hoch gewölbte dunkelorange Mitte; Hochsommer bis Spätsommer.

Eines der großen Kräuterheilmittel; stärkt das Immunsystem und wehrt Bakterien- und Virusinfektionen wie Erkältungen und Grippe ab. Wirkt auch fiebersenkend, wird bei Blutvergiftungen, Harnwegsinfektionen eingesetzt sowie unterstützend bei HIV, AIDS und postviralem Ermüdungssyndrom. Antibiotisch und pilztötend. Die entzündungshemmenden Eigenschaften lindern Arthritis, Gicht und Rheuma. Regt die Durchblutung an, lindert Allergien und Asthma.

Verleiht Stabilität gegen Stress und hilft bei der Genesung von Traumata.

*Eryngium maritimum* (STRANDDISTEL)

Mehrjährig, bis 45 cm hoch, stachelige silbrig-grüne Blätter und stahlblaue Blüten im Sommer.

Allgemeines Tonikum. Harntreibend – bei Blasenentzündung, Nierensteinen. Lindert Beschwerden im Brustraum.

*Eschscholzia californica* (GOLDMOHN)

Einjährig, bis 60 cm hoch, mehrfach gefiederte Blätter und leuchtend orangegelbe, selten rote oder weiße Blüten im Sommer.

Wirkt ähnlich wie Schlafmohn *(Papaver somniferum)*, aber schwächer. Muskelentspannend und krampflösend bei Spannungskopfschmerz, Migräne, Neuralgie. Schlaffördernd, verringert Stress. Senkt den Blutdruck und die Herzschlagrate, verbessert die Durchblutung.

Reduziert die Abhängigkeit von Medikamenten oder von Alkohol.

*Eupatorium purpureum* (PURPURDOST)

Mehrjährig, 1,5 m hoch, gezähnte, ovale Blätter und dichte Blütenstände aus duftenden rosapurpurnen Blütenköpfchen im Spätsommer.

Harntreibend – wird bei Harnwegserkrankungen, Nierensteinen und Blasenentzündung eingesetzt. Lindert Rheuma und Gicht. Fiebersenkend (die europäischen Siedler in Neuengland wurden damit von Typhus geheilt).

*Filipendula ulmaria* (MÄDESÜSS)

Mehrjährig, bis 1,2 m hoch, gefiederte, duftende, unterseits bräunlich-gelbe Blätter und wohlriechende cremefarbene Blütenbüschel im Sommer.

Hilft bei Magenübersäuerung, Durchfall, Reizdarm. Sedierend; lindert Spannungszustände, senkt den Blutdruck. Erleichtert Fieber, Rheuma- und Arthritisschmerzen, Erkältungen/Grippe und Kopfschmerzen (wirkt ähnlich wie Aspirin). Wird bei Diabetes eingesetzt, auch bei Blasenentzündung.

*Galium odoratum* (WALDMEISTER)

Mehrjährig, bis 30 cm hoch, lanzettliche, wohlriechende hellgrüne Blätter in Wirteln und Dolden winziger weißer Blüten im Spätfrühjahr.

Kräftigend und erfrischend. Glättet und belebt die Haut. Lindert Schlaflosigkeit. Harntreibend, entzündungshemmend, krampflösend, blutgerinnungshemmmend. Wird bei Krampfadern und Wunden verwendet, lindert Magenschmerzen.

*Gaultheria procumbens* (SCHEINBEERE)

Immergrüner Strauch, 15 cm hoch, glänzende, ledrige, ovale Blätter und rosaweiße Blüten im Hochsommer, später rote Früchte.

Entzündungshemmend und antiseptisch. Beruhigt das Verdauungssystem. Hilft bei entzündeten oder geschwollenen Gliedmaßen, bei Neuralgie, Kopfschmerzen und Rheuma.

*Gentiana lutea* (GELBER ENZIAN) *

Mehrjährig, bis 1,5 m hoch, steife gelbgrüne Blätter und ährenförmiger Blütenstand mit gelben, sternförmigen Blüten im Spätsommer und Herbst.

Allgemeines Tonikum für Rekonvaleszenten: appetitanregend, stärkt das Verdauungssystem, verbessert die Aufnahme von Nährstoffen. Entgiftend bei Rheuma und Gicht. Senkt das Fieber. Regt das weibliche Fortpflanzungssystem an.

*Geranium maculatum*
(GEFLECKTER STORCHSCHNABEL)

Mehrjährig, 60 cm hoch, tief eingeschnittene, mehrteilige Blätter und rosa-purpurne Blüten im Frühsommer.

Lindert Hämorrhoiden, Magengeschwüre, Durchfall, Menstruationsbeschwerden, Reizdarm.

Erleichtert Depression und wirkt motivationsfördernd.

*Hamamelis virginiana* (ZAUBERNUSS)

Laub abwerfender Strauch, bis 3 m hoch, gezähnte, ovale Blätter, süßlich duftende gelbe Blüten im Winter.

Beschleunigt die Heilung von Ekzemen, Verbrühungen, Verbrennungen, Prellungen, Zerrungen, Insektenstichen, Frostbeulen. Stillt Nasenbluten und Krampfaderblutungen. Gut bei Beschwerden des weiblichen Fortpflanzungssystems.

RECHTS Gelber Enzian *(Gentiana lutea)* bringt im Spätsommer hohe, ährenförmige Blüten hervor, in erster Linie verwendet man ihn bei Störungen des Verdauungssystems.

GANZ RECHTS Die Blütenblätter einiger Storchschnabelpflanzen, einem Salat beigegeben, helfen bei Verdauungsbeschwerden.

LINKS Sonnenblumen geben dem spätsommerlichen Garten Farbe und werden gemeinhin zur Behandlung von Hals- oder Atemwegsbeschwerden eingesetzt.

Gut für alle, die unter dem Druck der Erwartungen ihrer Umwelt nicht leben können.

*Helianthus annuus* (SONNENBLUME)

Einjährig, bis 3 m hoch, gezähnte, herzförmige Blätter und leuchtend gelbe Blüten im Spätsommer; Samen sind sehr nährstoffreich. Viele Varietäten erhältlich.

Bei allen Halsbeschwerden, Asthma, Husten, Erkältung. Fiebersenkend. Wirkt entgiftend bei Gicht, Rheumatismus, Arthritis, Nierenentzündung.

Auch für arrogante, eitle Menschen oder solche, die an mangelndem Selbstwertgefühl leiden.

*Helleborus niger* (CHRISTROSE) ☠

Mehrjährig, bis 30 cm hoch, immergrün, ledrige Blätter und große weiße Blüten im Hochwinter.

Schützt vor jeder Krankheit. Fördert den Menstruationsfluss. Regt bei älteren Menschen die Herztätigkeit an.

*Hypericum perforatum* (TÜPFEL-JOHANNISKRAUT)

Mehrjährig, bis 90 cm hoch, blassgrüne Blätter und leuchtend gelbe, wohlriechende Blüten im Sommer.

Antibakteriell, antibiotisch, antiviral – wird in der AIDS-Forschung verwendet. Sedierend; beruhigt das Nervensystem und lindert Spannungszustände. Weit verbreitet als Mittel gegen Depressionen – schenkt Wärme und Energie und verhilft zu einer positiveren Einstellung. Verringert die Symptome von jahreszeitlich bedingten Störungen und Hormonumstellungen während der Menopause; lindert Menstruationsbeschwerden, auch PMS. Schafft Erleichterung bei Kopfschmerzen, Magenkrämpfen und inneren Schmerzen. Hilft bei Entzündungen – Schnittwunden, Verbrennungen, Prellungen, Insektenstichen. Leber- und Gallenblasentonikum. Lindert Gicht und Arthritis.

Auch geeignet für Menschen mit Phobien.

*Inula helenium* (ALANT) *

Mehrjährig, bis 2 m hoch, große hellgrüne Blätter und gelbe Blüten im Spätsommer.

Antibakteriell – bei Husten, Brustrauminfektionen, Bronchitis. Entzündungshemmend. Regt das Immunsystem an. Lindert Allergien, auch Asthma. Tonikum für das Verdauungssystem, verbessert die Aufnahme von Nährstoffen.

*Iris versicolor* (BUNTFARBIGE SCHWERTLILIE) *

Mehrjährig, bis 1 m hoch, graugrüne, lanzettliche Blätter und blauviolette Blüten im Frühsommer.

Stärkt das Immunsystem und die Lymphzirkulation. Wirkt blutreinigend und entgiftend, besonders auf die Leber. Stärkt das Verdauungssystem. Lindert Kopfschmerzen. Hilft bei chronischen Hautbeschwerden wie Akne und Ekzemen.

Löst Blockaden und fördert das Vorankommen im Leben.

*Lilium candidum* (MADONNENLILIE)

Mehrjährige Zwiebelpflanze, bis 1,5 m hoch, schwertförmige, glänzend hellgrüne Blätter und duftende, trompetenähnliche weiße Blüten im Hochsommer.

Gut bei Hautbeschwerden – Geschwüren, Verbrennungen, Prellungen. Antiepileptische Eigenschaften.

*Lythrum salicaria* (BLUTWEIDERICH)

Mehrjährig, bis 1 m hoch, spitz-lanzettliche Blätter und rosarote Blüten in langen Ähren im Spätsommer.

Allgemeines Tonikum. Antibiotisch – bei äußerlichen Wunden und Ekzemen. Sicheres Mittel bei Durchfall. Blutungsstillend – bei starken Perioden- und Zwischenblutungen.

RECHTS Das Immunsystem wird angekurbelt durch Mahonie *(Mahonia aquifolium)*, die auf den Organismus natürlich tonisierend wirkt. Ihre gelben Blüten im frühen Frühjahr riechen wie Maiglöckchen.

*Mahonia aquifolium* (MAHONIE) *

Bis 2 m hoher Strauch, immergrüne ledrige Blätter und wohlriechende gelbe Blüten im frühen Frühjahr, später blaue Beeren.

Allgemeines Tonikum bei Lethargie und Rekonvaleszenz: lindert Verdauungsbeschwerden, fördert den Appetit. Regt Leber- und Gallenblasenfunktionen an. Entgiftend bei Rheuma, Arthritis, Gicht. Hilft bei Hautbeschwerden wie Ekzemen und Psoriasis und Menstruationsbeschwerden. Stärkt das Immunsystem – hemmt die Tumorbildung.

Auch für kritische, unzufriedene Menschen oder Paranoiker.

RECHTS Die kleinen blauen Blüten von Vergissmeinnicht *(Myosotis sylvatica)* sind den meisten Menschen bekannt, aber nur wenige wissen, dass diese Pflanze Atemwegsbeschwerden lindern kann.

*Menyanthes trifoliata* (BITTERKLEE, FIEBERKLEE)

Mehrjährige Wasserpflanze, bis 25 cm hoch, dreizählige mittelgrüne Blätter und aufrechte Trauben rosaweißer Blüten im Frühsommer.

Tonikum zur Verdauungsförderung. Sedierend. Lindert Menstruations- und rheumatische Schmerzen.

*Monarda didyma* (GOLDMELISSE)

Mehrjährig, bis 90 cm hoch, aromatische, behaarte Blätter und scharlachrote Blüten in Wirteln den ganzen Sommer über; auch andere Varietäten erhältlich.

Schlaffördernd. Lindert Erkältungen, Halsentzündungen und Katarrh. Erleichtert Übelkeit und Monatsschmerzen.

*Myosotis sylvatica* (VERGISSMEINNICHT)

Zweijährig, bis 40 cm hoch, kleine, oval lanzettliche, behaarte Blätter und blassblaue Blüten im Frühjahr.

Schafft Erleichterung bei Atemwegsbeschwerden.

Stärkt Beziehungen und hilft über Verlustgefühle hinweg.

*Myrtus communis* (MYRTE)

Immergrüner Strauch, bis 3 m hoch, aromatische, ledrige Blätter und wohlriechende weiße Blüten im Spätsommer, purpur-schwarze Beeren.

Antiseptisch und adstringierend – heilt Wunden, Psoriasis, Prellungen. Lindert Beschwerden der Atemwege sowie des Verdauungs- und Harnwegssystems.

Wirkt erhebend auf das Gemüt, besonders bei Kindern.

*Nepeta cataria* (KATZENMINZE)

Mehrjährig, bis 1 m hoch, aromatische, behaarte Pflanze, nesselähnliche Blätter und weiße oder lavendelfarbene Blüten in Wirteln im Hochsommer.

Lindert Atemwegsinfektionen, löst Verschleimungen bei Bronchitis und Erkältungen. Fiebersenkend. Regt die Durchblutung an. Wirkt entspannend auf den Verdauungstrakt (bei Koliken). Lindert Monatsschmerzen, normalisiert die Periode. Hilft bei Kopfschmerzen und Spannungszuständen.

Bringt Verdauung oder Stoffwechsel ins Gleichgewicht.

*Nymphaea alba* (WEISSE SEEROSE)

Mehrjährige Wasserpflanze, große, schwimmende, runde Blätter und große weiße Blüten im Sommer.

LINKS Seerosen benötigen zwar offenes Wasser, aber einige der nicht so kräftigen Züchtungen gedeihen auch in einer großen Tonne oder ähnlichen Behältern.

Wird bei gynäkologischen Beschwerden, auch Infektionen, eingesetzt. Beruhigend und sedierend – bei Reizdarm. Lindert Katarrh. Erleichtert Nierenschmerzen und Schmerzen im unteren Rückenbereich. Die duftende *N. odorata* wird ähnlich genutzt.

Auch bei Schüchternheit oder Hemmungen geeignet.

*Oenothera biennis* (NACHTKERZE)

Zweijährig, bis 1,5 m hoch, lanzettliche Blätter und becherförmige, duftende hellgelbe Blüten im Sommer.

Enthält Gammalinolensäure für ein gesundes Immun-, Nerven- und Hormonsystem. Lindert Hautbeschwerden wie Ekzeme, Akne, Allergien. Beruhigende Wirkung bei Verdauungsstörungen wie Durchfall und Krämpfen. Krampflösend – bei Asthma. Gut bei Bluthochdruck, hohem Cholesterinspiegel, Blutgerinnseln, Koronararterienerkrankungen, Herzflattern. Lindert Stoffwechselbeschwerden, auch Multiple Sklerose. Wird bei PMS und klimakterischen Beschwerden empfohlen. Wirkt alkoholbedingten Leberschäden entgegen. Auch geeignet für Menschen, die sich abgelehnt fühlen und denen seelische Unterstützung fehlt.

*Papaver rhoeas* (KLATSCHMOHN)

Einjährig, bis 90 cm hoch, behaart, fiederteilige Blätter und scharlachrote Blüten mit schwarzem Fleck am Grund im Sommer, eiförmige Samenkapseln.

Wirkt milder als Schlafmohn. Beruhigend, lindert Kopfschmerzen. Entspannt den Darmtrakt – bei Koliken. Lindert Husten, Bronchitis, Asthma und macht die Atemwege frei.

*Papaver somniferum* (SCHLAFMOHN) ☠

Einjährig, bis 1 m hoch, gekerbte blaugrüne Blätter und Blüten in verschiedenen Rosa-, Purpurtönen oder Weiß im Sommer; kugelige Samenkapseln.

Narkotisierende Eigenschaften – aus den unreifen Samenkapseln werden Opiumalkaloide gewonnen. Entspannende, schmerzstillende und aphrodisierende Eigenschaften.

*Passiflora incarnata* (PASSIONSBLUME) *

Halbimmergrüne Kletterpflanze, bis zu 9 m lang, fünfteilig gelappte Blätter, ungewöhnliche purpurfarbene und weiße Blüten im Sommer, goldene Früchte.

Hilft bei Schlaflosigkeit, Stress und Spannungszuständen, bei Kopf-, Zahnschmerzen, Neuralgien, Gürtelrose. Senkt den Blutdruck. Krampflösend – erleichtert Parkinson, Asthma. Hilft auch, zu sich selbst zu finden.

*Phyllitis scolopendrium* (HIRSCHZUNGE)

Immergrüner Farn, bis 60 cm hoch, zungenförmige, ledrige, hellgrüne Blätter.

Wundadstringens. Hilft bei Durchfall und Reizdarm. Gut für Leber und Milz.

*Polemonium caeruleum* (JAKOBSLEITER)

Mehrjährig, bis 60 cm hoch, gefiederte Blätter und Büschel mit lavendelblauen Blüten ab Spätfrühling.

Senkt das Fieber. Hilft bei Epilepsie, nervösen Störungen und Kopfschmerzen.

*Polygonatum multiflorum*
(VIELBLÜTIGES SALOMONSSIEGEL)

Mehrjährig, bis 70 cm hoch, breite, elliptische Blätter und herabhängende Büschel mit weißgrünen Blüten im späten Frühjahr, später blauschwarze Beeren.

Fördert die Gewebeheilung. Lindert Menstruationsbeschwerden. Tonikum für das Atemwegssystem.

*Polygonum bistorta* (WIESENKNÖTERICH)

Mehrjährig, bis 60 cm hoch, eiförmige Blätter, dichte Ähren mit kleinen rosa Blüten im späten Frühling.

RECHTS Die Küchenschelle *(Pulsatilla* ssp.) bringt wunderschöne, seidenweiche Blätter und Samenköpfe hervor; sie ist ein gutes Nerventonikum und lindert auch viele frauenspezifische Beschwerden.

Lindert Harnwegs- und Magenbeschwerden, Magengeschwüre, Reizdarm, Durchfall. Blutstillend bei Hämorrhoiden. Hilft bei Halsentzündungen und Husten, Katarrh.

*Polypodium vulgare* (TÜPFELFARN, ENGELSÜSS)
Immergrüner Farn, bis 40 cm hoch, ledrige, gefiederte Wedel, braune Sporenbehälter auf der Unterseite.
Hilft bei Verstopfung, Appetitlosigkeit, Gelbsucht, Hepatitis. Unterstützt das Atemwegssystem – Bronchitis, Katarrh und Reizhusten.

*Populus balsamifera* (BALSAMPAPPEL)
Laub abwerfender Baum, bis 30 m hoch, duftende, herzförmige, glänzende Blätter und gelbe Kätzchen im Frühjahr, flauschige weiße Samen.
Allgemeines Tonikum. Antiseptisch – lindert Husten, Bronchitis. Erleichtert Magen-, Nierenbeschwerden und Rheuma.

*Primula veris* (SCHLÜSSELBLUME) *
Mehrjährig, bis 15 cm hoch, Grundrosetten mit gekräuselten, länglichen Blättern und duftenden gelben Blütendolden im Frühling.
Nerventonikum; entspannend und beruhigend bei Migräne, Spannungskopfschmerz. Hilft bei Hautproblemen wie Akne, Wunden, Allergien. Antirheumatisch, schmerzdämpfend. Schützt vor Schlaganfällen – verhindert die Blutgerinnung. Krampflösende Wirkung bei Asthma. Lindert chronischen Husten, Bronchitis und (fieberhafte) Erkältungen.

*Prunella vulgaris* (BRAUNELLE)
Mehrjährig, bis 50 cm hoch, spitzovale Blätter und violette oder rosa Blüten.
Blutstillend bei allen Wunden. Lindert Insektenstiche, Entzündungen, auch Gicht, sowie Kopfschmerzen, hohen Blutdruck. Senkt das Fieber. Wird bei infizierten oder vergrößerten Halslymphknoten eingesetzt.
Stärkt die Selbstheilungskräfte von Menschen, die sich unwohl oder unglücklich fühlen; verringert Suchtabhängigkeit.

*Pulmonaria officinalis* (LUNGENKRAUT)
Mehrjährig, bis 30 cm hoch, borstige, weiß gefleckte Blätter und rosa-blauviolette Blüten im Frühjahr.
Bei chronischen Atemwegserkrankungen wie Bronchitis, Keuchhusten, Asthma, Bluthusten (bei Tuberkulose).

*Pulsatilla vulgaris* (KÜCHENSCHELLE) *
Mehrjährig, bis 25 cm hoch, seidenweiche graue Blätter und purpurfarbene, glockenförmige Blüten mit leuchtend gelben Staubgefäßen im Frühjahr.
Nerventonikum. Senkt Fieber. Schmerzstillend. Gut bei Störungen des weiblichen Fortpflanzungssystems, auch bei PMS, Geburt eines Kindes und Wochenbettdepression.
Verleiht innere Stärke; hilft, Gefühle besser auszudrücken.

*Rhus glabra* (SCHARLACHSUMACH)
Laub abwerfender Strauch, bis 2 m hoch, gefiederte blaugrüne Blätter und Rispen mit rotgrünlichen Blüten im Sommer, später dunkelrote, behaarte Früchte.
Lindert Durchfall und Halsentzündungen. Senkt das Fieber. Harntreibend. Hilfreich bei Altersdiabetes.

*Ruta graveolens* (WEINRAUTE) * ☠
Immergrüner Strauch, bis 90 cm hoch, fleischige, dreilappige blaugrüne Blätter und Büschel grünlich-gelber Blüten im Frühsommer.
Reguliert die Menstruation. Hilft bei Epilepsie, Koliken, Augenbeschwerden und Multipler Sklerose. Regt den Appetit an. Lindert Rheuma, Arthritis und Neuralgien.
☠ Fototoxisch: verursacht unter Umständen schwere Hautreaktionen nach Kontakt in der Sonne.

*Salix alba* (SILBERWEIDE)

Laub abwerfender Baum, bis 20 m hoch, spitz zulaufende Blätter und Kätzchen im Frühjahr.

Liefert Salicylsäure, den Vorläufer des Aspirins – hilft bei Fieber, rheumatischen und arthritischen Beschwerden, Schmerzen und Grippe. Wirkt adstringierend – stillt Blutungen. Verringert die Flüssigkeitsansammlung und schwemmt Gifte aus. Fördert die Durchblutung (schützt vor Blutgerinnung). Erleichtert Beschwerden der Fortpflanzungsorgane und Menopausesymptome (Hitzewallungen und Schweißausbrüche).

*Sambucus nigra* (SCHWARZER HOLUNDER)

Laub abwerfender Baum oder Heckenstrauch, bis 5 m hoch, spitzovale, unangenehm riechende Blätter und duftende cremefarbene Blüten im Frühjahr; im Spätsommer essbare purpurschwarze Früchte.

Senkt Fieber. Hilft bei Atemwegsbeschwerden und Infektionen wie Husten, Erkältungen, Heuschnupfen und Katarrh; schleimlösend. Reinigt den Organismus von Giften; lindert Rheuma, Gicht und Arthritis. Beruhigend und entspannend – lindert Asthma. Mildes Abführmittel.

Schenkt auch innere Stärke und zerstreut Ängste in Zeiten von Veränderungen.

*Santolina chamaecyparissus* (HEILIGENKRAUT)

Immergrüner Strauch, bis 60 cm hoch, silbrig-weiße, fadenähnliche Blätter und leuchtend gelbe Blüten im Sommer.

Vertreibt Insekten. Reguliert die Menstruation. Reinigt die Nieren.

*Saponaria officinalis* (SEIFENKRAUT) ☠

Mehrjährig, bis 90 cm hoch, kleine, lanzettliche Blätter und zartrosa oder weiße Blüten im Hochsommer.

Auswurffördernd; wirkt klärend bei Husten, Bronchitis und Asthma. Lindert Rheumaschmerzen und Hauterkrankungen wie Ekzeme, Akne und Psoriasis.

*Scutellaria lateriflora* (VIRGINIA-HELMKRAUT)

Mehrjährig, bis 60 cm hoch, nesselähnliche Blätter und kleine rosablaue Blüten im Sommer, später Samenkapseln.

Nerventonikum – bei Erschöpfung, Spannungszuständen, Kopfschmerzen, Depressionen, Stress; hilfreich während der Rekonvaleszenz. Krampflösend – beruhigend bei Herzklopfen, Epilepsie und Krämpfen. Angezeigt bei PMS und Menopausebeschwerden. Entzündungshemmend und fiebersenkend – lindert Arthritis, Rheuma und Neuralgien. Regt die Leber an, wird bei Harnwegsbeschwerden eingesetzt.

Hilft, von Medikamenten/Drogen wegzukommen.

*Silybum marianum* (MARIENDISTEL)

Zweijährig, bis 1,2 m hoch, glänzende, dornige, weiß geäderte Blätter und distelähnliche purpurrosa Blüten im Sommer.

Heute wichtigstes Kräuterheilmittel zum Schutz der Leber, auch bei Gelbsucht und Hepatitis. Hilft bei Reisekrankheit und kardiovaskulären Störungen.

*Stachys officinalis* (BETONIE, HEILZIEST)

Mehrjährig, bis 60 cm hoch, aromatische, gezähnte, elliptische Blätter und Ähren mit rosa-violetten Blüten im Sommer.

Nerventonikum und beruhigend – lindert Kopfschmerzen, Spannungszustände, Migräne, Schlaflosigkeit, Panikattacken, Gürtelrose. Schafft Abhilfe bei Blutandrang. Blutreinigend. Verdauungsfördernd. Krampflösend.

*Symphytum officinale* (BEINWELL) ☠

Mehrjährig, bis 1 m hoch, große, behaarte Blätter und cremefarbene oder rosablaue Blüten im Sommer.

Hautbeschwerden – Prellungen, Ekzeme, Geschwüre. Äußerlich zur Heilung von Brüchen oder Schwellungen. Entzündungshemmend bei Arthritis, Reizdarm. Lindert Atemwegsbeschwerden, auch Bronchitis.

☠ Fototoxisch: Vermeiden Sie den Kontakt mit den Blättern in der Sonne.

*Tanacetum parthenium* (MUTTERKRAUT) *

Mehrjährig, bis 60 cm hoch, gelbgrüne, aromatische Blätter und kleine weiße, wie Gänseblümchen aussehende Blüten den ganzen Sommer über; farbenfroher ist die goldblättrige Varietät; es gibt auch Sorten mit gefüllten Blüten.

Nerventonikum. Mildes Sedativum; hilft bei Schüttelkrämpfen, Kopfschmerzen, Migräne. Verringert Schmerz und Entzündung bei rheumatischer Arthritis. Senkt das Fieber. Lindert Menstruationsbeschwerden. Früher behandelte man mit

UNTEN *Trillium erectum* erleichtert angeblich die Geburt. Sie bringt ungewöhnliche dreiblättrige Wirtel und glockenförmige Blüten hervor, gedeiht aber nur in echter Waldlandschaft.

dem Kraut auch Asthma. Gut für die Leber. Verdauungs- und appetitanregend.

*Taxus baccata* (EIBE) ☠
Immergrüner Nadelbaum, bis 12 m hoch, flache, glänzende Blätter und scharlachrote Früchte.
Lindert rheumatische und Harnwegsbeschwerden. Findet bei der Behandlung bestimmter Krebsarten Anwendung.

*Thuja occidentalis* (LEBENSBAUM) *
Immergrüner Nadelbaum, bis 15 m hoch, schuppenartige grünlichgelbe Blätter und kleine Zapfen.
Lindert Atemwegsinfektionen wie Bronchitis. Harntreibend – hilft bei Harnwegsinfektionen, auch Blasenentzündung. Lindert Gelenksteife. Antiviral – bei Warzen und Polypen. Findet bei der alternativen Krebsbehandlung Anwendung.

*Tilia* x *europaea* (LINDE)
Laub abwerfender Baum, bis 30 m hoch, große, herzförmige Blätter und blassgelbe Blüten mit flügelähnlichem Tragblatt im Sommer.
Entspannend und beruhigend – lindert Spannungs- und Angstzustände, Depressionen, Kopfschmerzen und Migräne, Muskelspannung, Herzklopfen. Senkt hohen Blutdruck, lindert Arteriosklerose und andere Herzerkrankungen, auch Blutandrang. Schwemmt Gifte aus dem Körper; senkt das Fieber; hilft bei Erkältungen.
Hilft auch bei seelischen Problemen.

*Trillium erectum* (WALDLILIE, DREIBLATT) *
Mehrjährig, bis 45 cm hoch, Wirtel von drei gewellten, großen mittelgrünen Blättern und rotbraune Blüten im späten Frühjahr.
Lindert Menstruationsbeschwerden aller Art und erleichtert die Geburt. Stillt innere und äußere Blutungen, auch bei Geschwüren. Antiseptisch – hilft bei Hautbeschwerden, Stichen. Krampflösend. Aphrodisierend.
Gut für Menschen, die materielle Sicherheit brauchen und das Anhäufen von Besitz als Lösung ihrer Probleme ansehen.

*Tropaeolum majus* (KAPUZINERKRESSE)
Einjährige Hängepflanze, bis 1,5 m lang, rundliche Blätter und essbare rote, orange oder gelbe Blüten den ganzen Sommer lang. Nützliche Helferpflanze.
Allgemeines Tonikum; stärkt das Immunsystem. Reinigt den Organismus und lindert Infektionen, besonders solche der Harnwege (wie Blasenentzündung) oder des Brustkorbs; klärt Katarrh, lindert Bronchitis. Fördert Durchblutung und Verdauung, regt Leber und Darm an.
Gut für Menschen, die ihre geistigen Aktivitäten auslaugen – es bringt Intellekt und Seele wieder ins Gleichgewicht.

*Valeriana officinalis* (BALDRIAN)
Mehrjährig, bis 1 m hoch, schmale Blätter und duftende rosa oder weiße Blüten im Sommer und Herbst; es gibt auch bunt- und goldblättrige Varietäten.
Nerventonikum – Heilmittel bei Angst, Stress, Spannungszuständen, Kopfschmerzen und Epilepsie. Beruhigend bei

Schlafstörungen; senkt den Blutdruck. Entspannend – lindert Koliken, Asthma, Reizdarm und Krämpfe.

*Verbascum thapsus* (KLEINBLÜTIGE KÖNIGSKERZE) ☠

Zweijährig, bis 2 m hoch, filzig behaarte, spitzovale graugrüne Blätter und ährenartiger Blütenstand mit gelben Blüten im Sommer.

Harntreibend mit kühlenden Eigenschaften – hilft bei Blasenentzündung und der Entgiftung bei Gicht und Arthritis. Wird bei Atemwegsbeschwerden wie Husten, Asthma, Keuchhusten, Bronchitis und Tuberkulose eingesetzt. Reinigt das Lymphsystem und klärt Blutandrang. Besitzt antiseptische und schmerzstillende Eigenschaften. Beruhigend – baut Spannung ab und lindert Kopfschmerzen, Migräne und Ohrenschmerzen. Heilt Hautinfektionen, Ekzeme und Wunden. Verleiht innere Stärke, mit der man Unentschlossenheit bekämpfen kann.

*Viburnum opulus* (GEMEINER SCHNEEBALL)

Sommergrüner Strauch, bis 4 m hoch, gelappte Blätter und weiße Blüten im Frühjahr, leuchtend rote Früchte im Herbst; Zwergformen und solche mit goldenen Beeren erhältlich.

Krampflösend und schmerzstillend auch bei geschwollenen Drüsen. Muskelentspannend – bei Asthma, Periodenschmerzen, Koliken, Reizdarm, nervösen Spannungen; verbessert den Blutfluss, senkt den Blutdruck.

*Vinca minor* (KLEINES IMMERGRÜN) ✱

Immergrüner, kriechender Halbstrauch, bis 20 cm hoch, glänzende, lanzettliche Blätter und lilablaue Blüten im Frühjahr; auch andere Varietäten erhältlich.

Adstringierend – bringt Blutungen aller Art zum Stillstand. Klärt Katarrhe. Gut für das Nervensystem – verringert Angstgefühle. Senkt den Blutdruck, hilft bei Arteriosklerose. Lindert Krämpfe und Hautentzündungen. Hilfreich bei Diabetes. Auch geeignet für Menschen, die leicht depressiv werden oder unter nervösen, auch von der Jahreszeit abhängigen Störungen leiden.

*Viola odorata* (DUFTVEILCHEN)

Mehrjährig, bis 15 cm hoch, herzförmige dunkelgrüne Blätter und süßlich duftende lilablaue oder weiße Blüten im Frühjahr.

Nerven- und Herztonikum. Lindert Schlaflosigkeit. Beseitigt Blasen- und Gallensteine. Lindert Husten, Bronchitis, Katarrh und Brustinfektionen. Senkt das Fieber und baut Entzündungen ab (ähnliche Eigenschaften wie Aspirin) – Kopfschmerzen, Rheuma und Arthritis. Krebsheilmittel.

Hilft gehemmten und schüchternen Menschen und »heilt« angeblich das Herz; sein Duft ist der Meditation förderlich.

*Viola tricolor* (WILDES STIEFMÜTTERCHEN)

Einjährig, bis 30 cm hoch, dunkelgrüne, ovale Blätter und purpurfarbene, weiße und gelbe Blüten den ganzen Sommer lang.

Hilft bei Herzbeschwerden – bei schwachen Kapillaren, Bluthochdruck und Arteriosklerose. Auswurffördernd – bei Husten, Asthma und Bronchitis. Entzündungshemmend – bei Hautbeschwerden wie Ekzem und Psoriasis, auch bei Gicht und Arthritis. Senkt das Fieber. Harntreibend und blutreinigend – lindert Blasenentzündungen.

Auch geeignet für einsame Menschen und solche, die sich abgelehnt fühlen oder ein gebrochenes Herz haben.

OBEN Vom Kleinen Immergrün gibt es viele Varietäten, darunter auch die abgebildete *Vinca minor* 'Atropurpurea'. Es unterstützt die Behandlung unterschiedlichster Beschwerden, darunter auch von den Jahreszeiten abhängige Störungen.

# BACH-BLÜTENHEILMITTEL

Edward Bach (1886–1936) war ein bekannter englischer Arzt, der als Homöopath praktizierte. Ausgebildet in orthodoxer Medizin, vertrat er die ganzheitliche Auffassung, dass wahre Gesundheit von einer Harmonie von Körper, Geist und Seele abhänge und jede körperliche Erkrankung ihre Ursache in negativen Gedanken oder Gefühlen habe. Er sah, dass der innere Stress das Immunsystem und die natürlichen Abwehrkräfte des Körpers schwächte. Auch schien eine negative Geisteshaltung die Genesung zu behindern. Dr. Bach war davon überzeugt, dass der Körper geheilt werden könne, wenn er sein Gleichgewicht findet.

Bach sah sich in der Natur nach Mitteln gegen dieses Ungleichgewicht um und fand sie in Form von Wildblumen, Bäumen und Kräutern. Er unterteilte die bekanntesten negativen Geisteshaltungen in sieben Gruppen: Angst, Unsicherheit, mangelndes Interesse an der Gegenwart, Einsamkeit, Überempfindlichkeit, Verzweiflung und übermäßige Sorge um andere. Diese werden weiter unterteilt, um spezifischere Gefühle abzudecken, für die er ein System von achtunddreißig Heilmitteln entwickelt hatte, welche je nach dem psychologischen Zustand des Patienten verschrieben werden. Er war überzeugt, dass die Pflanzen die Lebenskraft aktivieren, so dass Kranke dank ihrer eigenen inneren Ressourcen gesund werden – nicht die Krankheit, sondern der Patient muss behandelt werden.

Für Dr. Bach waren seine Heilmittel als Selbsthilfe gedacht; sie werden in konzentrierter Form verkauft und lassen sich in Wasser verdünnen, das dann auf die Zunge getropft, auf die Lippen oder hinter die Ohren aufgetragen wird. Drei oder vier Mittel können zusammen genommen werden. Die Bach-Blütenmittel wirken ähnlich wie die Schwingungsheilmethoden der Homöopathie, bei der die extrahierte Essenz den Heilungsprozess auf einer sehr subtilen Ebene einleitet. Genauso wie wir im Garten irgendeine Pflanze aufgrund ihrer Heilkräfte anbauen, können wir es auch mit den Blütenheilmitteln tun, damit ihre Lebenskraft uns aufmuntert und unsere Selbstheilungskräfte aktiviert. Wenn Sie das Gefühl haben, dass eine Beschreibung auf Ihren derzeitigen Gemütszustand zutrifft, dann überlegen Sie doch, die entsprechende Pflanze in Ihren Garten zu setzen. Pflanzen Sie einen Baum, unter dem Sie sitzen und von dessen Kräften Sie sich einhüllen lassen können, oder ziehen Sie die Mehrjährigen einfach in einem Beet, von dem aus sie ihre heilende Wirkung auf Sie verströmen können.

Im Folgenden sind nur siebenunddreißig Heilmittel aufgelistet; das achtunddreißigste ist Quellwasser, das jeder reinen, natürlichen Quelle entnommen werden kann, die von frischer Luft umgeben ist und von der Sonne beschienen wird. Es hilft Menschen, die nach persönlicher Perfektion streben, sich hauptsächlich mit sich selbst beschäftigen und dabei starr einem selbst auferlegten Lebensweg folgen.

## Überempfindlichkeit

*Agrimonia eupatoria* (ODERMENNIG)
Mehrjährig, bis 90 cm hoch, unterseits silbrig grüne Blätter und Ähren mit sternförmigen gelben Blüten im Sommer.
Für geplagte Menschen, die ihre Nöte hinter einer Maske verstecken, und solche, die Konfrontationen – möglicherweise mit Alkohol oder Drogen – aus dem Weg gehen.

*Centaurium umbellatum* (TAUSENDGÜLDENKRAUT)
Zweijährig, bis 25 cm hoch, grundständige Blattrosette und Scheindolden mit rosa Blüten im Sommer.
Für sensible Menschen, die sich leicht aufregen; für alle, die nicht »nein« sagen können und sich ausnutzen lassen.

*Ilex aquifolium* (STECHPALME)
Immergrüner Baum oder Strauch, bis 5 m hoch, ledrige, dornige, glänzende dunkelgrüne Blätter, kleine, wohlriechende weiße Blüten, später rote Beeren.
Für übermächtige Gefühle von Wut, Mißtrauen, Eifersucht oder Neid; Rachegelüste.

*Juglans regia* (WALNUSS)
Laub abwerfender Baum, 35 m hoch, große, aromatische, glänzende, gefiederte Blätter und gelbgrüne Kätzchen, später Nüsse.
Für Menschen, die von anderen von ihren eigenen Lebenszielen abgelenkt werden; hilft in Übergangszeiten, bei Veränderungen im Leben.

## Einsamkeit

*Calluna vulgaris* (HEIDEKRAUT)
Immergrüner Zwergstrauch, 60 cm hoch, hellgrüne, schuppenähnliche Blättchen und weiße, rosa oder purpurfarbene, glockenförmige Blüten von Hochsommer bis Herbst.
Bei Gefühlen von Einsamkeit, dem Bedürfnis nach Gesellschaft und Gesprächen, für Menschen, die zwanghaft um ihre eigenen Sorgen kreisen.

*Hottonia palustris* (SUMPFWASSERFEDER)
Mehrjährige Wasserpflanze, geteilte hellgrüne Blätter und lila oder weißliche Blüten im Sommer.
Für Menschen, die reserviert, selbstgenügsam und einsam sind und sich von anderen abgrenzen.

*Impatiens glandulifera*
(DRÜSEN TRAGENDES SPRINGKRAUT)
Einjährig, bis 1,5 m hoch, fleischige Blätter und tiefpurpurne bis weiße Blüten den ganzen Sommer über, später Samenkapseln, die bei Berührung aufspringen.
Für reizbare, ungeduldige Menschen, die wollen, dass alles sofort erledigt wird.

## Angst

*Aesculus* x *carnea* (ROTE KASTANIE)
Laub abwerfender Baum, bis 15 m hoch, handtellergroße, gefingerte Blätter und rosa bis rote Blütenkerzen im Spätfrühjahr, später Nüsse.
Bei zwanghafter Sorge um die Sicherheit und das Wohlergehen anderer; wenn eigene Probleme übersehen werden.

*Helianthemum nummularium* (SONNENRÖSCHEN)
Mehrjährig, bis 25 cm hoch, kleine, ledrige Blätter mit eingerolltem Rand und leuchtend gelbe Blüten im Sommer.
Bei plötzlichen Gefühlen von Schrecken, Panik oder Hysterie, auch Alpträumen; wird auch bei Notfällen verabreicht.

*Mimulus guttatus* (GEFLECKTE GAUKLERBLUME)
Mehrjährig, bis 60 cm hoch, ovale, gezähnte Blätter und gelbe, löwenmaulartige Blüten mit roten Tupfen im Sommer.
Bei Phobien und Angst vor Unbekanntem; Schüchternheit.

*Populus tremula* (ESPE, ZITTERPAPPEL)
Laub abwerfender Baum, bis 15 m hoch, abgerundete, graugrüne Blätter und gelbe Kätzchen im Frühjahr, flauschige weiße Samen.
Bei Furcht vor Unbekanntem, unbegründeter Angst und Alpträumen; für sensible Menschen, die innere Stärke brauchen.

*Prunus cerasifera* (KIRSCHPFLAUME)
Laub abwerfender Baum, bis 10 m hoch, ovale grüne Blätter und kleine weiße Blüten Anfang Frühjahr, später pflaumenähnliche Früchte.
Bei Angst, die Kontrolle zu verlieren, auch Wahnsinn oder Senilität; bei irrationalen oder Selbstmordgedanken.

## Unsicherheit

*Bromus ramosus* (WALDTRESPE)
Immergrünes mehrjähriges Gras, bis 2 m hoch, mittelgrüne, behaarte Blätter und feine Büschel graugrüner Blüten im Sommer.
Für ehrgeizige Menschen, die unzufrieden sind, aber kein Ziel haben; hilft, den Lebensweg zu finden.

*Carpinus betulus* (HAINBUCHE)
Laub abwerfender Baum, bis 20 m hoch, geäderte dunkelgrüne Blätter und grüne Kätzchen im Frühjahr, kleine geflügelte Nüsse im Herbst.
Wenn einem geistige und körperliche Stärke fehlen und man sich von den alltäglichen Anforderungen erdrückt fühlt.

*Ceratostigma willmottianum* (BLEIWURZ)
Laub abwerfender Strauch, bis 1 m hoch, behaarte, ovale Blätter und üppige blaue Blüten im Spätsommer.
Bei Unentschlossenheit und Zweifeln an den eigenen Fähigkeiten oder dem eigenen Urteilsvermögen; für alle, die ständig den Rat und die Bestätigung der anderen brauchen.

*Gentiana amarella* (HERBSTENZIAN)
Mehrjährig, bis 50 cm hoch, lanzettliche grüne Blätter und röhrenförmige purpurne Blüte im Spätsommer.
Bei Selbstzweifeln und Sorge bei Menschen, die sich leicht entmutigen lassen und schnell niedergeschlagen sind.

*Scleranthus annuus* (EINJÄHRIGER KNÄUEL)
Niedrige Einjährige, schmale grüne Blätter und winzige weiße Blüten im Spätsommer.
Für wankelmütige Menschen, die ständig ihre Meinung ändern; bei Stimmungsschwankungen.

*Ulex europaeus* (STECHGINSTER)
Laub abwerfender Strauch, bis 2 m hoch, winzige dunkelgrüne Blätter, duftende gelbe Blüten im Frühjahr.
Bei Hoffnungslosigkeit und Verzweiflung ohne positiven Lichtblick, bei totalem Pessimismus.

## Mangelndes Interesse an der Gegenwart

*Aesculus hippocastanum*
(WEISSE KASTANIE, ROSSKASTANIE)
Laub abwerfender Baum, bis 25 m hoch, handtellergroße, gefingerte Blätter und weiße Blütenkerzen im späten Frühjahr, später Nüsse.
Bei zwanghaftem oder überaktivem Gemüt, das Ruhe und Konzentration verhindert; bei hartnäckigen Gedanken.

*Aesculus hippocastanum* (KASTANIENKNOSPE)
Knospen des oben genannten Baumes.
Bei Unfähigkeit, aus Fehlern zu lernen, Wiederholung derselben Irrtümer; fördert eingehendere Selbstbeobachtung.

*Clematis vitalba* (WEISSE WALDREBE)
Holzige Kletterpflanze, bis 20 m lang, ei- bis herzförmige, lang gestielte Blätter und kleine, duftende weiße Blüten im Frühjahr, später flauschige Samenköpfe.
Für Menschen, die nicht in der Gegenwart leben können und zu Tagträumerei neigen, da sie mit mangelnder Konzentration und in der Hoffnung auf eine bessere Zukunft leben.

*Lonicera caprifolium* (GEISSBLATT)
Laub abwerfende Kletterpflanze, bis 6 m hoch, gegenständige, ovale Blätter und gelblich-weiße Blüten im Sommer, später giftige orange Beeren.
Für Menschen, die in der Vergangenheit leben und diese zu oft nostalgisch verklären; die unfähig sind, sich auf die Gegenwart zu konzentrieren; die nicht über einen Verlust hinweg kommen.

*Olea europaea* (OLIVE)
Immergrüner Baum, bis 10 m hoch, schmale, ledrige graugrüne Blätter und winzige, duftende weiße Blüten im Spätsommer, später essbare Früchte; zum Überwintern ins Gewächshaus oder in einem Kübel ins Haus stellen.
Bei seelischer beziehungsweise geistiger, aber auch bei körperlicher Erschöpfung, die das Leben durcheinander bringt; schenkt allen, die zu viel arbeiten und sich nicht genügend erholen, Frieden.

*Rosa canina* (HECKENROSE)
Laub abwerfender Strauch, bis 3 m hoch, ovale, gezähnte Blätter und rosaweiße Blüten im Frühsommer, später scharlachrote Hagebutten. Wird im Volksmund auch Hundsrose genannt.
Bei Apathie, für Menschen, die kein Interesse am Leben und sich resigniert in ihre Lage gefügt haben.

*Sinapis arvensis* (WILDER SENF)
Einjährig, bis 60 cm hoch, große, gelappte Blätter und gelbe Blüten den ganzen Sommer lang.
Bei schwerer, unerklärlicher Depression oder Verzweiflung, die wie eine dunkle Wolke aus dem Nichts auftaucht.

## Mutlosigkeit oder Verzweiflung

*Castanea sativa* (EDELKASTANIE)
Laub abwerfender Baum, bis 30 m hoch, glänzende, gezähnte dunkelgrüne Blätter und Kätzchen mit kleinen gelblichen Blüten im Sommer, später essbare Nüsse mit stachliger Schale.
Bei völliger Hoffnungslosigkeit und Verzweiflung bei Menschen, die erschöpft sind und die Grenze ihrer Belastungsfähigkeit erreicht haben.

*Larix decidua* (LÄRCHE)
Laub abwerfender Nadelbaum, bis 30 m hoch, hellgrüne, nadelähnliche Blätter, unscheinbare Blüten und kleine Zapfen im Herbst.

Für Menschen, die trotz ihrer Fähigkeiten kein Selbstvertrauen haben, von Versagensängsten geplagt werden und dadurch in völlige Mutlosigkeit verfallen.

*Malus sylvestris* (HOLZAPFEL)
Laub abwerfender Baum, bis 6 m hoch, ovale mittelgrüne Blätter und rosaweiße Blüten im Frühjahr, später goldgelbe Früchte.
Für Menschen mit starkem Reinigungsbedürfnis – weil sie sich selbst verabscheuen, sich schämen oder an einem körperlichen Gebrechen leiden.

*Ornithogalum umbellatum* (DOLDIGER MILCHSTERN)
Mehrjähriges Zwiebelgewächs, bis 30 cm hoch, grundständige, linealische Blätter und sternförmige weiße Blüten (doldentraubig) im späten Frühjahr.
Bei lähmendem Kummer nach Schock oder Hiobsbotschaften, auch nach einem Verlust.

*Pinus sylvestris* (SCHOTTISCHE KIEFER)
Immergrüner Nadelbaum, bis 25 m hoch, paarweise angeordnete Nadelblätter und hängende Zapfen.
Für Menschen, die von Selbstvorwürfen geplagt werden, an Schuldgefühlen festhalten und sich dauernd entschuldigen.

*Quercus robur* (EICHE)
Laub abwerfender Baum, bis 25 m hoch, ovale, gelappte Blätter, grüngelbe männliche Kätzchen im Frühjahr, lang gestielte Eicheln im Herbst.
Für starke Menschen, die sich tapfer gegen Unbilden und Krankheit zur Wehr setzen; für Menschen, die nicht loslassen oder sich von der Arbeit entspannen können.

*Salix alba* ssp. *vitellina* (WEIDE)
Laub abwerfender Baum, bis 15 m hoch, orangegelbe Triebe, lanzettliche mittelgrüne Blätter und gelbe Kätzchen im Frühjahr.
Für Menschen, die verbittert sind, sich selbst bemitleiden und sich vom Schicksal benachteiligt fühlen.

*Ulmus procera* (ULME)
Laub abwerfender Baum, bis 35 m hoch, gezähnte dunkelgrüne Blätter und unscheinbare Blüten, geflügelte Früchte im Herbst.
Für Menschen, die schwer arbeiten, von Verantwortung und einem Gefühl der Unzulänglichkeit belastet, und deshalb depressiv werden.

## Übermäßige Sorge um das Wohlergehen anderer

*Cichorium intybus* (WEGWARTE)
Mehrjährig, bis 1,5 m hoch, lanzettliche, rauhaarige Blätter und leuchtend blaue Blüten im Spätsommer.
Für besitzergreifende Menschen, die sich ständig einmischen oder sich zu viel Sorge um andere machen; für Menschen, die dauernd Beachtung brauchen, und für unsichere Menschen.

*Fagus sylvatica* (ROTBUCHE)
Laub abwerfender Baum, bis 25 m hoch, ovale, am Rand gewellte Blätter und kleine Bucheckern im Herbst.
Für Perfektionisten, die anderen gegenüber intolerant und allzu kritisch sind.

*Verbena officinalis* (EISENKRAUT)
Krautige Mehrjährige, bis 1 m hoch, gegenständige gelappte dunkelgrüne Blätter und kleine blasslila Blüten ab Hochsommer.
Für Menschen mit fixen Ideen, die anderen »predigen« und dauernd kämpfen; für die allzu Begeisterten, die leicht fanatisch wirken; für alle, die zu nervlicher Erschöpfung neigen.

*Vitis vinifera* (WEINREBE)
Laub tragende Kletterpflanze, bis 15 m hoch, große, gelappte Blätter und unscheinbare Blüten, später grüne oder schwarze Früchte.
Für dominante und selbstherrliche sowie für unflexible, arrogante Menschen.

## Notfalltropfen (Rescue remedy)

Angezeigt in Notfällen, Krisen oder bei Traumen; das Mittel tröstet und beruhigt.
Es ist eine Mischung aus Springkraut, Waldrebe, Sonnenröschen, Kirschpflaume und Doldigem Milchstern. Vielleicht können Sie diese fünf Pflanzen irgendwo in Ihrem Garten zusammen an eine Stelle setzen, damit Sie nach einem Schock sofort ein Heilmittel zur Hand haben.

# CHINESISCHE KRÄUTERMEDIZIN

Die Traditionelle Chinesische Medizin (TCM) wird seit mindestens 2500 v. Chr. praktiziert und hat in China – neben den konventionellen Methoden – auch heute noch ihren festen Platz. Das Grundprinzip besagt, dass eine Lebenskraft (Energie) oder Ch'i alle Teile des Universums beseelt und ihre Beschaffenheit in einem Menschen dessen Gesundheit beeinflusst. Der Ch'i-Fluss im Körper findet über ein verzweigtes Netz von Kanälen statt, Meridiane genannt, und wird durch Techniken wie Akupunktur, Ernährung und Kräutermedizin ins Gleichgewicht gebracht.

In der Chinesischen Medizin sucht man nicht nach Krankheitsursachen, da Erkrankungen als Ausdruck eines Ungleichgewichts zwischen Yin und Yang betrachtet werden. Dies sind zwei entgegengesetzte, aber einander ergänzende Prinzipien, die jeweils ohne das andere nicht existieren können. Die unterschiedlichen Körperteile werden entweder Yin oder Yang zugeordnet, und auch bestimmte Symptome lassen sich so klassifizieren. Übermäßig viel Yin äußert sich vielleicht als Kälte, Feuchtigkeit oder Frösteln; wo Yang vorherrscht, fühlt sich der Patient heiß an und hat Fieber. Daher setzt man wärmende Kräuter wie Ingwer bei Beschwerden durch übermäßige Kälte ein, während man salzige »Wasser«-Kräuter wie Chinesische Braunwurz *(Scrophularia)* bei einem Ungleichgewicht der Flüssigkeiten verordnet. Gefühlszustände werden auch durch ein Ungleichgewicht der fünf Elemente verursacht; so könnte zu viel »Holz« zu unbeherrschter Wut führen, und wo »Wasser« dominiert, kann die betreffende Person furchtsam und ängstlich sein.

Gute Gesundheit hängt von der harmonischen Wechselwirkung zwischen Yin und Yang und den fünf Elementen ab. Deren Funktionen sind:

- **Holz** bezieht sich auf saure Kräuter, die das Yin nähren; sie erfrischen, regen die Verdauung und Lebertätigkeit an: Beeren des Hartriegels und Weißdorns, Hagebutten, Schisandrafrüchte.
- **Feuer** gilt für bittere Kräuter, die Yin sind, kühlen und austrocknen, entgiften, Infektionen bekämpfen und verdauungsfördernd sind: Große Klette, Löwenzahn, Pfingstrose, Medizinalrhabarber.
- **Erde** bezieht sich auf süße Kräuter, die Yang sind und daher wärmen und besänftigen, sie wirken tonisierend und nährend: Ginseng, Chinesische Angelika (Dong Quai).
- **Metall**-Kräuter sind würzig oder scharf und Yang; ihre wärmenden, austrocknenden Eigenschaften verbessern die Durchblutung, regen Energie und Verdauung an und lindern arthritische Beschwerden: Zimt, Ingwer, Pfeffer, Gewürznelken.
- **Wasser**-Kräuter sind salzig und Yin, kühlend und befeuchtend zur Unterstützung der Nieren und erhalten das Flüssigkeitsgleichgewicht aufrecht: Algen, Gerste, Chinesische Braunwurz.

Im Westen wird die Chinesische Medizin inzwischen glaubwürdiger, denn sie hat sich bei der Behandlung von Beschwerden bewährt, die auf herkömmliche Medikamente nicht ansprachen. Zum Beispiel haben schwere Ekzeme auf Kräuterbehandlung reagiert, wo jede andere Methode versagt hat.

Sobald ein chinesischer Arzt ein Ungleichgewicht diagnostiziert hat, verschreibt er/sie oft eine umfangreiche Kräutermischung. Dabei werden die Zutaten (Rinde, Wurzeln, Früchte oder Blüten) in Wasser abgekocht, die abgeseihte Flüssigkeit wird als Medizin verabreicht; Extrakte oder bereits fertige Mischungen verwendet man selten. Die Rezepte werden ganz auf den Einzelnen abgestimmt und variieren entsprechend den vielen beeinflussenden Faktoren; man kann sich deshalb nicht selbst ein Heilmittel verschreiben, eine Selbstbehandlung sollte nicht ausprobiert werden.

Gemäß den Prinzipien der Homöopathie (siehe Seite 91) kann jedoch das Vorhandensein bestimmter Pflanzen im Garten schon ausreichen, um die Selbstheilungskräfte des Körpers anzuregen.

Die chinesische Klassifikation von Kräutern ist vielleicht die am weitesten verbreitete; sie verwendet 6000 medizinische Pflanzen, von denen viele in der westlichen Welt als Zierpflanzen gelten. Die folgenden »chinesischen« Kräuter lassen sich in gemäßigten Klimazonen ausnahmslos mit gutem Erfolg anpflanzen:

*Ailanthus altissima* (GÖTTERBAUM, CHUN PI)
Laub abwerfender Baum, bis 20 m hoch, große, gefiederte Blätter und kleine grüngelbe Blüten im Sommer, später geflügelte Früchten.
Angezeigt bei Verdauungsstörungen und bestimmten Herzbeschwerden. Krampflösend – lindert Asthma. Besitzt möglicherweise krebshemmende Eigenschaften.

*Arctium lappa* (GROSSE KLETTE, NIU BANG ZI)
Zweijährig, bis 1,5 m hoch, große Blätter und rötlichpurpurne, disteähnliche Blüten im Sommer.
Hilft nach Infektionen. Entgiftend – bei Gicht, Arthritis, Hautproblemen. Muskelentspannend. Tumorhemmende Wirkung.

*Clerodendrum trichotomum*
(LOSBAUM, CHOU WU TONG)
Laub abwerfender Strauch, bis 3 m hoch, große Blätter und Büschel duftender weißer Blüten im Spätsommer, später blaue Beeren in roten Kelchen.
Schmerzstillend. Lindert Ekzeme. Senkt den Blutdruck.

*Codonopsis pilosula* (GLOCKENWINDE, DANG SHEN)
Mehrjährige Kletterpflanze, bis 1,5 m hoch, ovale Blätter und hängende grüne Blüten mit purpurner Zeichnung im Sommer.
Stärkt das Ch'i im Körper; bei allgemeiner Erschöpfung, Verdauungs- und Atemwegsbeschwerden, auch Asthma. Gutes Mittel gegen Stress (senkt den Adrenalinspiegel). Erhöht die Zahl der roten Blutkörperchen, senkt den Blutdruck.

*Corydalis solida*
(GEFINGERTER LERCHENSPORN, YAN HU SUO)
Mehrjährige Knollenpflanze, bis 20 cm hoch, schmale Blätter und rosarote Blüten im Frühjahr.
Beruhigend – baut Stress ab. Lindert Unterleibs- und Periodenschmerzen. Stärkt das Blut nach einer traumatischen Verletzung und beschleunigt so die Heilung.

*Dianthus superbus* (PRACHTNELKE, QU MAI)
Einjährig, bis 45 cm hoch, schmale, lanzettliche Blätter und duftende, gezähnte rosa, weiße oder lila Blüten im Hochsommer.
Nerventonikum. Angezeigt bei Beschwerden der Nieren und des Harnwegsystems. Lindert Verstopfung und Ekzeme.

*Eucommia ulmoides* (GUTTAPERCHA, DU ZHONG)
Laub abwerfender Baum, 15 m hoch, elliptische, glänzende Blätter und unscheinbare Blüten im Frühjahr.
Verbessert den Kreislauf. Tonikum für Leber und Nieren. Lindert Schmerzen/Schwäche im unteren Rückenbereich.

*Forsythia suspensa* (HÄNGEFORSYTHIE, LIAN QIAO)
Laub abwerfender Strauch, bis 3 m hoch, gesägte Blätter, leuchtend gelbe Blüten im frühen Frühjahr.
Antiseptisch. Hilft bei Erkältungen, Grippe und Fieber. Wird bei der Behandlung von Brustkrebs eingesetzt.

UNTEN Eine Zierform des Rhabarber, *Rheum palmatum*, wird in der chinesischen Medizin wegen seiner antibakteriellen Eigenschaften sehr geschätzt. Diese hübsche Mehrjährige passt gut zu Wasser und gedeiht am besten auf feuchten Böden.

*Ginkgo biloba* (GINKGO, BAI GUO)
Laub abwerfender Baum, bis 25 m hoch, ungewöhnliche, fächerförmige hellgrüne Blätter, die vor dem Abfallen gelb werden; weibliche Pflanzen tragen faulig riechende Früchte.
Verbessert den Kreislauf, besonders die Durchblutung des Gehirns – hilft bei Vergesslichkeit, mangelnder Konzentration und seniler Demenz. Entzündungshemmend; lindert Husten, Stenoseatmung und Asthma. Verringert das Risiko eines Schlaganfalls und verwandter Erkrankungen.

*Hemerocallis fulva* (TAGLILIE)
Mehrjährig, bis 90 cm hoch, schwertförmige, hellgrüne Blätter und orangefarbene Blüten im ganzen Frühsommer.
Allgemeines Tonikum. Antibakterielle Eigenschaften. Einige Pflanzenteile sind giftig.

*Lonicera japonica* (GEISSBLATT, JIN YIN HUA)
Halbimmergrüne Kletterpflanze, bis 7 m hoch, ovale Blätter und wohlriechende gelbweiße Blüten im Sommer, später schwarze Beeren.
Bekämpft Infektionen wie wunde Stellen, Entzündungen und Ruhr. Fiebersenkend.

*Magnolia officinalis* (MAGNOLIE, HUO PO)
Laub abwerfender Baum, bis 15 m hoch, aromatische Rinde, große Blätter und duftende cremefarbene Blüten im Frühjahr.
Schmerzlindernd. Bei Beschwerden des Verdauungstrakts, auch Magenverstimmungen.

*Morus alba* (WEISSER MAULBEERBAUM, SANG YE)
Laub abwerfender Baum, bis 15 m hoch, abgerundete, glänzende, gesägte Blätter und unscheinbare Blüten, essbare weißliche Früchte im Sommer.
Auswurffördernd – lindert Katarrh. Fiebersenkend. Hilft bei Schwindel, Kopfschmerzen und Schlaflosigkeit. Wirkt Flüssigkeitsansammlung entgegen. Erleichtert Gelenkschmerzen.

*Paeonia lactiflora*
(CHINESISCHE PFINGSTROSE, BAI SHAO YAO)
Mehrjährig, bis 1,5 m hoch, geteilte, dunkelgrüne Blätter und große, duftende seidig weiße Blüten.
Antibakteriell und antiviral – heilt Lippenherpes. Fiebersenkend. Krampflösend, beruhigend – angezeigt bei Kopfschmerzen, Alpträumen, Hysterie, Schreckhaftigkeit, Epilepsie. Blutdrucksenkend. Heilmittel bei Nieren- und Gallensteinen, Leberbeschwerden. Bei Blutandrang – Wunden, schlechte Durchblutung, Krampfadern. Bei und nach der Geburt eines Kindes – aber nicht während der Schwangerschaft.

*Phyllostachys nigra* (SCHWARZROHRBAMBUS)
Immergrüner Strauch, bis 7 m hoch, Gruppen braunschwarzer Rohre und lange, schmale Blätter.
Entgiftende und harntreibende Wirkung. Senkt das Fieber.

*Platycodon grandiflorus* (BALLONBLUME)
Mehrjährig, bis 60 cm hoch, gezähnte blaugrüne Blätter und glockenförmige hellblaue oder purpurfarbene Blüten im Sommer.
Allgemeines Tonikum. Hustenmittel.

*Prunus mume* (JAPANISCHE APRIKOSE, WU MEI)
Laub abwerfender Baum, bis 10 m hoch, spitzovale, hellgrüne Blätter und rosaweiße Blüten im frühen Frühjahr, später gelbe Früchte.
Antibiotisch – lindert Husten. Stillt Blutungen und stoppt Durchfall. Man behandelt damit Hühneraugen und Warzen.

*Rheum palmatum*
(MEDIZINALRHABARBER, DA HUANG)
Mehrjährig, bis 2 m hoch, große, gefiederte Blätter und kleine cremeweiße oder dunkelrote Rispenblüten im Frühsommer.
Angezeigt bei Verstopfung. Antibiotisch.

*Schisandra chinensis* (WU WEI ZI)
Laub abwerfende Kletterpflanze, bis 8 m hoch, große, gezähnte Blätter und blassrosa Blüten im Spätfrühjahr, später rote Beeren.
Regt das Nervensystem an – verbessert die geistige Klarheit, hilft bei Depressionen, beugt Vergesslichkeit vor. Hilft dem Körper, sich auf Belastungen einzustellen, und fördert den Schlaf. Lindert Atemwegsbeschwerden und Husten. Hält das Gleichgewicht der Körperflüssigkeiten aufrecht. Stärkt die Leber (Hepatitis). Bei Hautausschlägen, auch bei Ekzemen. Sexuell anregend; stimuliert die Gebärmutterkontraktionen.

RECHTS Die Chinesische Pfingstrose (Staudenpfingstrose) gibt es in vielen verschiedenen Farben und auch gefüllt, obwohl die Stammform durch ihre Schlichtheit besticht. In der Chinesischen Medizin heißt es, sie habe viele nützliche Eigenschaften und sei vor allem ein wertvolles Allheilmittel.

# 5 AROMATHERAPIE

Und weil der Odem von Blumen in der Luft (wohin er aufsteigt und vergeht wie Musik) viel süßer ist als in der Hand, ist es am besten, die Blumen und Pflanzen kennen zu lernen, die ihren Duft am nachhaltigsten an die Luft abgeben.
FRANCIS BACON

LINKS Buntblättrige Zitronenmelisse *(Melissa officinalis* 'Variegate'*)* bildet das attraktive Mittelstück in diesem Bereich. Wie viele goldblättrige Arten gedeiht sie am besten im Halbschatten, so dass die Blätter nicht versengen. Im Allgemeinen gedeihen die meisten Pflanzen, die man wegen ihres Duftes zieht, in praller Sonne am besten, da sie dort besonders viele ätherische Öle produzieren.

Aromatherapie ist ein relativ neuer Name für ein altes ganzheitliches Verfahren. Heilpraktiker verwenden ätherische Öle – Extrakte aus einer Vielfalt aromatischer Pflanzen –, um körperliches wie auch geistiges Wohlbefinden zu fördern. Die Grundlage dieser Therapie wurde zwar schon vor Jahrtausenden gelegt, doch ihre Prinzipien sind auch heute noch hochaktuell. Sie arbeitet mit einer Kombination aus psychologischer Wirkung und molekularer Wechselwirkung. Beide Bereiche wurden zwar inzwischen wissenschaftlich bewiesen, waren unseren Vorfahren aber bereits bekannt, obwohl man sie damals anders nannte. Die Bewegung von Duftmolekülen durch den Körper über den Blutkreislauf entdeckte der griechische Philosoph und Arzt Theophrast, der zeigte, dass ein aromatischer Beinumschlag dem Atem Duft verleihen konnte. Heute ist die Aromatherapie eine der am häufigsten angewendeten ergänzenden Therapien, mit der man Tausende von Beschwerden, von Rheuma und Migräne bis zu Stress, behandelt. Warum ist sie so beliebt? Abgesehen von der nachgewiesenen Heilwirkung vieler Pflanzenessenzen, gibt uns die Aromatherapie etwas, das anderen alternativen Methoden mitunter fehlt: Sie vermittelt uns ein Wohlgefühl. Ob es sich um eine Massage oder nur um den Duft in der Luft handelt – die Aromatherapie ist eine höchst erfreuliche Erfahrung.

Viele denken dabei an Potpourris, Schaumbäder und aromatisierte Massageöle, doch das ist nur ein kleiner Ausschnitt aus der Vielfalt von Möglichkeiten dieses Verfahrens. Wie die Kräuter schaffen auch die unterschiedlichsten Duftpflanzen, die speziell wegen ihrer kostbaren ätherischen Öle ausgesucht werden, eine heilende Atmosphäre in unserem Garten. Durch sorgfältig ausgewählte geeignete Arten können Gartenbeete so angelegt werden, dass sie uns je nach unseren Bedürfnissen erfrischen, entspannen, besänftigen oder anregen.

Dieses Kapitel wird Ihnen die Grundlagen der Aromatherapie erläutern und das Wissen aus dem Behandlungszimmer auf den Garten übertragen, damit die Wohltaten der ätherischen Öle gleich an Ort und Stelle zum Tragen kommen. Für den Preis einer einzigen Aromatherapieberatung können Sie bereits eine kleine Auswahl von Pflanzen erwerben und damit in Ihrem Garten eine ansprechende Ecke gestalten, die Ihren Gesundheitszustand über Jahre positiv beeinflusst.

## Historischer Hintergrund

Vieles von unserem heutigen Wissen basiert auf der Verwendung ätherischer Öle in Ägypten vor etwa 5000 Jahren. Die alten Ägypter, die als Begründer der Aromatherapie gelten, bedienten sich tagtäglich der therapeutischen Kräfte von aromatischen Ölen. Die Essenzen, die sie durch einen primitiven Destillationsvorgang gewannen, setzten sie medizinisch ein, nutzten sie zur Herstellung von Parfums und Schönheitstrunken, für Massagen, als Räucherwerk, bei religiösen Zeremonien (wie beispielsweise stimmungsverändernden Weihrauch) und zum Einbalsamieren.

Im alten Griechenland, wo viele Philosophen, darunter auch der Arzt Hippokrates, täglich ein Aromabad und Duftöl-Massage empfahlen, um Stress und Belastungen zu verringern und das Leben zu verlängern, baute man regelmäßig Duftpflanzen an. Später wurde diese Methode von den Römern übernommen.

Inzwischen blühte im ganzen Orient die Verwendung aromatischer Ingredienzien zum Wohl der Gesundheit auf, und auch die alten Kulturen Chinas, Indiens und Arabiens machten Gebrauch von den heimischen Duftpflanzen. Im Jahr 2000 vor Christus ist zum ersten Mal schriftlich belegt, dass die Chinesen die heilenden Eigenschaften bestimmter Pflanzen jahrtausendelang nutzten, wohingegen die ayurvedische Medizin Indiens Aromaöle seit mindestens 1000 vor Christus verwendet. Im Mittleren Osten soll der persische Arzt Avicenna im elften Jahrhundert die Destillation erfunden haben; durch dieses Verfahren konnte man komplizierte aromatische Öle und Blütenwässer herstellen, die die arabischen Ärzte bei therapeutischen Massagen, zur Aromatisierung der Luft und zur Bekämpfung von Krankheiten einsetzten.

Ab dem zwölften Jahrhundert brachten die Kreuzritter von ihren Kreuzzügen das Wissen um die Parfumherstellung und Destillation mit nach Europa, und viele Jahrhunderte lang wurde dieses Wissen in Verbindung mit der Kräuterheilkunde eingesetzt, um allen möglichen Übeln vorzubeugen beziehungsweise diese zu heilen. Während der Großen Pest des Jahres 1665 verbrannten die Bewohner von London Bündel aromatischer Kräuter auf den Straßen und trugen süß duftende Sträußchen zum Schutz vor Infektion.

Als aber synthetische Medikamente entwickelt wurden, sank die Beliebtheit der Kräuterheilkunde überall in der westlichen Welt. Nur ein paar interessierte Gruppen setzten ihre Forschungen fort.

Die Aromatherapie, die wir heute kennen, wurde von dem französischen Chemiker René-Maurice Gattefossé in den zwanziger Jahren entwickelt. Gattefossé entdeckte, dass aus bestimmten Pflanzen destillierte Extrakte eine tief greifende Wirkung auf den Körper hatten; wie alle großen Entdeckungen begann auch diese mit einem Unfall, als sich nämlich Gattefossé in seinem Labor die Hand verbrannte. Er behandelte die Brandwunden mit Lavendelöl und bemerkte, dass sie erstaunlich schnell heilten. Er veröffentlichte viele Bücher, darunter *Gattefossés Aromatherapie*, in dem er die therapeutischen Eigenschaften der ätherischen Öle beschrieb. Dieses Buch las Jean Valnet, ein französischer Militärarzt, der daraufhin mit eigenen Forschungen begann und während des Zweiten Weltkriegs ätherische Öle erfolgreich bei Soldaten anwandte.

In den zwanziger Jahren konnten zwei italienische Ärzte nachweisen, dass das Geruchsempfinden psychotherapeutischen Einfluss auf die Funktion des Zentralnervensystems hat.

In den fünfziger Jahren studierte die Biochemikerin Marguerite Maury die Wirkung von Ölen, die über die Haut aufgenommen werden. Sie entwickelte die Methoden, die heute in der Aromatherapie angewendet werden, nämlich die Verdünnung ätherischer Öle, ihre Mischung bei individuell zugeschnittenen Rezepten und ihre Anwendung durch Massage.

Robert Tisserand hat mit seinem Werk *The Art of Aromatherapy*, das 1977 veröffentlicht wurde, viel dazu beigetragen, dass das Interesse an der Aromatherapie inzwischen wieder weltweit zugenommen hat.

## Aromatherapie heute

Seit den achtziger Jahren ist die Aromatherapie tatsächlich »salonfähig«. Heute erforschen Biochemiker die Wirkungen ätherischer Öle. Sie haben inzwischen Dutzende aktiver Ingredienzien isoliert, die für einige der unglaublichen Eigenschaften von Heilpflanzenessenzen stehen. In vielen Fällen kann das überlieferte Wissen jetzt wissenschaftlich untermauert werden.

Viele europäische Aromatherapeuten sind gleichzeitig auch studierte Ärzte, da es in einigen Ländern illegal ist, sich ohne medizinische Ausbildung als Therapeut zu bezeichnen. Das Studium der ätherischen Öle gehört zum Lehrplan vieler medizinischer Ausbildungsstätten. Die Therapie hat sich als besonders gut bei stressbedingten Problemen erwiesen; bei Ängsten, Depressionen und Schlaflosigkeit; Muskel- und rheumatischen Schmerzen; Verdauungsstörungen; Menstruations- und Menopausebeschwerden. Anders als bei schulmedizinischen Behandlungen arbeitet die Aromatherapie mit dem Körper statt gegen die Symptome, und bis auf wenige Ausnahmen gibt es auch keine Nebenwirkungen.

Ätherische Öle sind hoch konzentriert. Zwar mag ein Fläschchen Öl teuer erscheinen, aber es reicht über lange Zeit. Ätherische Öle sollten niemals direkt auf die Haut aufgetragen werden. Duftmoleküle dringen durch Einatmen und/oder Absorption über die Haut in den Körper ein, und zwar mit folgenden Methoden:

- **Massage** – Ätherische Öle müssen in einem Trägeröl verdünnt sein, damit Hautreizungen vermieden und die Öle leichter absorbiert werden. Verwenden Sie möglichst kaltgepreßte Öle wie Mandelöl, Haselnuss- oder Traubenkernöl (kein Baby- oder Speiseöl). Etwa 6 Tropfen ätherisches Öl (zwei oder drei verschiedene) auf 2 Teelöffel (10 ml) Trägeröl.
- **Bäder** – 6–8 Tropfen von zwei oder drei verschiedenen Ölen oder die halbe Menge, falls Sie schwanger sind), in eine mit warmem (nicht heißem) Wasser gefüllte Badewanne geben. Rühren Sie das Wasser um, bevor Sie in die Wanne steigen. Es wird keine Fettränder hinterlassen, weil die Ölmoleküle so winzig sind. Das Öl können Sie in einem Träger- oder Badeöl verdünnen, besonders bei trockener Haut. Entspannen Sie sich eine Viertelstunde.
- **Inhalation** – 3 oder 4 Tropfen Öl in eine große Schüssel mit heißem Wasser geben, vermischen. Legen Sie ein Handtuch über Ihren Kopf; inhalieren Sie den Dampf einige Minuten, lassen Sie die Augen dabei geschlossen. Sie können die Öle aber auch auf ein Taschentuch tropfen und ab und zu daran riechen. Vermeiden Sie hierbei den direkten Hautkontakt. Diese Methoden sind besonders gut bei Erkältungen und Husten und machen den Kopf frei. Asthmatikern wird das Inhalieren nicht empfohlen.
- **Verdampfung** – Ätherische Öle können in den verschiedenartigsten Duftlampen verbrannt werden und schaffen eine bestimmte Stimmung im Raum (oder im Garten in einer lauen Sommernacht). Befolgen Sie immer die Anweisungen für Ihre Duftlampe und seien Sie in der Nähe einer offenen Flamme vorsichtig, denn ätherische Öle sind hoch entzündlich. Im Raum einige Tropfen Öl auf ein Stück Baumwollstoff geben und hinter einem Heizkörper anbringen.

Falls Sie ein bestimmtes gesundheitliches Problem und nicht ein eher allgemeines Bedürfnis nach Entspannung oder Belebung haben, kann die Auswahl eines ätherischen Öls verwirrend sein, so dass Sie am besten einen qualifizierten Aromatherapeuten um Rat fragen. Er wird Fragen zu Ihrer Gesundheit und Lebensführung stellen, bevor er geeignete Öle vorschlägt.

Einige ätherische Öle, die von Aromatherapeuten oft angewendet werden, stammen von Pflanzen, die nur in tropischen Klimazonen gedeihen. Da dieses Buch sich in erster Linie an Gärtner in gemäßigten Klimazonen richtet, sind Öle wie Ylang-Ylang, Sandelholz und Patchuli in diesem Kapitel nicht aufgeführt.

Da die Aromatherapie auf einer molekularen Ebene wirkt, kann man davon ausgehen, dass der Anbau von Pflanzen wegen ihrer aromatischen Eigenschaften ähnliche Vorteile mit sich bringt wie die Behandlung mit ätherischen Ölen. Außerdem dürfte diese Auslegung der Aromatherapie keine gefährlichen Nebenwirkungen haben. Werden die Pflanzen nicht verzehrt und kommen keine Teile mit der Haut in Berührung, wird kein Schaden angerichtet (siehe aber Seite 131).

Zum Schluss sollten Sie unbedingt daran denken, dass die in der Aromatherapie verwendeten botanischen Bezeichnungen oft Handelsnamen und nicht immer die Namen der Spezies sind, aus der das Öl gewonnen wird. Viele ätherische Öle, zum Beispiel Lavendel, stammen von Pflanzen, die nur zu medizinischen Zwecken gezüchtet und angebaut werden. Die Varietäten, die man in unseren Gärten antrifft, produzieren oft nicht so viel Öl wie kommerzielle Spezies.

# DIE KRAFT DER DÜFTE

Unser Geruchsempfinden ist so fein abgestimmt, dass die meisten Menschen über 10000 verschiedene Düfte identifizieren können. Die Wahrnehmung von Düften ist eine sehr persönliche Sache; manche Menschen empfinden einen Duft als stark und moschusartig, andere nehmen ihn als leicht und blumig wahr.

Es wird immer ein Geheimnis bleiben, warum einige Menschen nur bestimmte Düfte wahrnehmen können. Die Antwort liegt zum Teil in der individuellen Kraft eines Duftes, zum Teil in unserer Fähigkeit, den tatsächlichen Duft zu beschreiben. Wir versuchen wie Weinverkoster, die Aromen mit Umschreibungen wie »schwer« oder »fruchtig« zu verbinden, aber das Wesentliche lässt sich nicht in Worte fassen. Stattdessen vergleichen wir einen Duft mit einem anderen, und es fällt uns sehr schwer, jemandem einen Duft zu beschreiben, der ihn selbst nie wahrgenommen hat.

Ein Duft kann magische Eigenschaften besitzen, denn oft beschwört er weit zurückliegende, persönliche Erinnerungen herauf. Düfte vergisst man selten wieder, sie können tiefe Emotionen in uns aufwühlen. Das Geruchsempfinden ist eng mit unseren Erinnerungen verknüpft; so bringen wir oft Menschen, Orte oder Ereignisse mit bestimmten Aromen aus unserer Vergangenheit in Verbindung – dem Parfum unserer Mutter, Vaters Pfeifentabak, der Küche der Großeltern ...

Wenn wir einen Duft einatmen, stimulieren Duftmoleküle auf ihrem Weg in die Lungen die Sinneszellen im oberen Nasenbereich (Tractus olfactorius). Die Moleküle strömen über die Lungen in die Blutkapillaren und von dort ins Blut, das durch den Körper fließt. Sie gelangen zu den einzelnen Organen, wo sie ihre therapeutische Wirkung ausüben. Wissenschaftler haben herausgefunden, dass sich gewisse Duftmoleküle immer in bestimmten Körperteilen ansammeln und daher mit bestimmten Beschwerden in Verbindung bringen lassen. Die Duftmoleküle gelangen schnell in den Körper, und die gesundheitsfördernde Wirkung kann viele Stunden nach dem ersten Kontakt andauern.

Dieselben Moleküle werden beim Einatmen durch Nervenimpulse vom olfaktorischen Teil des Gehirns identifiziert. Dieses liegt innerhalb des limbischen Systems in der rechten Gehirnhälfte, die vor allem mit Gefühlen, Intuition, Erinnerung und Kreativität zu tun hat; der Geruchssinn ist als Einziger direkt mit diesem Teil des Gehirns verbunden. So erklären sich die besonders intensiven Erinnerungen, die wir mit Düften verbinden. Ist ein Aroma einmal identifiziert, wird es kategorisiert, und Hypothalamus sowie Hirnanhangdrüse werden zu einer entsprechenden Reaktion auf die durch diesen besonderen Duft hervorgerufene Stimmung angeregt. Diese Reaktionen beeinflussen sodann das vegetative Nerven- und das Hormonsystem, die den Herzschlag, die Verdauung, Wut, Angst und Stress steuern. Im Körper erfolgen daraufhin zahlreiche biochemische Reaktionen. Diese Kettenreaktion stützt die Idee von der ganzheitlichen Gesundheit, die davon ausgeht, dass Handlungen, Gedanken und Emotionen miteinander verbunden sind.

Die neue Wissenschaft der Psychoneuroimmunologie zeigt, dass Unglücklichsein theoretisch unsere Widerstandskraft herabsetzen kann. Umgekehrt besitzen erfreuliche Erlebnisse – die uns glücklich machen – Heilkräfte. Eine rundherum positive Einstellung kann unsere natürliche Immunität stärken.

Betrachten Sie die Aromatherapie deshalb als erfreuliche Erfahrung; wenn man einen Duft als angenehm empfindet, werden Endorphine (Glücks-Botenstoffe) ausgeschüttet, die Wohlbehagen erzeugen. In der Forschung zeichnet man mit EEG-Geräten die elektrische Aktivität des Gehirns und der Haut auf, die Reaktionen des Zentralnervensystems auf spezifische Aromen können nachgewiesen werden. Wissenschaftler haben herausgefunden, dass »süße« Essenzen wie Mimose oder Kamille Alpha-, Theta- und Delta-Hirnwellenmuster hervorrufen und damit einen Zustand der Entspannung oder sogar den Schlaf fördern. Andere Düfte wie Rosmarin induzieren Beta-Gehirnwellen; dies

sind schnellere Muster und bezeichnen einen Zustand der Munterkeit. Öle wie Lavendel und Geranium haben ausgleichende Wirkung; sie beleben oder besänftigen, je nach den Bedürfnissen der betreffenden Person. Interessanterweise scheinen diese Reaktionen nicht stattzufinden, wenn jemand einen Duft nicht mag; dies blockiert offensichtlich jegliche Wirkung auf das Nervensystem. Wahrnehmungen von »angenehm« und »unangenehm« sind natürlich sehr subjektiv, und auch frühere Erinnerungen an einen Duft beeinflussen die Reaktion – der Grund, weshalb Menschen so unterschiedlich auf dieselbe Essenz reagieren?

Die Forschung hat auch bewiesen, dass Menschen auf Düfte reagieren, die so stark verdünnt sind, dass sie sie eigentlich gar nicht mehr warhnehmen können. Man hält diese Reaktion für noch tiefgreifender, weil das Unterbewusste das Bewusstsein überlagert, so dass wir gegen die natürliche Reaktion unseres Körpers nicht ankämpfen können. Diese Entdeckung stützt die grundlegende Überzeugung der Homöopathie und der Bach-Blütentherapie (siehe Seite 116) – dass nämlich eine Reaktion selbst dann erfolgt, wenn die Essenz so stark verdünnt ist, dass nur das Energiemuster, die Schwingung des ursprünglichen Stoffes oder die »Erinnerung« daran zurückbleibt. Bestimmte Pflanzen im Garten, die man naturbelassen zieht, können daher durchaus eine aktive und wichtige Rolle bei der Heilung spielen.

OBEN Manche Rosen duften stärker als andere. Wenn Sie für die Aromatherapie eine bestimmte Varietät auswählen, prüfen Sie, wie stark sie duftet, bevor Sie sich von ihrer Farbe und Schönheit betören lassen.

# ÄTHERISCHE ÖLE

Ätherische Öle lassen Pflanzen duften, locken Bestäubungsinsekten an, vertreiben Schädlinge und schützen die Pflanze vor Krankheiten. Sie befinden sich in den Öldrüsen, die in einem oder mehreren Teilen von aromatischen Pflanzen sitzen: Blütenblätter, Blätter, Samen, Früchte, Wurzeln, Rinde und Stengel werden verwendet, und jedes hat seine eigenen charakteristischen Merkmale. Der Orangenbaum beispielsweise produziert drei völlig andersartige Essenzen mit unterschiedlichen medizinischen Eigenschaften: Neroliöl (Blüten), Petitgrainöl (Blätter) und Bergamotteöl (Schale).

Die Chemie ätherischer Öle ist äußerst komplex: Die meisten bestehen aus Dutzenden organischer Zusammensetzungen wie Terpene, Ester, Alkohole und Phenole. Nicht nur das Aroma des Öls, sondern die Essenz der ganzen Pflanze fördert das Wohlbefinden, da so viele andere molekulare Bestandteile gleichzeitig eingeatmet werden; ein einzelnes Öl kann deshalb oft bei verschiedenartigsten Beschwerden Abhilfe schaffen. Lavendel wirkt beispielsweise als Antiseptikum, gleichzeitig aber auch antibakteriell, antibiotisch, als Antidepressivum, schmerzstillend, anregend auf den Blutfluss und beruhigend. Tatsächlich besitzen alle ätherischen Öle antibakterielle Eigenschaften, und viele sind sogar pilztötend. Rosmarin und Wacholder, um nur zwei zu nennen, wirken sogar antirheumatisch; sie regen den Blut- und Lymphkreislauf an, indem sie die Sauerstoffversorgung in den betroffenen Bereichen verbessern und die Ausscheidung von Abfallprodukten, die Schmerzen verursachen, beschleunigen.

Die in der Aromatherapie verwendeten ätherischen Öle (meistens durch Dampfdestillation gewonnen), sind hoch konzentrierte Flüssigkeiten und – anders als normale Pflanzenöle – meist flüchtig, so dass sie in der Luft verdampfen. Die Menge und Qualität eines von einer Pflanze produzierten Öls hängt von vielen Faktoren ab und verändert sich wie ein guter Wein von Jahr zu Jahr, je nach den klimatischen oder anderen Bedingungen. Die Ölproduktion hängt auch von der Bodenbeschaffenheit und -fruchtbarkeit, dem Alter der Pflanze und der Erntezeit ab. Letztere ist wichtig, da die Ölkonzentration bei blühenden Pflanzen um die Mittagszeit bei warmem, trockenem Wetter meistens am höchsten ist, aber das variiert je nach Spezies: Jasmin erntet man am besten nachts, Damaszenerrose sofort nach der Morgendämmerung. Viele ätherische Öle sind in der Herstellung extrem teuer, weil man so viel Pflanzenmaterial braucht; man benötigt beispielsweise 60000 Rosenblütenblätter zur Produktion eines einzigen Tropfens Öls.

## Aromatherapie bei spezifischen Beschwerden

In der Aromatherapie kommen reine ätherische Öle zur Behandlung unterschiedlichster Beschwerden zum Einsatz. Werden die Pflanzen im Garten gezogen, ist ihre Wirkung subtiler als bei der Verwendung des extrahierten ätherischen Öls; aber wie schon weiter oben beschrieben, lassen sich die förderlichen Wirkungen selbst bei geringsten Mengen noch messen.

Die Wissenschaft der Psychoneuroimmunologie (siehe Seite 128) hat belegt, dass das Einatmen angenehmer Düfte das Immunsystem des Körpers stärken kann, denn es stellt das Gleichgewicht zwischen Körper und Seele wieder her. Dies wiederum fördert die Abwehrkräfte gegenüber Viren, Allergenen, Umweltverschmutzung und Stress. Die Aromatherapie kann bei Stress helfen, indem sie seine Ursachen an der Wurzel bekämpft, bevor sich anfangs harmlose Symptome zu ernsthaften Krankheiten ausweiten.

Im Sinne des ganzheitlichen Denkansatzes entfaltet die Aromatherapie ihre größten Stärken, wenn man sie zur Krankheitsvorbeugung und nicht nur zur Linderung von Symptomen einsetzt. Aus diesem Grund erfordern langwierige Beschwerden volle medizinische Aufmerksamkeit. Sie sollten einen qualifizierten Aromatherapeuten um Rat fragen, bevor Sie selbst die Behandlung in die Hand nehmen.

Die Aromatherapie wird auch bei psychischen Störungen erfolgreich eingesetzt. Sie kann unseren Gemütszustand verbessern, indem sie uns den Umgang mit Kummer, Depression oder mit geistiger Erschöpfung erleichtert. Die folgenden Pflanzen können Sie alle wegen ihrer wohl tuenden Wirkung im Garten ziehen:

| *Stimulierend* | *Ausgleichend* | *Entspannend* | *Antidepressiv* |
|---|---|---|---|
| ANGELIKA | BALDRIAN | HOPFEN | BASILIKUM |
| CITRUS-ARTEN | BASILIKUM | KAMILLE | CITRUS-ARTEN |
| EUKALYPTUS | GERANIUM | MAJORAN | GARTENNELKE |
| FENCHEL | LAVENDEL | MELISSE | GERANIUM |
| GARTENNELKE | ROSE | MIMOSE | JASMIN |
| JASMIN | SCHAFGARBE | MUSKATELLERSALBEI | KAMILLE |
| KIEFER | VEILCHENBLÄTTER | WACHOLDER | LAVENDEL |
| PFEFFERMINZE | | ZEDERNHOLZ | MUSKATELLERSALBEI |
| ROSMARIN | | ZYPRESSE | ROSE |

In der Schwangerschaft sind viele ätherische Öle verboten *(siehe unten)*. Die nachfolgend aufgeführten sind aber besonders zu empfehlen, allerdings erst nach den ersten drei Monaten: CITRUS-ARTEN, GERANIUM, KIEFER, LAVENDEL, ROSE, ZYPRESSE.

## Nebenwirkungen

Alle extrahierten ätherischen Öle sollten mit Respekt behandelt werden, denn es handelt sich um starke Substanzen; einige sind in unverdünnter Form sogar toxisch. Durch die Isolierung aktiver Substanzen konnte man einige sehr wirkungsvolle Heilmittel und potenziell gefährliche Drogen wie Atropin (Tollkirsche) gewinnen. Diese synthetisch hergestellten Drogen verursachen mitunter schwere Nebenwirkungen, die jedoch bei Behandlung mit der »ganzen« Pflanze sehr selten auftreten. Die zahlreichen, in jedem ätherischen Öl enthaltenen Spurenchemikalien erhöhen nämlich nicht nur die Wirksamkeit, sondern puffern auch die potenziell schädlichen Nebenwirkungen eines einzelnen Bestandteils ab. Nicht modifizierte Öle, wie sie die Pflanzen im Garten ganz automatisch verströmen, sind aufgrund dieser natürlichen Synergie sogar noch unbedenklicher.

Sie sollten auch wissen, dass es bei ätherischen Ölen viel seltener zu Nebenwirkungen kommt, wenn sie von biologisch angebauten Pflanzen stammen. Aus diesem Grund sollten Pflanzen ohne chemische Düngemittel oder Sprays gezogen werden.

Es gibt jedoch Menschen, die allergischer reagieren als andere. Wenn Sie unter Heuschnupfen, Asthma, Ekzemen, Nahrungsmittelallergie leiden oder eine besonders sensible Haut haben, sind Sie möglicherweise auch gegenüber einer oder mehreren Essenzen empfindlich und sollten besonders vorsichtig sein. Die folgenden Essenzen rufen höchstwahrscheinlich bei entsprechend veranlagten Menschen Allergien hervor: BASILIKUM, FENCHEL, GARTENNELKE, GRAPEFRUIT, HOPFEN, KAMILLE, KIEFER, LORBEER, MELISSE, MUSKATELLERSALBEI, ORANGE, PFEFFERMINZE, THYMIAN, WACHOLDER, ZEDERNHOLZ, ZITRONE. Allerdings dürfte keine dieser Pflanzen Probleme bereiten, wenn Sie im Garten nur flüchtig daran vorbeistreifen.

Epileptiker sollten FENCHEL, ROSMARIN meiden.

Folgende Essenzen machen lichtempfindlich; Sie sollten sich nicht dem Sonnenlicht aussetzen, wenn Sie mit diesen Pflanzen in Berührung gekommen sind, da sie Blasen auf der Haut verursachen können: ANGELIKAWURZEL, CITRUS-ARTEN (VON DER FRUCHTSCHALE).

Viele Frauen haben den Eindruck, dass sich ihr Geruchsempfinden und auch ihre Vorlieben während der Schwangerschaft verändern. Die Bepflanzungen sollten sich daher kurzfristig den Bedingungen anpassen. Außerdem sollten Schwangere mit bestimmten Pflanzen sehr vorsichtig umgehen und die nachfolgend aufgeführten in der Schwangerschaft vermeiden: ANGELIKA, BASILIKUM, ESTRAGON, FENCHEL, JASMIN, KAMILLE, LORBEER, MAJORAN, MUSKATELLERSALBEI, PFEFFERMINZE, ROSMARIN, SCHAFGARBE, THYMIAN, WACHOLDER, ZEDERNHOLZ.

# DER AROMATHERAPEUTISCHE GARTEN

Kann man von der therapeutischen Wirkung von Pflanzen besser profitieren als so unmittelbar, wie von der Natur beabsichtigt? Jeder kann Duftpflanzen in seinem Garten ziehen und mit etwas Planung die Heilkräfte der Aromatherapie durch die Wahl geeigneter Spezies nutzen. Da sich die chemische Zusammensetzung ätherischer Öle nach der Ernte verändert, sollte man die förderlichen Eigenschaften der Pflanzen nutzen, wenn sie am wirkungsvollsten sind, und das ist, solange sie noch leben und wachsen.

Ein qualifizierter Aromatherapeut verwendet zwischen dreißig und achtzig ätherische Öle. Aber für so viele Pflanzen ist in einem Garten mit normalen Ausmaßen gar kein Platz, und es wäre auch kontraproduktiv, mehr als drei oder vier verschiedene Pflanzen in einen Bereich zu setzen. Die Auswahl wird anfangs von den praktischen Zwängen eines bestimmten Gartens – seiner Lage, dem Klima, dem verfügbaren Raum und der Bodenart – sowie von Kosten, persönlichen Vorlieben und Verfügbarkeit der Pflanzen bestimmt sein. Trotzdem wird es zumindest eine Pflanze geben, die sowohl die praktischen als auch die eher esoterischen Bedürfnisse des Gartenbesitzers befriedigt. Die Pflanzenauswahl sollten diejenigen treffen, die den Bereich wegen seiner gesundheitsfördernden Eigenschaften nutzen wollen. Folgen Sie hierbei unbedingt Ihren Gefühlen und nehmen Sie nur Pflanzen, die Sie »gut riechen« können. Denken Sie auch daran, die Pflanzen hübsch miteinander zu kombinieren (siehe Seite 142).

Viele der einzelnen Pflanzen bieten unzählige Vorteile. Deshalb lohnt es sich bei nur wenig Raum, die vielseitigsten auszusuchen. Auch können Sie oft zwischen Pflanzen mit denselben wohl tuenden Einflüssen auswählen. Wenn Sie zum Beispiel einen Stress lindernden Bereich schaffen wollen und Ihnen nur ein kleiner Stadtgarten zur Verfügung steht, dann können Sie Muskatellersalbei, Geranium und Rosmarin statt großer Bäume wie Kiefern verwenden. Im kleinsten Garten fördert eine Rosenlaube die Entspannung und lindert Kopfschmerzen. Bei noch geringeren Raummöglichkeiten können Sie ein paar Blumentöpfe oder Blumenkästen mit nützlichen Duftpflanzen aufstellen. Auf einem größeren Grundstück bietet sich eine Mischung aus Wacholder, Eukalyptus und Kiefer an, um unspezifische Schmerzen zu lindern.

Ganz allgemein produzieren Pflanzen – besonders Kräuter wie Rosmarin, Basilikum und Thymian – mehr ätherische Öle, wenn sie in der prallen Sonne stehen, an einem heißen Tag setzen sie die größte Menge flüchtiger Öle frei. Pflanzen wie Veilchen, Baldrian und Angelika bevorzugen etwas Schatten und duften meistens nicht so stark. Suchen Sie die Pflanzen möglichst nach den Zeiten aus, zu denen Sie den Garten am häufigsten nutzen. Wenn Sie nur an lauen Sommerabenden draußen sitzen, wählen Sie solche, die bei Einbruch der Dämmerung am intensivsten duften, zum Beispiel Jasmin, Levkoje *(Matthiola longipetala* ssp. *bicornis)* oder Ziertabak *(Nicotiana* spp.*)*

Damit Sie von dem Duft der Pflanzen recht viel profitieren, pflanzen Sie sie am besten an einen geschützten Platz, so dass die Aromen sich nicht zu schnell im Wind verflüchtigen. Beachten Sie auch die Höhe der Pflanze. Niedrig wachsende Spezies wie Gartennelke und Kamille werden am besten in Töpfen oder erhöhten Beeten gezogen, damit Sie ihren Duft genießen können, ohne sich zu tief bücken zu müssen. Stellen Sie duftende Winterblumen dicht an einen Weg, damit Sie sich nicht durch Schnee oder Matsch zu kämpfen brauchen, nur um eine Nase voll Mahonie oder Zaubernuss zu bekommen.

Damit die Pflanzen im Garten möglichst viel Öl liefern, müssen Sie durch Zufuhr geeigneter Nährstoffe das gesunde Wachstum von Blättern, Blüten oder Früchten anregen. Organische Stickstoffdünger fördern eine üppige Laubentwicklung bei nicht blühenden Pflanzen wie Eukalyptus, Fichte und Wacholder, Kalidünger unterstützen die Blüte und Fruchtbildung von Rose, Zitrone, Fenchel und Hopfen.

# Aromatische Pflanzen für einen Heilgarten

| Beschwerden | ANGELIKA | BALDRIAN | BASILIKUM | BIRKE | ESTRAGON | EUKALYPTUS | FENCHEL | FICHTE | GARTENNELKE | GERANIUM | GRAPEFRUIT | HOPFEN | JASMIN | KAMILLE | KIEFER | LAVENDEL | LORBEER | MAJORAN | MELISSE | MIMOSE | MUSKATELLERS. | ORANGE | PFEFFERMINZE | ROSE | ROSMARIN | SCHAFGARBE | THYMIAN | VEILCHEN | WACHOLDER | ZEDER | ZEDERNHOLZ | ZITRONE | ZYPRESSE |
|---|---|---|---|---|---|---|---|---|---|---|---|---|---|---|---|---|---|---|---|---|---|---|---|---|---|---|---|---|---|---|---|---|---|
| ALLERGIEN *siehe Kapitel 2* | | | | | | | | | | | | | | | | | | | | | | | | | | | | | | | | | |
| Asthma | | | ◆ | | | ◆ | | | | | | ◆ | | ◆ | ◆ | ◆ | | ◆ | ◆ | | ◆ | | ◆ | ◆ | ◆ | | ◆ | | | | | ◆ | ◆ |
| Heuschnupfen | | | | | | ◆ | | | | | | | | ◆ | ◆ | ◆ | | | ◆ | | | | | ◆ | | | | | | | | | |
| KREISLAUF | | | | | | | | | | | | | | | | | | | | | | | | | | | | | | | | | |
| Hoher Blutdruck | | | | | | | | | | | | | | ◆ | | ◆ | | ◆ | ◆ | | ◆ | | | ◆ | | ◆ | | | | | | ◆ | |
| Niedriger Blutdruck | | | | | | ◆ | | | | ◆ | | | | | ◆ | | | | | | | | ◆ | | ◆ | | ◆ | | | ◆ | | ◆ | ◆ |
| Kreislaufbeschwerden | | | ◆ | ◆ | | ◆ | | ◆ | | ◆ | | | | | ◆ | ◆ | ◆ | ◆ | | | ◆ | ◆ | ◆ | ◆ | ◆ | ◆ | ◆ | ◆ | ◆ | | ◆ | ◆ | ◆ |
| ATMUNG | | | | | | | | | | | | | | | | | | | | | | | | | | | | | | | | | |
| Erkältungen und Grippe | ◆ | | ◆ | | | ◆ | | ◆ | | | | | | | ◆ | ◆ | ◆ | ◆ | | | | ◆ | ◆ | | ◆ | | ◆ | | | | ◆ | ◆ | ◆ |
| Blutandrang | ◆ | | ◆ | | | ◆ | | ◆ | | | | ◆ | ◆ | | ◆ | ◆ | | ◆ | ◆ | | | ◆ | ◆ | | ◆ | | ◆ | | | | ◆ | ◆ | ◆ |
| SCHMERZENDE GELENKE | | | | | | | | | | | | | | | | | | | | | | | | | | | | | | | | | |
| Arthritis und Rheuma | ◆ | | | ◆ | ◆ | ◆ | | ◆ | | | | | | ◆ | ◆ | ◆ | ◆ | ◆ | | | | | ◆ | | ◆ | ◆ | ◆ | ◆ | ◆ | ◆ | ◆ | ◆ | ◆ |
| Muskelschmerzen | ◆ | | ◆ | | | ◆ | | ◆ | | | ◆ | | ◆ | ◆ | ◆ | ◆ | ◆ | ◆ | | | | ◆ | | | ◆ | | ◆ | | ◆ | | ◆ | ◆ | ◆ |
| STRESSSYMPTOME | | | | | | | | | | | | | | | | | | | | | | | | | | | | | | | | | |
| Erschöpfung | ◆ | | ◆ | | | ◆ | ◆ | | | ◆ | | | ◆ | | ◆ | ◆ | ◆ | | | | ◆ | ◆ | ◆ | | ◆ | | ◆ | | ◆ | | | ◆ | |
| Angstzustände | | ◆ | ◆ | | | | | ◆ | | ◆ | | ◆ | ◆ | ◆ | | | ◆ | ◆ | ◆ | ◆ | ◆ | | | ◆ | | ◆ | | ◆ | ◆ | ◆ | ◆ | | ◆ |
| Kopfschmerzen/Migräne | ◆ | | ◆ | | | ◆ | | | | | | ◆ | | ◆ | | ◆ | | ◆ | ◆ | | ◆ | | ◆ | ◆ | ◆ | | ◆ | ◆ | | | | | |
| Schlaflosigkeit | | ◆ | ◆ | | | | | | | ◆ | | ◆ | ◆ | ◆ | | ◆ | | ◆ | ◆ | ◆ | ◆ | | | ◆ | | ◆ | | | | | | | |
| Leichte Depression | | ◆ | ◆ | | | | | | ◆ | ◆ | ◆ | | ◆ | ◆ | ◆ | ◆ | | | ◆ | ◆ | ◆ | ◆ | | ◆ | ◆ | | | | ◆ | | | ◆ | |
| Geistige Erschöpfung | ◆ | | ◆ | | | ◆ | | | | ◆ | ◆ | | | | ◆ | ◆ | | | | | | | ◆ | ◆ | ◆ | | ◆ | ◆ | | | | ◆ | ◆ |
| Nervenanspannung | | ◆ | | | | | | | | | | ◆ | | ◆ | | ◆ | | ◆ | | ◆ | ◆ | | | ◆ | | ◆ | | | | | | ◆ | |
| Zur Nervenstärkung | | | | | | | | | | | | | | | | ◆ | | | | | ◆ | | | | | | | | ◆ | | | | |
| Normalisierend/ausgleichend *(baut auf oder besänftigt je nach Bedarf)* | | ◆ | ◆ | | | | | | | ◆ | | | | | | ◆ | | | | | | | ◆ | ◆ | | ◆ | | ◆ | | | | | |
| Kummer | | | | | | | | | | | | | ◆ | | | ◆ | | | ◆ | | | | | ◆ | | | | | | | | | |
| Verdauungsstörungen | ◆ | | | | ◆ | | ◆ | | | | | | | ◆ | | ◆ | | ◆ | ◆ | | | ◆ | ◆ | | | | ◆ | | | | | ◆ | |
| PRÄMENSTRUELLES SYNDROM | ◆ | | | ◆ | ◆ | | ◆ | | | ◆ | | ◆ | ◆ | ◆ | | ◆ | ◆ | ◆ | ◆ | ◆ | ◆ | | | ◆ | | ◆ | | | ◆ | ◆ | ◆ | | ◆ |
| BEI SCHWANGERSCHAFT VERMEIDEN | ◆ | | ◆ | | ◆ | | ◆ | | | | | | ◆ | ◆ | | | ◆ | ◆ | | | ◆ | | ◆ | | ◆ | ◆ | ◆ | | ◆ | | ◆ | | |

## Fünf Duftfamilien

IM UHRZEIGERSINN VON LINKS OBEN Sie brauchen wahrscheinlich einen Wintergarten, um den Duft der »Citrus«-Familie wie diese Zitrone genießen zu können; der süße Duft von Duftveilchen (hier *Viola odorata* 'Alba') ist typisch für die »Blumigen«; Kiefernnadeln werden zur Herstellung »grüner« Düfte verwendet; aus Fenchelsamen, die ein »würziges« Aroma verströmen, wird auch das ätherische Öl gewonnen; der Duft von Zeder (hier *Cedrus atlantica* 'Glauca') wird als »holzig« oder balsamisch bezeichnet.

# DUFTFAMILIEN

Ätherische Öle werden nach ihren allgemeinen Wirkungen eingeteilt und gehören in eine der fünf Duftfamilien: grün, zitrus, blumig, würzig oder holzig. Auf den folgenden Seiten sind nur Pflanzen der gemäßigten Klimazonen aufgeführt, manche benötigen allerdings Schutz im Winter. Bei einer Aromatherapie mit ätherischen Ölen sollten Sie die folgenden Warnhinweise beherzigen; Nebenwirkungen werden bei Pflanzen aus dem Garten minimal sein.

- ☼ Kontakt im Sonnenlicht vermeiden
- ✱ Nicht während der Schwangerschaft anwenden
- ✋ Von Epileptikern zu vermeiden
- ♥ Nicht geeignet für Kleinkinder
- ◆ Allergiker sollten sich nicht der Pflanze aussetzen

| **Zitrus** | *Heilanwendungen* | *Der Duft passt gut zu* |
|---|---|---|
| GRAPEFRUIT ☼ ◆ Schale<br>*(Citrus paradisi)*<br>Kleiner, immergrüner Baum mit glänzenden dunkelgrünen Blättern, wunderbar duftenden weißen Blüten und später großen gelben Früchten. Gedeiht am besten im Gewächshaus, Wintergarten oder Kübel, da er Winterschutz braucht. | Allgemein stärkend<br>Erfrischend, erhebend<br>Muskelermüdung<br>Nervenerschöpfung | LAVENDEL<br>EUKALYPTUS<br>WACHOLDER<br>GERANIUM<br>CITRUS-ARTEN<br>ZYPRESSE<br>KIEFER<br>ROSMARIN |
| ORANGE ☼ ◆ Schale<br>*(Citrus sinensis)*<br>Immergrüner Baum, der Büschel duftender weißer Blüten und später Früchte hervorbringt; Blüten und Früchte erscheinen oft gleichzeitig. Gedeiht am besten im Gewächshaus, Wintergarten oder Kübel, da er Winterschutz braucht. | Entspannend, schmerzlindernd<br>Entgiftet die Leber<br>Fördert träge Verdauung<br>Erfrischend und anregend bei Übermüdung und Stress | ROSMARIN<br>MUSKATELLERSALBEI<br>GERANIUM<br>LAVENDEL<br>CITRUS-ARTEN |
| ZITRONE ☼ ◆ Schale<br>*(Citrus limon)*<br>Kleiner, immergrüner Baum, der stark duftende rosa-weiße Blüten und später leuchtend gelbe Früchte hervorbringt. Gedeiht am besten im Gewächshaus, Wintergarten oder Kübel, da er Winterschutz braucht. | Lindert Erkältungssymptome und Asthma, klärt den Kopf<br>Allgemeine Verdauungsbeschwerden<br>Verbessert die Blutzirkulation<br>Vertreibt Insekten<br>Hautprobleme | ROSE<br>EUKALYPTUS<br>CITRUS-ARTEN<br>WACHOLDER<br>LAVENDEL<br>ZYPRESSE<br>KAMILLE<br>MAJORAN |

| **Blumig** | *Heilanwendungen* | *Der Duft passt gut zu* |
|---|---|---|
| GARTENNELKE ◆ Blüten<br>*(Dianthus caryophyllus)*<br>Niedrig wachsende Mehrjährige, etwa 45 cm hoch, bläulich-grüne Blätter, Büschel kleiner rosa-purpurfarbener Blüten auf langen Stengeln im Hochsommer. | Antidepressivum<br>Pilztötende Eigenschaften | ZEDERNHOLZ<br>CITRUS-ARTEN<br>MUSKATELLERSALBEI<br>LAVENDEL |
| GERANIUM (DUFTPELARGONIE) Blätter, Blüten<br>*(Pelargonium graveolens)*<br>Sich ausbreitender Strauch, der 1 m hoch wird und rosa Blüten trägt; die ganze Pflanze ist aromatisch. Muss im Winter vor Frost geschützt werden. | Hilft bei problematischer Haut<br>Entspannend bei Angst, Spannungszuständen, Stress<br>Lindert Menstruationsbeschwerden<br>Stimmungsaufheller, hat ausgleichende Wirkung<br>Vertreibt Insekten | JASMIN<br>CITRUS-ARTEN<br>LAVENDEL<br>ROSMARIN<br>MUSKATELLERSALBEI<br>ZEDER, ZYPRESSE<br>KAMILLE<br>WACHOLDER |
| JASMIN * ◆ Blüten<br>*(Jasminum officinale)*<br>Kräftige, immergrüne Kletterpflanze, die bis zu 9 m hoch wird und den ganzen Sommer über unzählige duftende, sternförmige weiße Blüten hervorbringt. Der intensive Duft wird nach Einbruch der Dämmerung noch stärker. | Erleichtert Kummer, Stress, Ermüdung<br>Lindert Symptome von PMS und Menopause, auch Reizbarkeit<br>Aufhellend, entspannend, sinnlich<br>Lindert Muskelschmerzen | BLUMIGE DUFTPFLANZEN<br>MUSKATELLERSALBEI<br>CITRUS-ARTEN |
| LAVENDEL Sprossspitzen<br>*(Lavandula angustifolia)*<br>Immergrüner Strauch, der bis zu 1 m hoch wird, mit graugrünen Blättern und bläulich-violetten Blüten in dichten Ähren am Ende von »drahtigen« Stengeln im Sommer. | Stressbedingte Kopfschmerzen<br>Schlaflosigkeit<br>Fördert die Heilung der Haut<br>Lindert schmerzende Gelenke und Verstauchungen<br>Schafft Abhilfe bei hohem Blutdruck<br>Wirkt ausgleichend auf das Nervensystem<br>Verdauungsbeschwerden<br>Periodenschmerzen, PMS<br>Vertreibt Insekten | MUSKATELLERSALBEI<br>WACHOLDER<br>GERANIUM<br>KIEFER<br>ZEDERNHOLZ<br>CITRUS-ARTEN<br>ROSE<br>MAJORAN<br>EUKALYPTUS<br>KAMILLE<br>ZYPRESSE |
| »MIMOSE« Blüten, Zweigspitzen<br>*(Acacia dealbata)*<br>Immergrüner Baum mit attraktiven, farnartigen silbergrauen Blättern und duftenden, flauschigen gelben Blüten auf langen Rispen im Frühling. Gedeiht am besten im Gewächshaus, Wintergarten oder Kübel, da er vor Frost geschützt werden muss. | PMS<br>Allgemeiner Aufheller, bei Depressionen<br>Lindert Nervenanspannung | LAVENDEL<br>ZEDERNHOLZ<br>ROSE<br>GERANIUM |

| **Blumig** *(Fortsetzung)* | *Heilanwendungen* | *Der Duft passt gut zu* |
|---|---|---|
| ROSE Blütenblätter<br>*(Rosa damascena/R. centifolia)*<br>Laub abwerfender Strauch, bis 1,5 m hoch, stachlige Stengel und große, duftende Blüten im Sommer. *R. centifolia* hat kugelige blassrosa Blüten, *R. damascena* gefüllte, kräftig rosa Blüten. | Kopfschmerzen<br>Stressbedingte Beschwerden, Schlaflosigkeit und Depressionen<br>Stimmungsaufheller, erhebend<br>PMS und Menopause<br>Erleichtert Kummer | ZEDERNHOLZ<br>KAMILLE<br>CITRUS-ARTEN<br>BLUMIGE DUFT-PFLANZEN<br>MUSKATELLERSALBEI |
| VEILCHEN, DUFTVEILCHEN Blätter, Blüten<br>*(Viola odorata)*<br>Kleine, kriechende mehrjährige, bis 15 cm hohe Pflanze, mit duftenden violetten oder weißen Blüten im Frühjahr. | Schweißtreibend, lindert Husten und Katarrh<br>Fördert die Konzentration und klärt den Kopf, lindert Kopfschmerzen<br>Besänftigt aufgewühlte Gefühle | ANGELIKA<br>BLUMIGE DUFT-PFLANZEN<br>SCHAFGARBE |

| **Grün** | | |
|---|---|---|
| BASILIKUM * ◆ Blätter, Sprossspitzen<br>*(Ocimum basilicum)*<br>Zartes Küchenkraut mit kleinen, sehr aromatischen, glänzenden Blättern und weißen Blüten; wird bis 30 cm hoch, gedeiht am besten in Töpfen. Die Varietät 'Dark Opal' hat dunkle, metallisch-purpurne Blätter. | Beruhigend, doch gleichzeitig aufhellend<br>Hilfreich bei Schlaflosigkeit, Angstzuständen, Stress<br>Lindert Muskelschmerzen<br>Reguliert den Menstruationszyklus<br>Stärkt den Kreislauf und die Atmung | ZYPRESSE<br>EUKALYPTUS<br>GERANIUM<br>ROSMARIN<br>LAVENDEL<br>ZITRONE<br>MUSKATELLERSALBEI<br>WACHOLDER<br>PFEFFERMINZE |
| EUKALYPTUS ♥ Blätter und Zweige<br>*(Eucalyptus globulus)*<br>Immergrüner Baum, bis 30 m hoch, braucht in kälteren Gebieten Frostschutz. Die reifen Blätter sind blaugrün und sichelförmig. Büschel mit cremefarbenen bis gelben Blüten im Frühjahr. | Starkes Antiseptikum<br>Anregend, stärkt den Kreislauf<br>Klärt den Kopf und erleichtert das Atmen<br>Lindert Muskelschmerzen<br>Hilft bei Hautproblemen<br>Vertreibt Insekten | ZEDERNHOLZ<br>THYMIAN<br>ROSMARIN<br>LAVENDEL<br>MAJORAN<br>ZITRONE<br>KIEFER<br>GRAPEFRUIT<br>PFEFFERMINZE |
| FICHTE Nadeln, Zweige<br>*(Tsuga canadensis* – Kanadische Hemlocktanne*)*<br>Immergrüner Nadelbaum, bis 30 m hoch, dicke, eibenartige dunkelgrüne Nadeln und einzeln stehende Zapfen. | Verringert Angstzustände und Stress<br>Kurbelt den Kreislauf an<br>Lindert schmerzende Gliedmaßen und Rheuma<br>Lindert Husten und Erkältungen | BASILIKUM<br>KAMILLE<br>EUKALYPTUS<br>WACHOLDER<br>ZITRONE<br>THYMIAN<br>ROSMARIN |

| **Grün** *(Fortsetzung)* | *Heilanwendungen* | *Der Duft passt gut zu* |
|---|---|---|
| KAMILLE (RÖMISCHE) * ◆ Blüten, Blätter<br>*(Chamaemelum nobile)*<br>Niedrig wachsend, mehrjährig, bis 40 cm hoch, kleinfiedrige Blätter und kleine, gänseblümchenähnliche weiße Blüten auf einzelnen Stengeln im Sommer. | Entspannend, lindert Angstzustände und nervöse Spannung<br>Verdauungsstörungen<br>Hautreizungen und Allergien<br>Periodenschmerzen, Menopausebeschwerden<br>Beruhigend – hilft bei Schlaflosigkeit und lindert Stress<br>Kopfschmerzen<br>Antiallergische Eigenschaften bei Asthma | LAVENDEL<br>GERANIUM<br>MUSKATELLERSALBEI<br>JASMIN<br>CITRUS-ARTEN<br>ROSE |
| KIEFER ◆ Nadeln, Zweige<br>*(Pinus sylvestris)*<br>Immergrüner Nadelbaum, bis 30 m hoch. Die reife Rinde ist orangebraun, die paarweise angeordneten Nadeln sind bläulich graugrün. Hängende Zapfen. | Hilfreich bei Virusinfektionen<br>Besänftigt schmerzende Muskeln und Arthritis<br>Stärkend, verbessert den Kreislauf<br>Lindert Ermüdung und Stress<br>Vertreibt Insekten | ZYPRESSE<br>BIRKE<br>ZEDERNHOLZ<br>EUKALYPTUS<br>LAVENDEL<br>WACHOLDER<br>ZITRONE<br>ROSMARIN |
| MAJORAN * Blätter, Blüten<br>*(Origanum majorana)*<br>Mehrjähriger Halbstrauch, der bis 50 cm hoch wird, mit abgerundeten, graufilzig behaarten Blättern und kleinen weißen oder purpurfarbenen Blüten in Büscheln im Hochsommer. Die Varietät 'Aureum' hat anfangs gelbe Blätter, die sich später grün verfärben. Oregano *(O. vulgare)* besitzt ähnliche Eigenschaften wie Majoran. | Wärmend, lindert Schmerzen, auch bei Rheuma<br>Hilft bei Verdauungsbeschwerden, Angstzuständen, Schlaflosigkeit<br>Kopfschmerzen<br>Erleichtert Periodenschmerzen<br>Beruhigt und entspannt bei Müdigkeit oder Stress | ZITRONE<br>LAVENDEL<br>EUKALYPTUS<br>ROSMARIN<br>GERANIUM<br>WACHOLDER<br>LORBEER<br>KAMILLE |
| MELISSE ◆ Blätter, Sprossspitzen<br>*(Melissa officinalis)*<br>Mehrjährig, bis 60 cm hoch, leuchtend grüne, aromatische Blätter und kleine weiße Blüten im Sommer. Die Varietät 'All Gold' hat goldenes Laub. | Allergien, auch Asthma, Ekzeme<br>Schlaflosigkeit, Migräne und Angstzustände<br>Senkt hohen Blutdruck<br>Lindert Menstruationsbeschwerden<br>Nervöse Erschöpfung und Stress<br>Verdauungsbeschwerden | CITRUS-ARTEN<br>KAMILLE<br>LAVENDEL<br>GERANIUM<br>ROSE |
| MUSKATELLERSALBEI * ◆ Sprossspitzen<br>*(Salvia sclarea)*<br>Stark aromatisches, winterhartes, einjähriges Kraut, das bis 75 cm hoch wird, mit Ähren weißer, blauer, violetter oder rosafarbener Blüten (Tragblätter) im Hochsommer. | Entspannt und lindert Kopfschmerzen, beruhigend<br>Stärkt das Nervensystem, lindert Stress und Depression<br>Senkt den Blutdruck<br>Erleichtert Menstruationsbeschwerden<br>Unfruchtbarkeit | MIMOSE<br>WACHOLDER<br>JASMIN<br>KIEFER<br>LAVENDEL<br>ROSMARIN |

| **Grün** *(Fortsetzung)* | *Heilanwendungen* | *Der Duft passt gut zu* |
|---|---|---|
| PFEFFERMINZE * ♥ ◆ Blätter, Blüten<br>*(Mentha x piperita)*<br>Wucherndes mehrjähriges Kraut, bis 60 cm hoch, gezähnte Blätter an rötlichen Stengeln und fliederfarbene Blüten im Sommer. | Lindert Muskelschmerzen<br>Hilft bei geistiger Erschöpfung, Kopfschmerzen, Migräne<br>Bei Verdauungsbeschwerden, Übelkeit, Magenverstimmung und Blähungen<br>Vertreibt Insekten | EUKALYPTUS<br>LAVENDEL<br>ZITRONE<br>MUSKATELLERSALBEI<br>GERANIUM<br>WACHOLDER |
| ROSMARIN * ✋ Sprossspitzen<br>*(Rosmarinus officinalis)*<br>Immergrüner Strauch, bis 1,8 m hoch. Nadelartige, glänzende Blätter, unterseits graufilzig, und bläuliche Blüten im späten Frühjahr, ähneln winzigen Orchideen. | Stärkender Stimmungsaufheller oder Tonikum<br>Erfrischt die Nasengänge und erleichtert das Atmen<br>Lindert Kopfschmerzen<br>Lindert Arthritis und Rheuma<br>Stärkt den Kreislauf<br>Besänftigt Schmerzen | PFEFFERMINZE<br>ZEDERNHOLZ<br>LAVENDEL<br>CITRUS-ARTEN<br>BASILIKUM<br>THYMIAN<br>KIEFER<br>LORBEER |
| THYMIAN * ◆ Blätter, Sprossspitzen<br>*(Thymus vulgaris)*<br>Winterharter, immergrüner Kleinstrauch, bis 30 cm hoch, kleine Blätter und winzige malvenfarbene Blüten, die in Büscheln an der Spitze aufrechter, verholzender Stengel stehen. Die Varietät 'Aureus' hat goldbunte Blätter. | Starke antiseptische und antivirale Wirkung<br>Hilft bei nervöser Anspannung, Kopfschmerzen, Ermüdung – wirkt stimulierend<br>Lindert rheumatische Beschwerden<br>Erleichtert Atmungsbeschwerden<br>Verdauungsfördernd<br>Vertreibt Insekten | MAJORAN<br>BIRKE<br>KAMILLE<br>ROSMARIN<br>LAVENDEL<br>ZITRONE<br>MUSKATELLERSALBEI<br>FICHTE |
| **Würzig** | | |
| ESTRAGON * Blätter<br>*(Artemisia dracunculus)*<br>Aromatisches mehrjähriges Kraut, bis 1 m hoch, lanzettliche schmale Blätter und kleine grünliche Blütenköpfe im Sommer. | Hilft bei Magenbeschwerden und Blähungen<br>Gut bei PMS und Krämpfen, verringert Wasseransammlung<br>Lindert Rheumaschmerzen | BASILIKUM<br>BIRKE |
| FENCHEL * ✋ ♥ ◆ Samen<br>*(Foeniculum vulgare)*<br>Mehrjährig, bis 1,5 m hoch, stark gefiederte, fadenartige Blätter und gelbe Doldenblüten im Sommer. Die Varietät 'Purpureum' hat bronzefarbene Blätter. | Hilft bei Magenverstimmung und Blähungen<br>Appetitverlust, Übelkeit<br>Stimmungsaufhellend bei Erschöpfungszuständen<br>Menopausebeschwerden, PMS und Wasseransammlungen | BIRKE<br>ZEDERNHOLZ<br>ROSE<br>GERANIUM<br>BALDRIAN<br>LAVENDEL<br>KAMILLE<br>ROSMARIN |

| **Würzig** *(Fortsetzung)* | *Heilanwendungen* | *Der Duft passt gut zu* |
|---|---|---|
| HOPFEN ◆ Weibliche Blüten (Hopfenzapfen)<br>*(Humulus lupulus)*<br>Ausdauernde Kletterpflanze, bis 6 m hoch (an Stützen), gelappte grüne Blätter und zapfenartige Blüten im Sommer. Die Varietät 'Aureus' hat goldene Blätter. | Erleichtert das Atmen – Asthma<br>Lindert Kopfschmerzen, Schlaflosigkeit<br>Lindert Nervenanspannung und Stress<br>Menstruations- und Menopausebeschwerden | ZYPRESSE<br>WACHOLDER<br>LAVENDEL<br>KIEFER |
| LORBEER * ◆ Blätter<br>*(Laurus nobilis)*<br>Immergrüner Strauch, bis 9 m hoch – kann bei starkem Wuchern gestutzt werden. Dunkle, ledrige Blätter und unscheinbare gelbe Blüten, später schwarze Früchte auf weiblichen Pflanzen. | Kurbelt das Immunsystem an<br>Besänftigt Schmerzen und Rheuma<br>Lindert PMS, besonders Krämpfe | ZYPRESSE<br>EUKALYPTUS<br>WACHOLDER<br>ZITRONE<br>KIEFER<br>BIRKE<br>ZEDERNHOLZ<br>ROSMARIN<br>LAVENDEL |
| WACHOLDER * ◆ Beeren<br>*(Juniperus communis)*<br>Kleines, immergrünes Nadelgehölz mit unterschiedlichem Habitus. Bläulich-grüne, stachlige Nadeln, bringt eine Fülle von blauschwarzen Beeren hervor. Die Varietät 'Stricta' bildet einen schmalen, säulenartigen Baum, der bis 3,5 m hoch wird. | Reinigt den Organismus – bei Kater<br>Bei müden Muskeln, schmerzenden Gliedmaßen<br>Stärkt den Kreislauf<br>Bei Wasseransammlung, Menstruationsbeschwerden, auch PMS<br>Schafft Erleichterung bei Stress | ROSMARIN<br>ZITRONE<br>LAVENDEL<br>GERANIUM<br>BIRKE<br>ZYPRESSE |
| ZYPRESSE Nadeln, Zweige und Zapfen<br>*(Cupressus sempervirens)*<br>Schmaler, immergrüner Nadelbaum, in wärmeren Gegenden bis 15 m hoch. Die aromatischen, fächerförmig verzweigten graugrünen Nadeln stehen aufrecht, die Zapfen sind glänzend und graubraun. | Allgemeines Tonikum – kurbelt den Kreislauf an, lindert Rheuma<br>Mildert Menstruations- oder Menopausebeschwerden<br>Verbessert die Atmung – bei Erkältungen, Asthma | CITRUS-ARTEN<br>WACHOLDER<br>GERANIUM<br>MUSKATELLERSALBEI<br>BIRKE<br>LAVENDEL<br>KIEFER, LORBEER |
| **Holzig/balsamisch** | | |
| ANGELIKA ✲ * Samen, Wurzeln<br>*(Angelica archangelica)*<br>Zweijährig, bis 2 m hoch, aufrechte, hohle Stengel, hübsche, farnartige leuchtend grüne Blätter und weißlich-grüne Blütendolden im Sommer. | Lindert Menstruationsbeschwerden<br>Erleichtert Schmerzen und Rheuma<br>Besänftigt Magenverstimmungen, Blähungen, Koliken<br>Beschleunigt die Heilung von Schnittverletzungen oder Prellungen<br>Hilfreich bei Migräne, Stress, Ermüdung | MUSKATELLERSALBEI<br>VEILCHEN<br>GERANIUM<br>CITRUS-ARTEN<br>ROSE, KAMILLE<br>EUKALYPTUS<br>LAVENDEL<br>MIMOSE |

| **Holzig/balsamisch** *(Fortsetzung)* | *Heilanwendungen* | *Der Duft passt gut zu* |
|---|---|---|
| BALDRIAN Wurzeln<br>*(Valeriana officinalis)*<br>Mehrjährig, bis 1 m hoch, mehrfach gefiederte Blätter und weiße, rosa oder malvenfarbene Blüten in Büscheln im Sommer. | Lindert nervöse Anspannung<br>Stark beruhigend, hilft bei Schlaflosigkeit<br>Wirkt als Stimmungsaufheller | KAMILLE<br>FENCHEL<br>GERANIUM<br>LAVENDEL<br>ORANGE |
| BIRKE (WEISSE) Blattknospen, Rinde<br>*(Betula alba, B. pendula)*<br>Graziöser, Laub abwerfender Baum, bis 20 m hoch, abblätternde weiße Rinde und rautenförmige Blätter. Anfang Frühjahr bringt er Kätzchen hervor. | Besänftigt Hautprobleme, Ekzeme<br>Gegen Pilzinfektionen<br>Verhindert die Wasseransammlung<br>Verbessert den Kreislauf – lindert Rheuma | LORBEER<br>ZYPRESSE<br>FENCHEL<br>WACHOLDER<br>GERANIUM<br>ZITRONE<br>KIEFER<br>ESTRAGON<br>THYMIAN |
| SCHAFGARBE * Blätter, Blüten<br>*(Achillea millefolium)*<br>Mehrjährig, bis 75 cm hoch, aromatische, farnartige dunkelgrüne Blätter und weiße Blütendolden im Früh- bis Hochsommer. | Lindert Menstruationsbeschwerden<br>Beruhigt die Nerven, senkt den Blutdruck<br>Beruhigend – lindert Schlaflosigkeit und Stress<br>Stärkt den Kreislauf – bei Arthritis | KAMILLE<br>GERANIUM<br>WACHOLDER<br>ORANGE<br>ROSE, VEILCHEN<br>LAVENDEL<br>MUSKATELLERSALBEI |
| ZEDER * Holz<br>*(Cedrus atlantica* – Atlaszeder*)*<br>Immergrüner Nadelbaum, bis 30 m hoch, silbergrüne Blätter in Büscheln, lange Zapfen. | Hilfreich bei stressbedingten Beschwerden<br>Allgemein anregendes Tonikum<br>Lindert Arthritis, Rheuma<br>Lindert PMS | LORBEER<br>BLUMIGE DUFT-PFLANZEN<br>ROSMARIN<br>ORANGE<br>MUSKATELLERSALBEI<br>ZYPRESSE<br>WACHOLDER |
| ZEDERNHOLZ * ◆ Holz<br>*(Juniperus virginiana* – Virginische Zeder, V. Wacholder*)*<br>Immergrüner Nadelbaum, bis 6 m hoch. Dunkelgrüne, nadelähnliche Blätter auf schlanken, kleinen Zweigen.<br>(Um Verwechslungen mit Zeder oder Wacholder zu vermeiden, wurde diese Art nach ihren verwendeten Teilen als »Zedernholz« bezeichnet.) | Harmonisierendes Tonikum, lindert Stress<br>Regt ermüdete, schmerzende Muskeln an<br>Lindert Katarrhsymptome<br>Menstruationsbeschwerden, auch PMS | GERANIUM<br>ROSMARIN<br>ORANGE<br>MUSKATELLERSALBEI<br>ROSE<br>ZYPRESSE<br>WACHOLDER<br>JASMIN<br>EUKALYPTUS |

# MISCHPFLANZUNGEN

Eine der größten Freuden bei der Aromatherapie im Garten sind die vielfältigen Möglichkeiten, sehr persönliche Mischungen von Pflanzen zusammenzustellen. Wenn Sie wissen, welche Wirkung Sie erzielen wollen, müssen Sie Ihre Wahl in einer Phase guter Laune treffen, da dies Einfluss auf die endgültige Auswahl haben wird.

Abgesehen von den Einschränkungen durch Klima und Bodenart ist der wichtigste Faktor, dass alle Pflanzen, die Ihnen geeignet erscheinen, einen für Sie angenehmen Duft haben. Wenn Sie Aromen auswählen, die Sie nicht mögen, geht die heilende Wirkung verloren. Ihre Reaktion auf einen bestimmten Duft hat einen tiefgreifenden Einfluss darauf, wie sich Ihr Kontakt mit dieser Pflanze gestaltet; Sie müssen sich unbedingt mit den Gefühlen und Emotionen wohl fühlen, die die Pflanze Ihnen vermittelt. Interessanterweise berichten Aromatherapeuten, dass viele Menschen sich instinktiv zu den Pflanzenessenzen hingezogen fühlen, die ihren körperlichen oder emotionalen Bedürfnissen zu einem bestimmten Zeitpunkt entsprechen; es ist durchaus üblich, dass man von einigen Aromen Abstand nimmt, sobald man ihre Heileigenschaften nicht mehr benötigt. Lassen Sie sich deshalb immer von Ihrem Instinkt und Ihrer intuitiven Reaktion leiten.

Eine Kombination gemischter Essenzen hat oft stärkere Heilwirkung als die einzeln verwendeten Bestandteile. Dies ist das Prinzip der Synergie, das besagt, dass die Wirkung des Ganzen größer ist als die Summe seiner Teile. Andererseits ist eine Mischung aus mehr als drei oder vier Essenzen kontraproduktiv und wird die heilende Wirkung abschwächen. Das Ideal bei der Pflanzengruppierung ist, eine ausgewogene, harmonische, stimmungsaufhellende Mischung zu finden, bei der kein Duft den anderen überlagert. Darauf sollten Sie achten, wenn Sie stark aromatische und unaufdringlicher duftende Pflanzen kombinieren. Denken Sie auch daran, dass Sie die Anzahl verändern können, um die Wirkung einer bestimmten Spezies zu verstärken oder zu verringern. Einige Pflanzen mit »schwererem« Duft wie Geißblatt, Jasmin und Lilien sollten Sie sparsam einsetzen, da viele Menschen sie als zu dominierend empfinden, besonders am Abend. Als Richtlinie sind die folgenden Pflanzen in absteigender Reihenfolge der Intensität ihres Duftes aufgeführt:

**Sehr hoch** – BALDRIAN, GARTENNELKE, MIMOSE
**Hoch** – ANGELIKA, BASILIKUM, EUKALYPTUS, FENCHEL, HOPFEN, JASMIN, KAMILLE, MELISSE, PFEFFERMINZE, ROSE, SCHAFGARBE, THYMIAN
**Ziemlich hoch** – GERANIUM, MAJORAN, MUSKATELLERSALBEI, ROSMARIN
**Mittel** – CITRUS-ARTEN, KIEFER, LAVENDEL, ROSE, WACHOLDER
**Niedrig** – ZEDERNHOLZ

Beachten Sie, dass Essenzen derselben Duftfamilie im Allgemeinen gut zueinander passen, zum Beispiel »blumige« Düfte von Geranium mit Rose und »grüne« wie Kamille mit Muskatellersalbei. »Zitrus«düfte harmonieren gut mit »würzigen« und »holzigen« Aromen. Einige Essenzen – Eukalyptus, Pfefferminze, Fenchel, Thymian und Kamille – können dominierend sein und sollten neben anderen Pflanzen, besonders solchen mit blumigen Düften, maßvoll eingesetzt werden. Vorschläge für harmonische Pflanzenmischungen finden Sie auf den Seiten 135–141 bei jeder Pflanze im Rahmen ihrer Duftfamilie, aber diese Liste erhebt keinen Anspruch auf Vollständigkeit; experimentieren Sie, bis Sie die Mischung gefunden haben, die Ihnen zusagt.

Die Parfümindustrie unterscheidet drei verschiedene Aromatypen: Kopf-, Herz- und Basisnoten. Bei den meisten kommerziellen Duftprodukten werden diese drei Noten zu einem Duft vereint, der voller ist und länger anhält als jeder einzelne Duft. Die vermischten Schichten werden zu unterschiedlichen Zeiten wahrgenommen, die Anziehungskraft des Parfüms wird auf diese Weise verlängert.

Die Kopfnote nimmt man zuerst wahr. Sie ist kurzlebig und vergeht am schnellsten. Dieses Aroma bringt Leichtigkeit, man riecht es oft schon von weitem, es weckt und stimuliert die Sinne und macht dann der Mittelnote Platz. Beispiele sind Basilikum, Citrus-Arten, Eukalyptus, Lorbeer, Pfefferminze, Estragon, Thymian (ebenso Pfeifenstrauch, Glyzine, Salbei und Steinkraut).

Herznoten verleihen dem Duft Fülle, sie sind weder zu leicht noch zu schwer und riechen aus der Nähe genauso wie aus geringer Entfernung. Beispiele sind Gartennelke, Kamille, Muskatellersalbei, Fenchel, Geranium, Jasmin, Wacholder, Lavendel, Majoran, Melisse, Mimose, Kiefer, Rose, Rosmarin (auch Maiglöckchen und Hasenglöckchen).

Basisnoten sind harzig, erdig oder holzig und beeinflussen die Gesamtmischung erheblich. In der Parfümindustrie sind sie das Fixativ, das die Dauerhaftigkeit eines Duftes verlängert, und sie hängen noch lange in der Luft, wenn die anderen Noten schon »verduftet« sind. Im Allgemeinen sind sie besänftigend und beruhigend. Beispiele sind Zedernholz, Zypresse, Angelika (auch Flieder).

Es sei noch erwähnt, dass einige Pflanzen im Verlauf des Tages unterschiedliche Düfte absondern, etwa Jasmin, Geißblatt, Pfeifenstrauch und Gartenreseda.

UNTEN In diesem kleinen Beet stehen viele aromatische Pflanzen. Neben Rose und Muskatellersalbei (deren ätherische Öle in der Aromatherapie verwendet werden) stehen auch Ziertabak *(Nicotiana)*, purpurroter Salbei *(Salvia officinalis* 'Purpurascens'*)* und Pfeifenstrauch = Falscher Jasmin *(Philadelphus coronarius* 'Aureus'*)*.

# ERWEITERN SIE IHREN HORIZONT

UNTEN Die üppigen hellvioletten Blüten des einjährigen Heliotrops verströmen ein stark süßliches Aroma, das oft als kirschkuchenähnlich beschrieben wird.

Auch nicht duftende Pflanzen lassen sich in den Aromatherapie-Garten integrieren, wo sie die duftenden Varietäten ergänzen und eine bestimmte Stimmung verstärken. Denken Sie an ihre Farben: Blau, Hellviolett, Weiß, Cremetöne und sanftes Gelb beruhigen, wärmere Töne von Rot, Orange und stärkerem Gelb beleben und erfrischen Körper, Geist und Seele.
Außer den auf den Seiten 135–141 aufgeführten Pflanzen gibt es vielleicht noch andere Duftpflanzen, die zwar in der offiziellen Aromatherapie nicht eingesetzt werden, dem beabsichtigten Gesamteindruck jedoch zuträglich sein können. Die folgende Liste, die keinen Anspruch auf Vollständigkeit erhebt, könnte Ihnen hier weiterhelfen. Viele Pflanzen sind geradezu ideal geeignet für kleine Flächen wie eine Terrasse oder ein Fensterbrett; die mit ❀ bezeichneten Pflanzen sind besonders nützlich.

## Frühling

BALSAMPAPPEL *(Populus balsamifera)*
BERBERITZE *(Berberis* x *stenophylla)*
BINSENGINSTER *(Spartium junceum)*
BLUTAPFEL *(Malus* x *moerlandsii* 'Profusion'*)*
DUFTBLÜTE *(Osmanthus delavayi)*
DUFTVEILCHEN *(Viola odorata)*
FLIEDER *(Syringa vulgaris*-Sorten*)*
GELBE AZALEE *(Rhododendron luteum)*
GLYZINE *(Wisteria sinensis)*
GOLDLACK *(Erysimum cheiri)* ❀
HASENGLÖCKCHEN *(Hyacinthoides non-scripta)*
HYAZINTHE *(Hyacinthus orientalis*-Sorten*)* ❀
MAIGLÖCKCHEN *(Convallaria majalis)*
MANNA-, BLUMENESCHE *(Fraxinus ornus)*
NARZISSE *(Narcissus*-Sorten, besonders Jonquillen*)* ❀
PRIMEL *(Primula florindae)*
SCHLEIFENBLUME *(Iberis saxatilis)* ❀
SCHMETTERLINGSSTRAUCH *(Buddleja globosa)*
SCHNEEBALL *(Viburnum* x *burkwoodii)*
SEIDELBAST *(Daphne odora* 'Aureomarginata'*)*
STERNMAGNOLIE *(Magnolia stellata)*
TRAUBENHYAZINTHE *(Muscari armeniacum)* ❀
TRAUBENKIRSCHE *(Prunus padus)*

## Sommer

BARTBLUME *(Caryopteris* x *clandonensis)*
BAUMLUPINE *(Lupinus arboreus)*
*Deutzia* x *elegantissima*
GARTENRESEDA *(Reseda odorata)* ❀
GEISSBLATT *(Lonicera japonica* 'Halliana'*)*
GEISSKLEE *(Cytisus battandieri)*
GINSTER *(Genista aetnensis)*
HELIOTROP *(Heliotropium arborescens)* ❀
*Itea ilicifolia*
KÖNIGSLILIE *(Lilium regale)* ❀
LEVKOJE *(Matthiola bicornis)* ❀
LEVKOJE *(Matthiola incana)* ❀
MADONNENLILIE *(Lilium candidum)* ❀

*Magnolia grandiflora*
Nachtviole *(Hesperis matronalis)* ❀
Nelke *(Dianthus* 'Mrs. Sinkins'*)*
Perowskie *(Perovskia atriplicifolia* 'Blue Spire'*)*
Pfeifenstrauch, Falscher Jasmin *(Philadelphus*-Sorten*)*
Pflaumeniris *(Iris graminea)*
Robinie, Scheinakazie *(Robinia pseudoacacia)*
*Romneya coulteri*
Rosen, vor allem alte Strauchrosen, Bourbonrosen
Schmetterlingsstrauch *(Buddleja colvilei* und *B. fallowiana* var. *alba)*
Silberlinde *(Tilia tomentosa)*
Stechapfel *(Brunfelsia pauciflora)*
Steinkraut *(Alyssum maritimum)* ❀
*Verbena* x *hybrida* ❀
Wohlriechende Wicke *(Lathyrus odorata)*
Ziertabak *(Nicotiana alata, N. sylvestris)* ❀

## Herbst

*Abelia* x *grandiflora*
*Clerodendrum trichotomum*
Duftblüte *(Osmanthus heterophyllus)*
*Freesia*-Sorten ❀
Judasblattbaum *(Cercidiphyllum japonicum)*
Nachtkerze *(Oenothera biennis)*
Ölweide *(Elaeagnus* x *ebbingei)*
*Phlox paniculata*
Säckelblume *(Ceanothus* 'A. T. Johnson'*)*
Scheineller *(Clethra alnifolia)*
Weinrose *(Rosa rubiginosa)*

## Winter

*Clematis cirrhosa*
Fleischbeere *(Sarcococca* spp.*)*
Geissblatt *(Lonicera fragrantissima)*
*Iris reticulata* und *I. unguicularis* ❀
Mahonie *(Mahonia*-Sorten*)*
Scheinhasel *(Corylopsis sinensis)*
Schneeball *Viburnum farreri*, andere *V.*-Sorten
Seidelbast *(Daphne mezereum)*
*Skimmia japonica*
Winterblüte *(Chimonanthus praecox)*
Zaubernuss *(Hamamelis*-Sorten*)*

Die folgenden Pflanzen haben das ganze Jahr über duftende Blätter:
*Artemisia* 'Powis Castle'
Brandkraut *(Phlomis fruticosa)*
Heiligenkraut *(Santolina* spp.*)*
Myrte *(Myrtus communis)*
Orangenblume *(Choisya ternata)*
Salbei *(Salvia officinalis)*
Zistrose *(Cistus* x *cyprius* und *C.* x *purpureus)*

## Zusatznutzen im Garten

Einige Pflanzen werden nicht nur wegen ihrer Heilwirkungen, sondern auch wegen ihres praktischen Nutzens im Garten geschätzt. Hier einige Vorschläge.

Mit folgenden Pflanzen können Sie unangenehme Gerüche (Mülltonnen, Abgase) überdecken:
Eukalyptus, Geranium, Kiefer, Lavendel, Muskatellersalbei, Pfefferminze, Rosmarin, Thymian, Wacholder, Zedernholz, Zitrone.

Unerwünschte Insekten im Garten vertreiben Sie mit:
Eukalyptus, Lavendel oder Rosmarin.

Für Wohlgerüche im Freien werfen Sie eine Hand voll der folgenden Pflanzenteile auf den Grill:
Angelikablütenköpfe, Eberrautenzweige *(Artemisia abrotanum)*, Kiefernzapfen, Lavendelblüten, Liebstöckelsamenköpfe, Salbeiblätter und -zweige, Wacholderzweige und -äste.

Zum Auffrischen heißer Sommerluft pflanzen Sie:
Basilikum, Grapefruit, Pfefferminze, Rosmarin.

LINKS Die Blüten von *Chimonanthus praecox* (Winterblüte) verströmen den ganzen Winter über einen köstlichen Honigduft. Der Strauch steht am besten vor einer Südwand, wo er vor kalten Winden geschützt ist.

# Ein entspannendes Refugium

UNTEN Die Bepflanzung rund um diesen Sitzplatz wird eine zweifache entspannende Wirkung auf jeden haben, der hier sitzt: Einerseits wird der Duft der zahlreichen Rosen ihn beruhigen, zum anderen tragen die sanften Farben von Frauenmantel *(Alchemilla mollis)*, Rotem Fingerhut *(Digitalis purpurea)* und Binsenlilie *(Sisyrinchium)* zu der friedvollen Stimmung bei.

Aus nahe liegenden Gründen sollte dieser Bereich friedlich und verlockend sein und am besten ein Stück vom Haus entfernt liegen, damit Sie den Zerstreuungen des Alltags entfliehen können. Das etwas schattig gelegene Plätzchen sollte eine Ruhepause von der Hitze des Tages ermöglichen, so dass Sie gern eine Weile dort sitzen. Störende Geräusche sollten möglichst überdeckt werden; Sie könnten dazu sich bewegendes Wasser installieren oder durch dichte Bepflanzung einen Schallschutz schaffen.

Dieses Fleckchen sollte möglichst ruhig und abgeschieden sein und von Ihrem Sitzplatz aus eine schöne Aussicht in den Garten oder in die Ferne gewähren. Die Sitzgelegenheit sollte bequem sein, ein paar Kissen bringen ihr einen Hauch von Luxus, und wenn Sie sich hinlegen können, umso besser. Vielleicht wollen Sie eine Hängematte aufhängen, deren schwingende Bewegungen Sie sanft einlullen.

Die Pflanzen für dieses Refugium sollten Sie nach ihren besänftigenden Eigenschaften aussuchen, zum Beispiel folgende:

BALDRIAN, GERANIUM, HOPFEN, KAMILLE, LAVENDEL, MAJORAN, MELISSE, MUSKATELLERSALBEI, ROSE, SCHAFGARBE, VEILCHEN, WACHOLDER, ZEDERNHOLZ, ZYPRESSE.

Es sind auch Pflanzen geeignet, deren süßer, leichter, blumiger Duft sanft über Sie hinweg streicht.

Neben dem Duft spielt auch die Farbe im Garten eine wichtige Rolle. Wie im Kapitel Farbtherapie dargestellt, fördern Farbtöne des kühleren Farbenspektrums die Entspannung und erzeugen eine besänftigende Stimmung. Setzen Sie Grün, Blau und Purpur, vielleicht mit einem leichten Stich ins Rosa oder Gelbe ein und setzen Sie hier und da weiße oder cremefarbene Akzente. Mit solchen Farben erzielen Sie eine ausgewogene geistige Verfassung, und zusammen mit den Aromen führen sie zu völliger Entspannung und ausgeglichenem Gemüt.

Solch ein Fleckchen bietet ideale Voraussetzungen, sich auch zum Meditieren zu sammeln, so dass Sie mühelos abschalten können (siehe nächstes Kapitel).

# Ein Garten, der stärkt und belebt

Wenn Sie hingegen Kraft und Schwung brauchen, können Sie einen völlig anderen Bereich anlegen. Ein solches Fleckchen liegt am besten in der Sonne mitten im Garten, so dass der Aufenthalt dort Sie erwärmt und belebt und Ihnen Energie schenkt. An einem bewölkten Tag erzielen Sie die gleiche Wirkung, wenn Sie bestimmte Düfte tief einatmen.

In einem belebenden Garten sollten würzige, holzige oder Zitrusdüfte vorhanden sein. Sie könnten beispielsweise einige der folgenden Pflanzen dort setzen, die den Geist beflügeln und Ihnen Lebenslust vermitteln: ANGELIKA, BASILIKUM, CITRUS-ARTEN, EUKALYPTUS, FENCHEL, GERANIUM, JASMIN, KIEFER, LAVENDEL, PFEFFERMINZE, ROSE, ROSMARIN, THYMIAN und ZYPRESSE.

Andere Duftpflanzen sollten ein kräftiges Aroma haben mit erfrischenden, grünen Untertönen oder einem Hauch von Zitrus.

Klare, intensive Farbtöne energetisieren Sie, und die wärmenden Schattierungen von Gelb, Orange und Rot fördern den Schwung und die Lebendigkeit. In solch einem Bereich können Sie ideal eine ganze Palette von einjährigen Pflanzen setzen wie: GARTENRINGELBLUME, GERANIUM, KAPUZINERKRESSE, MITTAGSGOLD, SALBEI und SONNENBLUMEN.

OBEN Das ätherische Öl von Lavendel (*Lavandula angustifolia* 'Hidcote') wirkt ausgleichend und kann daher in gleicher Weise erheben und beleben oder aber entspannen.

# Ein Liebesgarten

Legen Sie doch einen sinnlichen Garten nur für zwei an. Für solch einen Bereich eignet sich am besten ein abgeschiedenes Fleckchen, das vor allen Alltagsstörungen geschützt ist, so dass sich ein Paar dort entspannen und vielleicht bei einer Flasche Wein die Zweisamkeit genießen kann.

Die folgenden stimmungsaufhellenden Pflanzen fördern eine liebevolle Atmosphäre. Ihre aphrodisierenden Düfte wirken in Dreier- oder Vierermischungen am besten (möglichst eine aus jedem geeigneten Abschnitt auswählen). Wichtig ist, dass beide Beteiligten jeden Duft mögen.

Stressmindernd: LAVENDEL
Vertrauensfördernd: JASMIN oder ROSE
Dämpfend, fördert den Rückzug von der Außenwelt: GARTENNELKE, KAMILLE, MIMOSE oder ZEDERNHOLZ
Wärmend, anregend: ANGELIKA, BASILIKUM, FENCHEL, GARTENNELKE oder WACHOLDER
Energetisierend oder erfrischend: CITRUS-ARTEN, GERANIUM, KIEFER, LAVENDEL, PFEFFERMINZE oder ROSMARIN
Kommunikationsverbessernd: GERANIUM, MUSKATELLERSALBEI oder ROSE

Als Farben wären für diesen Gartenbereich intensives Purpur und Rosa geeignet, von Hellviolett bis glutvoll Purpur mit vielleicht hier und da ein paar Farbtupfern in glühendem Rot.

LINKS Die temperamentvollen Rosa-, Hellviolett- und Purpurtöne sorgen in diesem Garten für Sinnlichkeit und eine romantische Atmosphäre. Die Rosen erleichtern die Kommunikation für eine liebevollere Beziehung, und der Schopflavendel *(Lavandula stoechas)* lindert Stress und gleicht die Gefühle aus.

RECHTS Diese Kombination von Jasmin *(Jasminum officinale* 'Aureum'*)* und goldenem Hopfen *(Humulus lupulus* 'Aureus'*)* bildet den Hintergrund für einen Frauengarten. Mit diesen ausgleichenden und beruhigenden Pflanzen sollte sich eine Frau attraktiver fühlen; auch ihre Lust am Sex könnte größer werden!

# Ein Frauengarten

Manche Pflanzen haben wohl tuende Wirkung auf das weibliche Fortpflanzungssystem, da sie den Hormonhaushalt ausbalancieren können. Außerdem hat man herausgefunden, dass bestimmte Pflanzen wie Rhabarber, Hopfen, Fenchel, Rotklee und Salbei wirksame östrogenartige Substanzen enthalten.
Erleichterung bei den folgenden Beschwerden könnte auch die Anlage eines Bereichs bringen, in dem eine Auswahl geeigneter Pflanzen steht – drei oder vier, die Sie ansprechen und in Ihre Gartenumgebung passen.

Zum PMS gehören verschiedenste körperliche und seelische Symptome, die durch die hormonellen Veränderungen im Körper ausgelöst werden.

Verringert Reizbarkeit: HOPFEN *(falls keine Depression vorliegt)*, KAMILLE oder LAVENDEL
Lindert Depressionen: MUSKATELLERSALBEI
Gleicht Stimmungsschwankungen aus: GERANIUM
Verringert das Gefühl, unattraktiv zu sein, fördert das Selbstvertrauen: JASMIN oder ROSE
Baut Wasseransammlungen ab: FENCHEL, MUSKATELLERSALBEI, ROSMARIN, WACHOLDER oder ZYPRESSE
Lindert Periodenschmerzen: KAMILLE, LAVENDEL, MAJORAN oder MUSKATELLERSALBEI

In der Menopause leiden viele Frauen an Symptomen, die durch hormonelles Ungleichgewicht hervorgerufen werden – wie bei PMS; probieren Sie es mit den oben genannten oder folgenden Pflanzen:

Bringt Körper und Geist ins Gleichgewicht: HOPFEN, MELISSE oder ROSE
Schafft Abhilfe bei Wasseransammlungen: FENCHEL, ROSMARIN oder WACHOLDER
Reguliert die Periode: ROSE oder ZYPRESSE
Lindert Ermüdung: ROSMARIN
Lindert Schlaflosigkeit: LAVENDEL oder MAJORAN
Stärkt den Sexualtrieb: JASMIN, MUSKATELLERSALBEI oder ROSE
Verringert Schwindelgefühle: PFEFFERMINZE
Fördert die Konzentration: BASILIKUM oder PFEFFERMINZE
Erleichtert Hitzewallungen: GERANIUM oder KAMILLE

# 6 MEDITATION

Voll Milde der Kuss der Sonne
Beglückend der Vögel Gesang
Im Garten bin ich Gott nahe
Und jauchze im Überschwang
DOROTHY FRANCES GURNEY

Schon immer stand der Garten bei unserer Suche nach spiritueller Erfüllung im Mittelpunkt. Er bietet uns einen Rückzugsort vom Alltagsleben und schenkt uns unzählige Möglichkeiten zu Entspannung, Erfrischung und stiller Einkehr. Religionsgemeinschaften haben ihre Kreuzgänge und andere abgeschiedene Bereiche, in denen sie sich still der Kontemplation widmen, und für uns weltliche Menschen gibt es Parks und Vergnügungsgärten. Ein Garten kann zu unserem privaten Zufluchtsort werden, zu einem Ort, an dem wir uns frei entfalten können und sollten, unser kleines paradiesisches Eckchen.

Selbst wenn ein Garten ohne viel Überlegung und Planung entstanden ist, bietet uns der enge Kontakt mit der Natur doch vielfältige Freuden. Wer wüsste nicht um die Befriedigung, eine Pflanze aus einem Samenkorn entstehen zu sehen; den Garten am Ende eines heißen Tages zu gießen; den Duft von Geißblatt oder den frischen »grünen« Geruch von gerade gemähtem Gras einzuatmen; an einem warmen Sommernachmittag in der Sonne zu entspannen; einen Apfel vom Baum zu pflücken und gleich zu essen oder die vergängliche Schönheit einer Blume zu bewundern, die es gestern noch nicht gab und morgen nicht mehr geben wird?

Das Geheimnis ist zu lernen, sich an der Gartenarbeit zu erfreuen – sie als Gelegenheit zur Entspannung und nicht grollend als zusätzliche Bürde zu betrachten. Rasen mähen, Unkraut jäten, Pflanzen beschneiden oder hochbinden, welke Blüten entfernen; bei all diesen einfachen Tätigkeiten können wir uns auf die momentanen Handgriffe konzentrieren und den Kopf von den alltäglichen Sorgen um Arbeit, Familie und Geld frei machen. Jedesmal wenn wir Samen ausbringen, Blumenzwiebeln einsetzen oder Kübel und hängende Körbe bepflanzen, werden wir uns des Jahreszyklus bewusst und beschenken uns mit etwas, worauf wir uns in den folgenden Monaten freuen können. Wenn uns schlechtes Wetter von der Gartenarbeit abhält, können wir Sämereikataloge durchblättern, etwas über Gartenanlagen nachlesen oder Neues über Baumschnitttechniken lernen. Wenn wir mit dem natürlichen Rhythmus der Jahreszeiten arbeiten, stellen wir vielleicht fest, dass uns die Bedürfnisse des Gartens Freude bereiten und wir nicht gegen sie anzukämpfen brauchen.

LINKS Eine Ecke des Gartens kann zum Zufluchtsort vor der Geschäftigkeit in den anderen Teilen Ihres Zuhauses werden.

## Stress

Die meisten Menschen würden enorm profitieren, wenn sie entspannen könnten – geistig und körperlich; es würde ihnen gesundheitlich viel besser gehen, wenn sie dies regelmäßig tun. Unser Leben wird immer hektischer, und ständig hören wir von den Gefahren des »Stress«. Es spricht vieles dafür, dass wir dieser uralten Reaktion auf Ängste und Wut mehr Beachtung schenken und damit vielleicht allmählich wirkungsvoller umgehen lernen sollten.

Unter extremen Stressbedingungen bereitet uns der Körper auf die »Flucht-oder-Kampf«-Reaktion vor. Durch eine komplexe Wechselwirkung zwischen Körper und Geist wird eine Mischung aus Adrenalin und anderen Hormonen ausgeschüttet, die unseren Stoffwechsel rapide beschleunigt und Puls und Atmung erhöht. Blutzucker-, Insulin- und Cholesterinspiegel steigen, und unser Verdauungs- und Immunsystem »machen dicht«, damit sich unser Körper auf das drohende Problem konzentrieren kann. Es werden auch natürliche Schmerzmittel wie Kortison und Endorphine ausgeschüttet, so dass unsere Sinne geschärft werden. Obwohl wir damit zur körperlichen Aktion bereit sind, gestatten uns die Situationen, in die wir heutzutage geraten, weder, die Ursache unserer Angst zu bekämpfen, noch davonzurennen! Langfristig kommt es zu Problemen, wenn wir nicht körperlich handeln und unseren Körper von diesen Chemikalien reinigen können. Es bilden sich mit der Zeit Stresshormone, die unser Immunsystem langsam, aber sicher schwächen, so dass wir für Krankheiten anfällig werden.

Helfen können geeignete Entspannungstechniken wie Meditation. Dann sinkt unser Adrenalinspiegel, und potenziell gefährliche Reaktionen auf Stress lassen sich erfolgreich abwenden. In diesem Kapitel sollen ein paar einfache Techniken vorgestellt werden. Der Garten ist hierbei der Bezugspunkt und soll uns inspirieren.

## Was ist Meditation?

Ziel der Meditation ist es, einen Zustand zu erreichen, in dem der Körper entspannt und der Geist gelassen, doch wachsam ist. Unsere Aufmerksamkeit gilt der Gegenwart: Dies ist der wohltuendste Zustand für Heilung, da wir nicht von vergangenen und künftigen Sorgen abgelenkt werden, sondern uns einfach auf das Hier und Jetzt konzentrieren können.

Die Wirkung tiefer Entspannung lässt sich mit Hilfe elektrischer Gehirnimpulse nachweisen, die je nach unserem Wachzustand unterschiedlichen Rhythmen folgen. Beta-Gehirnwellen sind schnell und weisen auf einen aktiven geistigen Zustand hin, was vor allem mit der linken (logischen) Gehirnhälfte assoziiert wird. Alpha-Gehirnwellen sind nicht so chaotisch, sie dominieren, wenn wir entspannen und sich die elektrische Aktivität unseres Geistes buchstäblich verlangsamt. Im Alpha-Zustand werden wir aufnahmefähiger für unser intuitives inneres Wesen. Alpha- und Beta-Zustände haben viel mit den Prinzipien von Yin und Yang zu tun (siehe Seite 40): Wir müssen ein Gleichgewicht beider zur richtigen Zeit erfahren, um mit uns selbst in Harmonie zu sein. Tagsüber schalten wir ständig (und ohne es zu wissen) zwischen diesen Zuständen hin und her. Durch Meditation können wir lernen, unsere Gedankenmuster von aktiv zu passiv zu verändern und so unsere Geisteshaltung anzugleichen, damit sich gezielt Heilung einstellt. Es gibt noch zwei andere Gehirnzustände – Theta und Delta –, mit denen man leichte und tiefere Schlafmuster bezeichnet. Keiner dieser beiden kommt während der Meditation vor, und zwar deshalb, damit wir nicht »abfallen«, sondern geistig wach, aber trotzdem ruhig bleiben.

Die grundlegenden Schritte bei der Meditation sind: entspannen, sich einen geeigneten Sammlungspunkt suchen und dann im Geiste alles loslassen. Das ist natürlich leichter gesagt als getan, doch Übung macht hier den Meister. Der Abbau von Spannungen schenkt körperliche und geistige Energie, verbessert unsere Konzentration und nimmt uns die Angst, er verhilft uns zu innerem Frieden, verleiht uns die Fähigkeit, Veränderungen ins Auge zu sehen und in positivem Licht zu betrachten. Manche Menschen halten Meditation anfangs für schwierig, da sie uns oft verletzbar macht; vielleicht haben wir das Gefühl, die Kontrolle zu verlieren, wenn wir loslassen und uns unserer inneren Gedanken und Gefühlsreaktionen bewusster werden. Dann kann die Arbeit in einer organisierten Meditationsgruppe helfen, die Feinheiten dieser Kunst zu erlernen.

Die meisten Menschen halten Entspannung für leichter zu bewerkstelligen, wenn etwas die Aufmerksamkeit fesselt, so dass sie nicht ständig zu alltäglichen Gedanken und Sorgen zurückschweifen. Eine Methode, um die Konzentration aufrechtzuerhalten, ist, über ein Thema zu meditieren; das könnte ein greifbares Objekt wie eine Statue, eine Kerze, ein Baum oder eine Blume oder auch etwas Abstrakteres sein wie ein Atemmuster, ein Wort oder ein Satz, der mehrmals wiederholt wird (Mantra), oder ein geistiges Bild. Suchen Sie sich eine Technik, die Sie anspricht, und ein geeignetes Objekt, das Sie attraktiv finden. Wenn es Ihnen schwer fällt, sich auf etwas Statisches zu konzentrieren, können Sie stattdessen der Natur bei der Arbeit zuschauen – am Himmel vorbeiziehende Wolken oder Vögel, die Farben eines wunderschönen Sonnenauf- oder -untergangs, wirbelnde Muster von Wasser in einem Fluss, Gras, das sich im Wind bewegt, oder Regen.

Theoretisch ist es möglich, in jeder Stellung zu meditieren, obwohl die Möglichkeiten im Garten etwas eingeschränkt sind. Die einzige Anforderung ist die, dass Sie sich wohl fühlen müssen und ungehindert atmen können. Die Atemtechnik ist wichtig, aber es genügt, immer langsam und gleichmäßig zu atmen und sich darauf zu konzentrieren, dass das Ausatmen länger als das Einatmen dauert.

Für einige haben sich Yogaübungen oder Tai Ch'i bei der Meditation bewährt. Auch sorgfältig ausgewählte Hintergrundmusik kann wohl tuend sein.

Sie können zu jeder Tageszeit meditieren, müssen sich aber veränderlichen Wetterverhältnissen im Garten anpassen. Für viele ist die beste Zeit entweder morgens, bevor sie den Tag beginnen, oder abends nach der Arbeit. Wenn Sie optimale Ergebnisse erzielen wollen, sollten Sie täglich mindestens fünfzehn Minuten Zeit dafür erübrigen. Lernen Sie während dieser Zeit, jedes Stück Ihres Gartens wie mit neuen Augen zu sehen. Werfen Sie die Alltagssorgen über Bord und genießen Sie einfach den Augenblick, egal was sonst in Ihrem Leben geschieht. Durch diese neue Wertschätzung Ihrer Umgebung werden Sie schon bald spüren, welche Vorteile es bringt, wenn Sie Ihr mentales und emotionales Selbst miteinander verbinden.

## Heilmeditation

Meditation verbindet mit unserer inneren Energie, die eine wichtige Rolle beim natürlichen Heilungsprozess spielt. Als ganzheitliche Übung harmonisiert Meditation den ganzen Menschen. Sie ermutigt uns, mit unseren körperlichen und geistigen Empfindungen in Kontakt zu bleiben, damit wir Krankheitsanzeichen leichter erkennen lernen und daran arbeiten können, bevor sie sich zu etwas Ernsthaftem ausweiten.

Meditation und Entspannung unterstützen die natürliche Heilung durch eine Reihe körperlicher Verbesserungen, zu denen auch die folgenden gehören:

- Das Blut fließt besser in die Körperteile, die in Stresszeiten unterversorgt sind (besonders die Haut, das Gehirn und das Verdauungssystem).
- Die Atemwege öffnen sich, und dadurch wird der Kreislauf angeregt, was gerade für Asthmatiker und Menschen, die an Heuschnupfen leiden, eine Wohltat ist.
- Die Hormonaktivität kommt ins Gleichgewicht, das durch die Bildung von Adrenalin beeinträchtigt wird (besonders hilfreich bei Unfruchtbarkeit).
- Der Blutdruck wird gesenkt; Muskelspannungen lösen sich, so dass Schmerzen erträglicher werden.
- Das Immunsystem, das in Stresszeiten nicht so effizient arbeitet, wird angeregt.

Von diesen und anderen Verbesserungen profitieren auch alle, die an Schlaflosigkeit, Spannungskopfschmerz und Migräne, PMS, leichter Depression, chronischen Schmerzen und Allergien sowie Reizdarm leiden oder sich auf dem Weg der Genesung befinden.

Meditation allein kann zwar schon vieles bewirken, ist aber mit Sicherheit noch effektiver, wenn sie eine Heilung unterstützend begleitet (als ganzheitliche oder ergänzende Methode). Entspannungstechniken haben sich parallel zur konventionellen Behandlung von Krebs, AIDS, Herzbeschwerden und anderen lebensbedrohenden Erkrankungen bewährt.

Auch wenn aufgrund von Meditation keine Heilung eintritt, hilft sie Ihnen ganz gewiss dabei, mit Ihren Beschwerden und auch den Nebenwirkungen, die eine Behandlung mit sich bringen kann, besser umzugehen.

# MEDITATION IM GARTEN

Viele Gärten sind von Natur aus Orte der Ruhe, an die wir uns bei Stress zurückziehen können, sie beleben uns auch geistig. Durch das Einbeziehen bestimmter Elemente lässt sich ein strukturierter Rahmen für Meditation schaffen. Ziel dabei ist es, die Entspannung zu fördern und einen Fokus für die Konzentration zu bieten, der die Heilerfahrung vertieft. Denken Sie immer daran, dass Ihr Garten vor allem eine Quelle der Freude ist. Erfüllen Sie also nur Ihre eigenen besonderen Bedürfnisse und wählen Sie Elemente, die Ihren persönlichen Erfordernissen entsprechen.

Für die Kontemplation eignet sich am besten eine einfache Gartengestaltung. Denken Sie dabei an Entwürfe, die auf Kreisen (Lebenszyklus und Jahreszeiten), Quadraten (universelle Ordnung) oder Symbolen wie dem keltischen Knoten (der eine Reise repräsentiert) basieren. Vermeiden Sie sich beißende Farben und einen überladenen Entwurf. Das lenkt Sie nur ab.

## Wasser

Die vermutlich wertvollste Komponente des Meditationsgartens ist Wasser. Wasser eignet sich geradezu ideal als Fokussierungspunkt bei der Kontemplation, sei es in Form eines stillen, zum Nachdenken anregenden Teiches, als Springbrunnen oder als sanfter Wasserfall.

Denken Sie daran, dass Form und Stil eines Teiches den Charakter des Gartens widerspiegeln sollten: Verwenden Sie in einem formalen Garten symmetrische und in einem frei gestalteten Garten eher geschwungene Außenlinien. Beim Feng Shui (siehe Kapitel 2) gilt eine glatte Wasserfläche als wichtige Ergänzung zu den vertikalen Elementen des Gartens, da dadurch Yin und Yang ausgewogen werden. Selbst in einem sehr kleinen Garten kann ein Brunnen, bestehend aus einem japanisch inspirierten Steinbecken (siehe Foto Seite 157) oder einer Holzwanne, Platz finden, in den man Zwergseerosen *(Nymphaea pygmaea)* pflanzt, die es bei spezialisierten Gartencentern gibt. Fließendes Wasser ist ebenso geeignet, sofern es sanft dahinplätschert und nicht wie ein wilder Sturzbach dahinrauscht! Für kleinere Gärten bieten sich ähnliche Fließformen an wie die auf Seite 30 abgebildeten.

## Sitzplatz

Damit sie völlig entspannen und sich auf die Meditation konzentrieren können, setzen oder legen sich viele Menschen hin; dafür genügt bereits ein geeignetes Stück Rasen. Wer es bequemer haben oder den Garten zu allen Jahreszeiten nutzen möchte, schafft sich eine Sitzgelegenheit. Es eignet sich jeder Gartensitz, vorausgesetzt, er ist so bequem, dass Sie gern länger darauf Platz nehmen. Legen Sie Kissen auf einen harten Stuhl oder eine harte Bank, aber schlafen Sie während des Meditierens nicht ein! Das sanfte Schwingen einer Hängematte ist sehr entspannend, aber sie bietet dem Körper nur wenig Stütze und könnte tiefe Atmung behindern, wenn Sie zu sehr hineinsinken.

Wichtig ist auch die Lage Ihres Sitzplatzes. Wenn Sie irgendein Objekt im Garten als Fokus für Ihre Konzentration nutzen wollen, sollte der Sitzplatz ihm direkt gegenüber liegen, damit Sie Ihren Kopf nicht drehen müssen, um es deutlich zu sehen. Pralle, helle Sonne erschwert die Konzentration, ein völlig im Schatten liegendes Plätzchen hingegen verlockt Sie nicht dazu, dort Zeit zu verbringen, und es wird dort meistens feucht und düster sein. Legen Sie den Sitzplatz entweder im lichten Schatten oder in mäßiger Sonne an oder installieren Sie eine Art Überdachung; dann könnten Sie den Garten auch bei Regen nutzen.

Vielleicht wollen Sie aber auch gemächlich durch den Garten schlendern und dabei immer langsam und gleichmäßig atmen. Achten Sie ganz genau auf einzelne Blätter und Blüten, an denen Sie vorbeikommen, und versuchen Sie, jedes Mal die wundersamen Veränderungen zu entdecken, die sich zu allen Jahreszeiten vollziehen, um sich mit dem natürlichen Lauf der Dinge mehr in Harmonie zu fühlen.

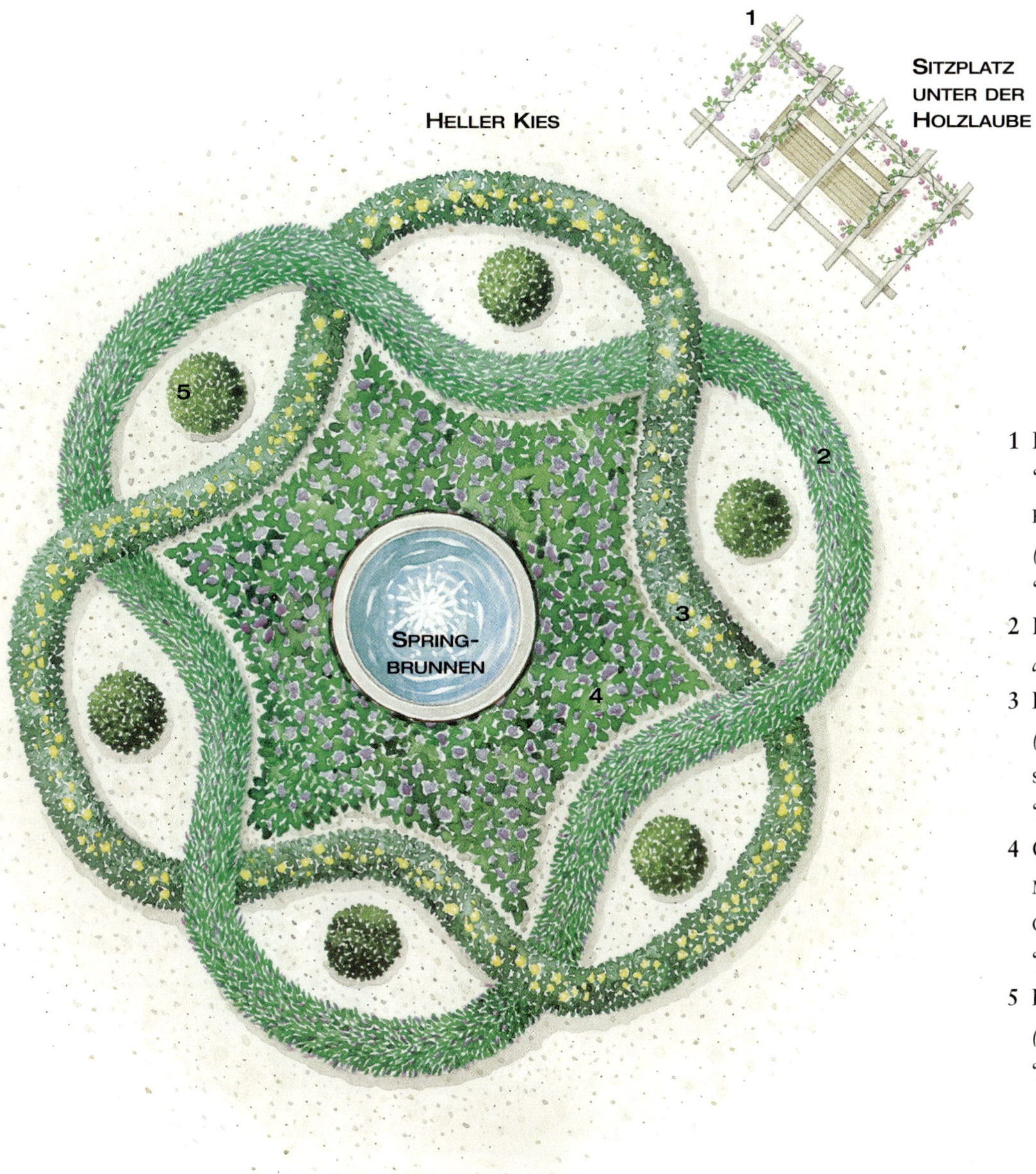


1 KLETTERROSE *(Rosa* 'Veilchenblau'*)* UND KLETTERNDE CLEMATIS *(Clematis viticella* 'Etoile Violette'*)*
2 LAVENDEL *(Lavandula angustifolia* 'Hidcote'*)*
3 HEILIGENKRAUT *(Santolina pinnata* ssp. *neapolitana* 'Edward Bowles'*)*
4 GRUPPE AUS VINCA MINOR 'Atropurpurea' ODER VIOLA RIVINIANA 'PURPUREA'
5 BUCHSBAUMKUGELN *(Buxus sempervirens* 'Suffruticosa'*)*

# Ein Garten zum Nachdenken

Ein Garten zum Entspannen und Meditieren; sein Sitzplatz ist geschützt und nicht der Sonne ausgesetzt, denn er liegt unter einer mit Kletterpflanzen bewachsenen Laube, die von Frühsommer bis Herbst violett blühen. Auch der Rosenduft wird einen beruhigenden Einfluss ausüben. Das silberne Blattwerk von Lavendel und Heiligenkraut ergibt ein einfaches, doch verspieltes Muster, mit lang anhaltenden Sommerblüten in Violett und Gelb (Komplementärfarbe von Violett – siehe Kapitel 3, Farbtherapie). Mit Violett, einer wichtigen Meditationsfarbe, warten zu unterschiedlichen Jahreszeiten auch bodendeckende *Vinca minor* oder *Viola riviniana* 'Purpurea' auf, und Buchsbaumkugeln bringen eine Art Rhythmus ins Spiel.

OBEN Eine kleine Figur wie dieser Buddha ist als Fokus für die Kontemplation ideal geeignet. Achten Sie jedoch darauf, dass das Objekt im Stil und in der Aussage zur Umgebung und Ihrem persönlichen Geschmack passt.

## Der Fokussierpunkt

Vielleicht möchten Sie ein Objekt im Garten aufstellen, das Ihnen als Fokus bei der Meditation dient und Ihnen hilft, aufmerksam zu bleiben. Das könnte eine schöne Skulptur oder irgendetwas sein, das für Sie besondere Bedeutung hat. Pflanzen Sie Ihren Lieblingsbaum oder -strauch – möglichst an einer Stelle, die mit besonderen Erinnerungen verknüpft ist. Der Stil eines Objekts sollte zwar zum Gesamteindruck und Charakter des Gartens passen, aber fühlen Sie sich niemals an Konventionen gebunden. Jeder Garten gewinnt durch ein Überraschungselement, und wenn der Anblick von etwas Humorvollem Sie auf andere Gedanken bringt, dann beziehen Sie es auf jeden Fall mit ein. Stellen Sie alle kontemplativen Gegenstände vor einen Hintergrund, der den Blick nicht ablenkt, etwa eine Pflanze mit feiner Textur, einen glatten Zaun oder eine Mauer. Der Gegenstand sollte sich farblich vom Hintergrund abheben, damit die Umrisse deutlich erkennbar sind und das Auge sich nicht anstrengen muss. Eine Beleuchtung für nachts schafft zusätzliche Dimensionen und ein magisches Ambiente zur Entspannung.

## Meditative Farben

Farben haben eine tiefgreifende Wirkung auf Körper und Geist (siehe Kapitel 3, Farbtherapie). Offenbar sind einige Farben besser zum Meditieren geeignet als andere, und auch wenn jeder von uns individuelle Bedürfnisse bei spezifischen gesundheitlichen Beschwerden hat, gibt es ein paar allgemeine Richtlinien für Meditationsbereiche. Die wärmeren Farben des Spektrums – Rot, Orange und intensives Gelb – fördern die Aktivität und sind deshalb zum Entspannen ungeeignet. Kühle Farben, die die Sinne beruhigen und besänftigen, sind hier angebrachter, und die Häufung der Farben von Pflanzen oder anderer Gartenmaterialien sollte idealerweise in die Schattierung von Violett/Blau/Grün fallen. Violett ist eine besonders gute Farbe zum Meditieren, da es eng mit dem Geist und kreativer Visualisierung verbunden ist.

Auch sanftere Farben haben ihren Platz in der Palette von Weiß-, Creme- und Blassgelbtönen, denn sie beruhigen unser Gemüt. Suchen Sie Pflanzen nicht nur nach ihren Farben aus, sondern auch nach anderen Eigenschaften wie ansprechende Form, Textur oder Duft.

OBEN Eine einfache Schale, über deren Ränder das Wasser fließt, entspricht Ihren Bedürfnissen vielleicht eher als ein figuratives Element; man könnte sie auch als Vogeltränke benutzen, die Sie mit dem Besuch vieler Kleintiere erfreut.

# VISUALISIEREN

Mit der Technik des Visualisierens können Sie Ihre Aufmerksamkeit auf einen bestimmten Fokus aufrechterhalten. Dazu müssen Sie sich in eine fiktive Szenerie begeben und diese mit Ihrer Fantasie körperlich, geistig und spirituell erfahren. Es sollten möglichst alle fünf Sinne in die Szenerie einbezogen werden. Visualisieren verhilft Ihnen, wenn Sie es richtig praktizieren, zu Entspannung und einem positiven Gefühl.
Die hilfreichsten Visualisierungen sind oft sehr persönlich; Sie stellen sich vor, an einem schönen Ort zu sein. Das kann ein weit entfernter Strand sein, ein freudiges Zusammentreffen mit der Familie oder Freunden oder irgendein anderer Ort, der für Sie mit guten Erinnerungen verbunden ist. Sogar Ihr eigener Garten kann eine wunderschöne Szenerie abgeben; stellen Sie sich vor, Sie entspannen dort an einem klaren Sommertag, das Gras ist gemäht, die Beete sind gejätet, und nur Vogelzwitschern und das Summen der Insekten dringen zu Ihnen. Die Technik ist einfach: Verbannen Sie alle störenden Gedanken, entspannen Sie sich und schließen Sie die Augen, damit Ihre Fantasie die Führung übernehmen kann. Wenn es Ihnen schwer fällt, sich etwas vorzustellen, hilft Ihnen vielleicht der folgende Text. Bitten Sie einen Freund, ihn Ihnen vorzulesen, oder sprechen Sie ihn selbst auf Band.

*Stellen Sie sich vor, Sie sitzen auf einem Stuhl im Wohnzimmer eines wunderschönen alten Hauses. Durch die offene Tür erhaschen Sie einen Blick auf die hübschen Gärten und stehen auf, um sie sich genauer anzusehen. An der Tür werden Sie sich der Hitze des Sommertages bewusst. Sie gehen barfuß ein paar Schritte hinab in den Garten und fühlen die Wärme der Fliesen durch Ihre Fußsohlen; diese Wärme breitet sich langsam in Ihrem ganzen Körper aus. Sie gehen langsam Richtung Rasen, betreten ihn und fühlen das weiche, kühle Gras und wie sich die Grashalme unter Ihren Füßen niederlegen. Sie können den süßen Duft von Sommerrosen riechen, und alles ist still – nur der Baum raschelt im Licht, eine erfrischende Brise weht, und irgendwo zwitschert ein Vogel. Sie gehen an Erdbeeren vorbei und pflücken eine Frucht, um das süße Fruchtfleisch zu schmecken.*
*In der Ferne können Sie plätscherndes Wasser hören. Gehen Sie dem Klang entgegen, genießen Sie dabei die Wärme, die Geräusche und Gerüche des Sommertages. Sie biegen um eine Ecke und sehen einen Springbrunnen; die Sonne spiegelt sich funkelnd im Wasser, und da es kühl und einladend aussieht, nähern Sie sich. Setzen Sie sich an den Rand des Brunnens, fühlen Sie die Kühle der Steine an Ihrem Körper. Gleiten Sie mit den Händen sanft durch das Wasser, so dass Sie die kühlenden Tropfen auf Ihrer Haut spüren. Auf den Steinen wächst hellgrünes Moos; streichen Sie mit den Finger darüber und fühlen Sie seine dicke, samtige Textur.*
*Wenn Sie die Kühle spüren, stehen Sie langsam auf und gehen wieder zum Haus zurück. Die Sonne verströmt immer noch Hitze, der Garten liegt ruhig und duftend da; Sie legen sich ins Gras. Bleiben Sie dort eine Weile liegen und spüren Sie, wie der Boden unter Ihnen nachgibt und die Sonne Ihr Gesicht wärmt.*
*Nach einer Weile stehen Sie langsam auf und begeben sich wieder zum Pfad zurück. Betreten Sie den Pfad und fühlen Sie wieder die Wärme der Steine im Gegensatz zur Kühle des Grases. Gehen Sie den Pfad hinauf, vorbei an einem Lavendelbusch, und atmen Sie den Duft ein, den seine Blätter beim Entlangstreichen verströmen Gehen Sie langsam zurück zu der Tür, durch die Sie in den Garten gelangt sind. Wenn Sie vom Pfad durch die Tür treten, gelangen Sie in das kühle, erfrischende Zimmer; setzen Sie sich auf den Stuhl und genießen Sie einfach noch ein Weilchen die Erlebnisse des Gartens.*

Sobald Sie sich bereit fühlen, kehren Sie langsam zurück in die Realität. Öffnen Sie die Augen und strecken Sie sich sanft.

# ZEN-GÄRTEN

Die besten Meditationsgärten sind wohl die japanischen Zen-Kiesgärten, die minimalistisch angelegt sind, um jegliche unerwünschte Ablenkung zu vermeiden. Die Platzierung jeder Pflanze, jedes Steins und jedes Gegenstands erfordert absolute Aufmerksamkeit für das Detail. Wir könnten bei unserer Suche nach Harmonie viel von der feinsinnigen Kunst dieser Gärten lernen.

Schon seit jeher haben Gärtner in der westlichen Welt sich bemüht, die ungebändigte Natur zu zähmen und ihre Macht über sie auszudehnen. Im Shintoismus und Taoismus hingegen hat man sich immer an der Schönheit der Natur erfreut. Anhänger des Zen-Buddhismus glauben, dass man den Zustand der Glückseligkeit nur dann erreicht, wenn Yin und Yang im Gleichgewicht sind – sei es in Form von Bäumen, Felsen und Wasser oder durch Eigenschaften wie Licht und Schatten, Form und Textur. Die Gärten in der östlichen Welt haben meist Symbolcharakter, daher ist das Prinzip der Harmonie von äußerster Wichtigkeit.

Den Zen-Buddhismus gibt es in Japan seit dem zehnten Jahrhundert. Er entwickelte sich allmählich weiter, als japanische Priester aus China zurückkehrten, von wo sie nicht nur neue religiöse Vorstellungen, sondern auch Impressionen verschiedener Kunstformen mitbrachten. Im Lauf der Zeit begannen dann Künstler, auch in Gartenanlagen zu experimentieren, und beriefen sich anfangs auf das, was sie in China gesehen hatten. Aus den Rohmaterialien Stein und Sand schufen sie »Gemälde«, die den Eindruck einer Landschaft vermitteln sollten, wobei jeder Stein sorgfältig ausgewählt und peinlich genau platziert wurde, um ein spezielles Element zu repräsentieren. Diese Karesansui oder »trockenen Landschafts«gärten, waren – und sind es auch heute noch – in erster Linie Kunstwerke und dann erst Gärten.

Ab dem sechzehnten Jahrhundert verwendete man dieselben Materialien, um eine Vision des Universums beziehungsweise die Natur als Ganzes darzustellen; ein

RECHTS Typisch für den Zen-Garten ist diese überlegte Komposition aus Felsen, Kies und einigen tadellos gepflegten Pflanzen am Ryoan-ji-Tempel in Kioto, Japan.

RECHTS Dieses Wasserelement passt zwar nicht so ganz in einen strengen Zen-Garten, aber es bringt Klang und Bewegung in eine ansonsten ruhige Landschaft. Solch ein Gegenstand lässt sich einfach bauen und installieren und fände sogar im kleinsten Garten Platz.

neuer Gartenstil war geboren. Solche Gärten sollten die spirituellen und ästhetischen Bedürfnisse der Zen-Priester nach einer Umgebung befriedigen, die ihrer stillen Kontemplation diente. Sie waren so angelegt, dass man sie während langer Meditationsrunden vom Haus aus sehen konnte. Traditionell war der Zen-Garten von Mauern oder Abschirmungen umgeben. Durch die erfinderische Verwendung der Materialien kamen die Japaner darauf, die Natur in einem begrenzten Raum darzustellen und den Symbolgehalt von Bergen und Flüssen in den Garten einzubringen. Die Formen von Steinen, Pflanzen und Raum dominierten. Farbe spielte eine untergeordnete Rolle, so dass sie die Aufmerksamkeit nicht ablenkte, und mit Hilfe von Blattwerk, Moos, Stein, Kies und Wasser schuf man subtile Kontraste in der Textur. Das Ziel war immer, das Auge zu besänftigen und Gleichgewicht, Bewegung und Abwechslung zu erreichen.

Heute enthalten die Zen-Gärten drei Hauptelemente: Felsen, Wasser und Pflanzen – den Steinen kommt dabei sicher die größte Bedeutung zu. Einzelne Felsen und Steine werden wegen ihrer Form, Farbe oder Textur verehrt und nach dem »Prinzip der drei Kräfte« aufgestellt. Dieses – der chinesischen Malerei entlehnt – umfasst vertikale, horizontale und diagonale Linien, die Himmel, Erde und den Menschen verkörpern. Vertikale Linien sorgen für Tiefe, horizontale für Stabilität, und die diagonalen Linien verbinden die beiden anderen und erleichtern so den Übergang.

Es werden einzelne Felsen ausgewählt, die eine oder zwei dieser Merkmale aufweisen, und dann sorgfältig nach Grundriss und Höhe zu einem Dreieck aufgestellt. Die Komposition sollte stabil, doch trotzdem dynamisch wirken. Die Felsen werden auch so platziert, dass alle Linien der Gesteinsschichten in derselben Ebene liegen, wie man sie ursprünglich in der Natur gefunden hat.

Eine sehr beliebte Steingruppierung ist der Sanzon, bei dem drei Steine so platziert werden, dass der größte in der Mitte steht – damit werden Buddha und zwei seiner Jünger dargestellt. Zwei wichtige Symbole für langes Leben und Glück sind oft zu sehen – die Schildkröte (Kame) und der Kranich (Tsuru). In einer Gruppe namens Tsurukame symbolisieren Steine dieses Paar; die Horizontale versinnbildlicht die Schildkröte, die Vertikale den Kranich. Mit solchen Arrangements soll der Garten einen positiven und bedeutungsvollen Einfluss auf den Betrachter ausüben.

Das Erdreich wird manchmal sanft aufgeschüttet, damit die Illusion von »Hügeln« entsteht. Verwitterter Stein wird zur Darstellung entfernt liegender Berge verwendet. Beide werden bedacht platziert, damit die Anlage möglichst naturgetreu wirkt. Ein trockenes Flussbett wird oft durch flache Steine dargestellt, um den Eindruck zu vermitteln, dass das Wasser eines Tages vielleicht wieder fließen wird; Kies und Kiesel sollen die Illusion eines trockenen Wasserlaufs vermitteln. Sand und Kies werden in Mustern geharkt und bedeuten fließendes Wasser oder das offene Meer. Das Harken von Kies oder Sand galt als Element der Meditation und ist schon per se entspannend.

Wasser soll den Geist reinigen, und selbst seine Suggestion im Garten ist ein wertvolles Instrument und überall da einsetzbar, wo Wasser selbst unpassend ist (zum Beispiel wo Kleinkinder spielen). Oft reicht es schon, sich die Präsenz von Wasser vorzustellen, um eine Anlage harmonisch zu gestalten. Wo es im Garten verwendet wird, sollte man sich um ein Gleichgewicht zwischen Bewegung – eine Yang-Kraft – und Stille (eher eine Yin-Kraft) bemühen. Es gibt viele Beispiele für Tsukubai (Wasserbecken) oder ähnliche Gegenstände, die man in solche Gärten integrieren kann und die oft nur sehr wenig Platz beanspruchen.

Gegenstände wie Tsukubai und Ishi-Toro (Steinlaternen) haben sich im Lauf der Jahre aufgrund der Entwicklung des Teegartens in japanische Gärten eingeschlichen. Diese Erweiterung war die Reaktion auf ein praktisches Bedürfnis, nämlich die Konzentration der Mönche während langer Meditationssequenzen aufrechtzuerhalten. Die Teezeremonie wurde zum Hauptbestandteil bei der Anlage solcher Gärten, obwohl Elemente wie Steinlaternen, Waschbecken und Trittsteine normalerweise nicht in einen echten Zen-Garten gehören. Doch wenn sie Ihren Erfordernissen entsprechen und Sie das Gefühl haben, genau dadurch erhielte der Garten das gewünschte Aussehen, dann verwenden Sie sie und zerbrechen Sie sich nicht den Kopf über ihre Authentizität.

# EINEN ZEN-GARTEN ANLEGEN

Behalten Sie Ihre Ziele während der gesamten Planungsphase im Auge, damit Ihr Garten Harmonie ausstrahlt. Vermeiden Sie, wenn möglich, besonders belebte, laute oder exponierte Bereiche, da diese Sie unweigerlich ablenken werden.

Einen Zen-Garten können Sie auf kleinstem Raum anlegen, zum Beispiel in einem Innenhof, oder Sie integrieren ihn in einen größeren Garten. Sie brauchen nur einen regelmäßig geformten Bereich, der ziemlich offen ist und nicht von überhängenden Laubbäumen behindert wird (sonst müssen Sie das ganze Jahr über das Laub vom Kies rechen).

Zen-Gärten sind normalerweise so angelegt, dass man sie von einem Fixpunkt aus sieht; sie werden nicht praktisch genutzt, da dies ihre Proportionen und Perspektiven zerstören würde. Der Eindruck einer ausgedehnteren natürlichen Landschaft entsteht durch die präzise Manipulation von Größe, Textur und Farbe. Überlegt aufgestellte Steine repräsentieren Ausblicke in die Ferne und rhythmisieren die Komposition, während Pflanzen wie Azaleen gestutzt werden können, um weit entfernte Berge im Hintergrund zu symbolisieren. Damit die Illusion einer tieferen Perspektive erhalten bleibt, setzt man grob strukturierte Pflanzen in den Vordergrund und feinblättrige Varietäten in den Hintergrund. Ebenso gehören intensivere Farben nach vorne, gedämpftere Töne nach hinten.

Die meisten Zen-Gärten sind zumindest teilweise umfriedet, wobei die vorrangige Frage die ist, von wo aus man den Garten am häufigsten betrachten wird. Das könnte von einem Teil des Hauses aus oder von einer anderen Stelle im Garten sein. Versuchen Sie nach Möglichkeit, flüchtige Ausblicke auf die Szenerie jenseits der Grenzen zu erhalten – das ist das Prinzip von Shakkei (geborgte Landschaft), ein wichtiges Merkmal japanischer Gärten. Die Integrität des Gartens wird gewahrt bleiben, wenn Sie für die Umzäunung traditionelle Materialien wie gespaltenen Bambus verwenden, obwohl auch rote Ziegelmauern und Holzwände authentisch aussehen, wenn man sie in Zartgrau oder Zartgrün (oder auch Schwarz) streicht, so dass sie mit ihrer Umgebung eins werden.

Vor allem aber soll ein Zen-Garten als friedvoller Ort gestaltet sein, der sich besonders gut zum Sammeln und Meditieren eignet; doch jeder Raum wird einzigartig sein, je nach seiner Lage und Ihren persönlichen Wünschen. Die wenigen Accessoires und die sparsam eingesetzte Bepflanzung machen ihn zu einem Garten, dessen Stil das absolute Minimum an Pflege erfordert – genau das Richtige für unsere moderne, hektische Lebensweise!

## »Japanische« Pflanzen

Halten Sie sich bei der Planung eines Zen-Gartens das Prinzip »weniger ist mehr« vor Augen. Wenn Sie wirklich von Herzen gern gärtnern und sich nach einer grünen Umgebung sehnen, sind Zen-Gärten für Sie wahrscheinlich nicht die richtige Entscheidung. Bei diesem Konzept bleibt nur wenig Platz für gärtnerische Vielfalt, und Sie müssen Ihre Pflanzenauswahl drastisch einschränken.

Wenn Ihnen Farbe und Abwechslung nicht von vorrangiger Bedeutung sind, sondern Sie größeren Wert legen auf die Kontraste zwischen den Texturen und Formen der Pflanzen, sollten auf Ihrer Pflanzenliste vor allem Immergrüne stehen, die für einen gleich bleibenden Hintergrund sorgen. Die jahreszeitlichen Akzente setzen dann blühende Pflanzen wie Azaleen oder Kamelien. Nehmen Sie deshalb nur Pflanzen mit starken jahreszeitlichen Bezügen, also Kirschbäume, die im Frühjahr blühen, und Glyzinen, und setzen Sie sie maßvoll ein. Die Japaner pflanzen nicht massenweise Blumen auf einen Fleck, sondern setzen sie als einzelne Elemente ein, um den Gesamteindruck zu verstärken.

Im Allgemeinen wird Farbe als Ablenkung betrachtet, und die einzige Jahreszeit, in der sie gemäß der Zen-Tradition passend ist, ist der Herbst. Wenn Sie zum Beispiel Fächerahorn pflanzen, werden Sie für die ge-

RECHTS Den japanischen Bepflanzungsstil, selbst in Miniaturausgabe, erkennt man sofort. Hier bereichert ein herabgefallenes Blatt den Gesamteindruck, und ein vorwitziger Pilz kontrastiert wunderschön mit dem fein strukturierten Moosteppich.

dämpften Farbtöne der anderen Jahreszeiten mehr als entschädigt werden.

Die folgenden Pflanzen sind nicht alle authentisch, verleihen dem Garten aber eine japanische Atmosphäre. Treffen Sie Ihre Wahl ganz nach persönlichen Vorlieben, berücksichtigen Sie jedoch neben den gestalterischen Wünschen, ob die Klima- und Bodenverhältnisse in Ihrem Garten den Ansprüchen der Pflanzen gerecht werden.

UNTEN Immergrüne Nadelhölzer (Tannen, Zedern und Kiefern) bilden einen geeigneten Hintergrund in den meisten japanischen Gärten. Sie werden genau wie Bonsais oft so beschnitten, dass sie die gewünschte Form erhalten und wie ausgewachsen aussehen.

## Bäume

BLAUGLOCKENBAUM *(Paulownia tomentosa)*
FÄCHERAHORN *(Acer palmatum* und *A. palmatum* 'Senkaki'*)*
GINKGO *(Ginkgo biloba)*
JAPANISCHE APRIKOSE *(Prunus mume)*
JAPANISCHE SCHWARZKIEFER *(Pinus thunbergiana)*
JUDASBAUM *(Cercis siliquastrum)*
JUDASBLATTBAUM *(Cercidiphyllum japonicum)*
KOREA-TANNE *(Abies koreana)*
MÄDCHENKIEFER *(Pinus parviflora)*
*Magnolia* ssp.
SICHELTANNE *(Cryptomeria japonica)*
YOSHINO-KIRSCHE (*Prunus* x *yedoensis*)
ZIERKIRSCHE (*Prunus subhirtella* 'Autumnalis')

## Sträucher und Kletterpflanzen

AUKUBE *(Aucuba japonica)*
BAMBUS (*Fargesia murieliae* und *F. nitida*)
BAMBUS *(Phyllostachys bambusoides)*
BAMBUS *(Pleioblastus auricomus)*
BERBERITZE (*Berberis thunbergii* und *B. candidula*)
BUCHSBAUM (*Buxus sempervirens* und *B. sempervirens* 'Suffruticosa')
CHINESISCHE GLYZINE *(Wisteria sinensis)*
DUFTBLÜTE (*Osmanthus* x *burkwoodii*)
FEDERBUSCHSTRAUCH *(Fothergilla major)*
FEUERDORN (*Pyracantha*-Sorten)
GARTENNANDINE *(Nandina domestica)*
KAMELIEN (*Camellia sasanqua* und andere Varietäten)
KERRIE *(Kerria japonica)*
KLETTERHORTENSIE (*Hydrangea anomala* ssp. *petiolaris*)
KUPFERFELSENBIRNE *(Amelanchier lamarckii)*
LICHTMESS-ZAUBERNUSS *(Hamamelis mollis)*
MAHONIE (*Mahonia japonica* und *M.* x *media* 'Charity')
PFAFFENHÜTCHEN *(Euonymus japonicus)*
PFINGSTROSE (*Paeonia delavayi* und *P. lutea* var. *ludlowii*)
PRACHTGLOCKE *(Enkianthus campanulatus)*
*Rhododendron*-Formen
SADEBAUM (*Juniperus sabina* 'Tamariscifolia')
SCHWARZROHRBAMBUS *(Phyllostachys nigra)*
SEIDELBAST *(Daphne odora)*
*Skimmia japonica*
SPIERSTRAUCH (*Spiraea* 'Arguta')
SPIERSTRAUCH (*Spiraea japonica* 'Nana')
STRAUCHVERONIKA *(Hebe albicans)*
ZIERQUITTE (*Chaenomeles japonica* und *C. speciosa*)
ZIMMERARALIE *(Fatsia japonica)*

LINKS Die Zierquitte gedeiht problemlos in den meisten Gärten und sorgt im frühen Frühjahr für Farbe; *Chaenomeles speciosa* 'Simonii' ist relativ niedrig wachsend und hat halbgefüllte blutrote Blüten.

UNTEN Die hohe Sibirische Wieseniris *(Iris sibirica)* blüht in den Farben Blau, Purpur, Rosa und Weiß. Sie fühlt sich in der Nähe von Wasser am wohlsten, wächst auch prächtig auf allen Feuchtigkeit speichernden Böden.

## Krautartige

BALLONBLUME *(Platycodon grandiflorus)*
BLAUSCHWINGEL (*Festuca eskia* und *F. glauca*)
CHINASCHILF *(Miscanthus sinensis)*
FRAUENHAARFARN *(Athyrium filix-femina)*
FUNKIE (*Hosta*-Sorten)
*Nerine bowdenii*
PFEIFENGRAS *(Molinia caerulea)*
RIPPENFARN *(Blechnum spicant)*
SCHWERTLILIE, IRIS (*Iris ensata* und *I. sibirica*)
STREIFENFARN *(Asplenium scolopendrium)*
TAGLILIE *(Hemerocallis fulva)*
WEICHER SCHILDFARN *(Polystichum setiferum* 'Pulcherrimum'*)*

## Bodendecker

*Bergenia cordifolia*
*Cotoneaster dammeri*
ELFENBLUME (*Epimedium*-Sorten)
KLEINES IMMERGRÜN *(Vinca minor)*
KRUMMHOLZKIEFER (*Pinus mugo* var. *pumilio*)
LILIENSCHWERTEL *(Liriope muscari)*
MOOSE
STACHELNÜSSCHEN *(Acaena buchananii)*
ZWERGBAMBUS *(Sasa veitchii)*

## KONTAKTADRESSEN

### EINFÜHRUNG

Ärztegesellschaft für
Erfahrungsheilkunde e.V.
Postfach 10 28 40
69018 Heidelberg

Schweizerische
Ärztegesellschaft für
Erfahrungsmedizin SAGEM
In der Ey 39
CH-8047 Zürich

Schweizerische Gesellschaft für
ganzheitliche Heilkunde SGGH
Postfach 2236
CH-3001 Bern

### GANZHEITLICHES GÄRTNERN

»Die Biologischen von
Neudorff«
W. Neudorff GmbH KG
Postfach 1209
31857 Emmenthal
(Dünger, Pflanzenpflege,
Pflanzenschutz, Nützlinge)

Keller GmbH & Co. KG
Biogarten und Gesundheit
Konradstr. 17
79100 Freiburg i. Br.
(Saatgut aus biologisch-dynamischem Anbau, Wildblumen,
Nützlinge, Spezialwerkzeug)

Ökologische Beratungsstelle
beim Bund Naturschutz
Bauernfeindstr. 23
90471 Nürnberg

Seerosenland Ursula Oldehoff
Gartenstr. 1
82547 Eurasburg-Achmühle
(Größtes Angebot rund um den
Gartenteich)

### FENG SHUI

Feng-Shui-Academy
Seepark I
A-5310 Mondsee

Feng Shui Büro Neumünster
Am Teich 11–12
24534 Neumünster

Feng Shui und Geomantie
Verband e.V.
Wilhelminenstr. 25
65193 Wiesbaden

HAGIA CHORA
Schule für Geomantie
Moltkestr. 12
84453 Mühldorf/Inn

Manfred Kraus
Feng Shui (Garten-)Berater
Gräfstr. 115
81241 München

Isolde Schaeffer
Die Feng Shui Agentur
Keuslinstr. 1
80798 München

### FARBTHERAPIE

INDIGO
Ganzheitliche Farbberatung
Karin Hinkel
Schillerstr. 76
63263 Neu-Isenburg

»Wunsch-Produkte«
Alexander Wunsch
Bergheimer Str. 116
69115 Heidelberg
(Spektro-Chrom-Farbfilter und
-Lampen, nach Dinsha; Informationen zur Kombinationstherapie mit Farben, Duft, Klang)

### KRÄUTERHEILKUNDE

Bach-Blüten AG
Dr. Edward Bach Centre
Mainaustr. 15
CH-8034 Zürich 8

Chinesische Naturheilkunde
Akademie e.V.
Hans-Dill-Str. 9
95326 Kulmbach

Fachverband Deutscher
Heilpraktiker e.V.
Maarweg 10
53123 Bonn

Gärtnerei Kräuterzauber
Auf dem Berg
27367 Horstedt
Postanschrift:
Daniel Rühlemann
Am Himpberg 32
27367 Stuckenborstel

Gesellschaft für
Phytotherapie e.V.
Siebengebirgsallee 24
51147 Köln

Institut der Bach-Blüten
Mechthild Scheffer Hp
Lippmannstr. 57
22769 Hamburg

Institut für Bach-Blüten
Forschung + Lehre
Mechthild Scheffer GmbH
Seidengasse 32/I/52
A-1070 Wien

Zentralverband der Ärzte
Für Naturheilverfahren e.V.
Bismarckstr. 3
72250 Freudenstadt

### AROMATHERAPIE

Forum Essenzia
Verein für Förderung, Schutz
und Verbreitung der
Aromatherapie und
Aromapflege e.V.
Meier-Helmbrecht-Str. 4
81477 München

Neumond – Düfte der Natur
Mühlenfelderstr. 70
82211 Herrsching

Primavera Life
Am Fichtenholz 5
87477 Sulzberg

Spinnrad
Am Luftschaft 3a
45886 Gelsenkirchen

### MEDITATION

DBU (Deutsche Buddhistische
Union) – Buddhistische Religionsgemeinschaft e.V.
Amalienstr. 71
80799 München

Zen Institut Deutschland
Geschäftsstelle
c/o Sibylle Nicolai
Lattenkamp 70
22299 Hamburg

Meditationskurse bzw. -übungen werden auch von den Volkshochschulen und den einzelnen Konfessionen veranstaltet. Wenden Sie sich an die örtliche VHS oder an das für Sie zuständige Pfarramt. Ein buddhistisches Meditationszentrum in Ihrer Nähe nennt Ihnen die DBU (siehe oben).

## WEITERFÜHRENDE LITERATUR


**ALLGEMEIN**

*Handbuch Garten*
BLV Verlagsgesellschaft 1997

Rosamond Richardson
*Was man früher noch wusste 400 Rezepte und Ratschläge für Haus und Garten*
Christian Verlag 1998

**EINFÜHRUNG**

Nikki Bradford (Hrsg.)
*Handbuch der Naturmedizin*
Gesundheitsverlag 1997

Monty Don
*Ein Garten für die Sinne*
BLV Verlagsgesellschaft 1998

Sue Minter
*Der heilende Garten Oase für Körper, Geist und Seele*
DuMont 1998

David Stuart
*Gärtnern mit alten Pflanzensorten*
Christian Verlag 1998

**GANZHEITLICHES GÄRTNERN**

John Brookes
*Naturnahe Gartengestaltung*
Christian Verlag 1998

Marie-Luise Kreuter
*Der Biogarten*
BLV Verlagsgesellschaft 1996

Marie-Luise Kreuter
*Pflanzenschutz im Biogarten*
BLV Verlagsgesellschaft 1995

**FENG SHUI**

Lam Kam Chuen
*Das Feng Shui Handbuch*
Joy Verlag 1996

Gill Hale
*Feng Shui Garten-Praxis*
Urania Verlags AG 1998

Günther Sator
*Feng Shui – Garten für die Sinne*
Gräfe und Unzer 1999

Lillian Too
*Das große Buch des Feng Shui*
Delphi/Droemer 1997

**FARBTHERAPIE**

Theo Gimbel
*Heilen mit Farben*
AT Verlag 1994

Andrew Lawson
*Das Gartenbuch der Farben*
Ellert-Richter 1997

Pauline Wills
*Wie Farben heilen*
Aurum 1994

**KRÄUTERHEILKUNDE**

Andrew Chevallier
*Die BLV Enzyklopädie der Heilkräuter*
BLV Verlagsgesellschaft 1998

Malcom Hillier
*Kräutergärten*
Christian Verlag 1997

Geraldene Holt
*Kräuter. In Garten und Küche – Für Gesundheit und Schönheit – Als Duft und Dekoration*
Kaleidoskop Buch im Christian Verlag 1997

Willy Küttel
*Heilende Blütenessenzen. Bewußter leben mit Bach-Blüten*
AT Verlag 1994

Daniel Reid
*Chinesische Heilkräuter*
Droemer 1998

Aljoscha A. Schwarz/ Ronald P. Schweppe
*Bach-Blüten. Gesundheit für die Seele*
mvg-Paperbacks 1995

**AROMATHERAPIE**

Inge Andres
*Duftwege für die Seele. Theorie und Praxis der Psycho-Aromatherapie*
Droemer Knaur 1998

Crabtree & Evelyn
Lesley Bremness
*Duft & Sinnlichkeit*
BLV Verlagsgesellschaft 1998

Bernd Dittrich
*Duftpflanzen für Garten, Balkon und Terrasse*
BLV Verlagsgesellschaft 1992

Dagmar Fronius-Gaier
*Ätherische Öle und Aromatherapie*
Compact 1997

Kurt Schnaubelt
*Ganzheitliche Aromatherapie*
Gustav Fischer Verlag 1997

Aljoscha A. Schwarz/ Ronald P. Schweppe
*Aromatherapie. Düfte für die Sinne*
Humboldt 1995

Helga Urban
*Ein Garten der Düfte*
BLV Verlagsgesellschaft 1999

**MEDITATION**

Rüdiger Dahlke
*Heilung durch Meditation*
(Tonkassette)
Vier Türme 1997

David Fontana
*Kursbuch Meditation Die verschiedenen Meditationstechniken und ihre Anwendung*
Fischer Taschenbuch 1996

Franz Th. Gottwald/Wolfgang Howald
*Selbsthilfe durch Meditation*
mvg-Paperbacks 1995

Dieter Hezel
*Japanische Gärten*
IRB Verlag 1995

Gerta Ital
*Meditationen aus dem Geist des Zen*
Ullstein Taschenbuch 1996

Japanese Garden Research Association
*Japanische Gartengestaltung*
Nippon Shuppan Hanbai 1995

Rajinder Singh
*Heilende Meditation*
Urania 1996

# REGISTER

*Kursiv* gedruckte Seitenzahlen verweisen auf Abbildungen.


*Abelia* x *grandiflora* 145
*Abies koreana* 166
*Acacia dealbata* 136
*Acaena buchananii* 167
*A. saccaticupula* 'Blue Haze' 85
*Acanthus mollis* 104
*A. m. latifolius* 87
*Acer* 25, 33
*A. campestre* 26
*A. capillipes* 12, 79
*A. griseum* 12, 79
*A. grosseri* 12
*A. palmatum* 166
*A. p.* 'Senkaki' 166
*A. rufinerve* 12
*Achillea* 34
*A. filipendulina* 13
*A. millefolium* 23ff., 141
*A.* 'Moonshine' 81
Ackerschachtelhalm 18
*Acorus calamus* 29
*Adonis vernalis* 92, *104*, 104
Adonisröschen 92, *104*
Adrenalinspiegel 152
*Aesculus hippocastanum* 118
*A.* x *carnea* 117
*Agapanthus campanulatus* 85
*Agrimonia eupatoria* 23, 116
*Agrostemma githago* 25
Ahorn 25, 33
Ährenminze 98
*Ailanthus altissima* 121
*Ajuga reptans* *104*, 105
Akanthus 87, 94, 104
Akelei 85
Alant 34, 94, 109
*Alcea rosea* 105
*Alchemilla mollis* 12, 35, 82, 83, *146*
*A. xanthochlora* 105
Algen 120
Allergenarmer Garten (Pflanzenlisten) 35
Allergene 31, 33
*Allium* 13
*A. aflatunense* 87
*A. schoenoprasum* 101
*A. sphaerocephalon* 74
*Alnus* 34
*Aloysia triphylla* 102
Alpenjohannisbeere 83
Alpenlein 23
*Alstroemeria aurea* 79
*Althea officinalis* 105
*Alyssum maritimum* 145
*Amelanchier* 35
*A. lamarckii* 79, 166
Amstelraute 87
*Anchusa azurea* 'Lodden Royalist' 85
Anemone 85
*Anemone blanda* 'Atrocaerulea' 85
*A. nemorosa* 26
*Anethum graveolens* 98
*Angelica archangelica* 83, 97, 140
Angelika 83, 87, 131ff., 140, 142, 145, 147f.
Anis 98
*Anthemis* 34
*Anthriscus cerefolium* 100
Apfel 35
Apfelminze 98
Apothekerbeet 93
Apothekergarten 96
*Aquilegia alpina* 85
*Arbutus unedo* 83
*Arctium lappa* 121
*Armeria maritima* 25f.
*Armoracia rusticana* 100
*Arnica montana* 105
Arnika 105
Aromatypen (Parfümindustrie) 142
Aronstab 32
*Artemisia* 12, 34
*A. abrotanum* 145
*A. dracunculus* 100, 139
*A. vulgaris* 105
*Arum italicum* 32
Aspirin 90
*Asplenium scolopendrium* 167
Aster 25f., 34, 85
*Aster* 25, 34
*A. amellus* 'King George' 87
*A. novi-belgii* 26
*A.* x *frikartii* 'Monch' 85
Asteraceae 34
Astrologischer Garten 96
Ätherische Öle 126f., 130
*Athyrium filix-femina* 167
Atlaszeder 141
Atropin 131
*Aubrieta* 'J. S. Baker' 87
*Aucuba japonica* 83, 166
*A. j.* 'Crotonifolia' 81
Auffahrt 52
Aukube 81, 83, 166
Aura 66, 72
Avicenna 126
Ayurvedische Medizin 126
Azalee 79, 81, 164

Ba Gua 42
Bach, Edward 116
Bach-Blütenheilmittel 116ff.
Bach-Blütentherapie 129
Bachbunge 29
Bachminze 29
Bäder (ätherische Öle) 127
Bai Guo 122
Bai Shao Yao 122
Baldrian 25, 94, 114, 131ff., 141f., 146
Ballonblume 122, 167
*Ballota pseudodictamnus* 12, 83
Balsampappel 112, 144
Bambus 61, 83, 166
*Bambusa breviflore* 96
Banksrose 81
*Baptisia tinctoria* 105
Bärenklau 32
Bartfaden 77, 85, 87, 144
Basilikum 37, 94, 98, 131ff., 137, 142, 145, 147ff.
Bäume 26, 60
Baumlupine 144
Beifuß 34, 91, 94, 105
Beinwell 113
*Bellis perennis* 105
*Berberis* 25, 35
*B. candidula* 166
*B. darwinii* 79
*B. thunbergii* 83, 166
*B. t.* 'Atropurpurea' 77, 86
*B. t.* 'Red Pillar' *77*
*B. wallichiana* 87
*B.* x *stenophylla* 26, 144
Berberitze 25f., 35, 77, 79, 93, 86, 144, 166
Bergamotteöl 130
*Bergenia* 35
*B. cordifolia* *11*, 167
*B.* 'Margery Fish' 77
Bergkiefer 83
Besenginster 92, 106
Betonie 113
*Betula* 33
*B. alba* 141
*B. albosinensis* var. *septentrionalis* 79
*B. papyrifera* 12
*B. pendula* 26, 83, 141
Bibernellrose 25
Bienen anlocken 24, *25*
Bienenpflanzen 25
Binsenginster 144
Binsenlilie *146*
Biologisch gärtnern 16
Birke 33, 79, 133, 141
Birnbaum 12
Bitterdistel 106
Bitterklee 29, 110
Blasenstrauch 13
Blattläuse 18, 24
Blau 63, *68*, 70, 79, 84, 157
Blaue Pflanzen 84
Blaues Gänseblümchen 84
Blauglockenbaum 166
Blaukissen 87
Blauraute 85
Blauschwingel 85, 167
*Blechnum spicant* 167
Bleiwurz 117
Blumenesche 144
Blumenrohr 12
Blumig (Duftfamilie) 136
Blutapfel 144
Blütenheilmittel 116
Blutjohannisbeere 25
Blutweiderich *28*, 29, 94, 109
Bodendecker (Zen-Garten) 167
Bodenstrahler 57
Bodenstruktur 16
Bohrasseln 18
*Borago officinalis* 25, 98
Borretsch 25, 98, *99*
Bourbonrosen 145
Brandkraut 25, 35, 81, 145
Braunelle 23, 112
Brennnesselbrühe 18
*Briza media* 13
Brombeere 24f.
*Bromus ramosus* 117
*Brunfelsia pauciflora* 145
*Brunnera macrophylla* 85
Buche 33
Buchsbaum 83, *95*, *103*, 155, 166
Buddha *156*
*Buddleja* *21*
*B. colvilei* 145
*B. crispa* 12
*B. davidii* 25, 35
*B. d.* 'Empire Blue' 85
B. *d.* 'Nanho Purple' 87
*B. d.* 'Royal Red' 77
*B. fallowiana* var. *alba* 145
*B. globosa* 144
*B.* x *weyeriana* 25
Buntblättriger Salbei *37*
Buntfarbige Schwertlilie 109
Buschbambus 81
Buschbohne 'Purple Teepee' *37*
Buschwindröschen 26
*Butomus umbellatus* 29
*Buxus sempervirens* *95*, 166
*B. s.* 'Suffruticosa' 83, 155, 166

*Calendula officinalis* 105
*Callitriche stagnalis* 29
*Calluna vulgaris* 117
*Caltha palustris* 29
*C. p.* 'Plena' 35, 81
*Camellia japonica* 'Adolphe Audusson' 77
*C. sasanqua* 166
*Campanula rotundifolia* 23
*Campsis radicans* 79
*Carpinus* 34
*C. betulus* 117
*Carum carvi* 100
*Caryophyllaceae* 34
*Caryopteris* x *clandonensis* 25, 85, 144
*Castanea sativa* 12, 118
*Catalpa bignonioides* 106
*Ceanothus* 25, 35
C. 'A. T. Johnson' 145
*C. impressus* 85
*C.* x *delileanus* 'Gloire de Versailles' 85
*C.* x *veitchianus* 85
*Cedrus atlantica* 141
*C. a.* 'Glauca' *134*
*C. cyanus* 23, 25, 85, 106
*Centaurea* 34
*Centaurium umbellatum* 116
*Centranthus ruber* 25
*Ceratostigma willmottianum* 117
*Cercidiphyllum japonicum* 145, 166
*Cercis siliquastrum* 87, 166
Ch'i 39f., 45f., 52, 60f., 63, 120
*Chaenomeles japonica* 79,166
*C. speciosa* 166
*C. s.* 'Simonii' *167*
*C.* x *superba* 'Crimson and Gold' 77
Chakren 66
*Chamaecyparis* 34
*Chamaemelum nobile* 24, 97, 138
*Chimonanthus praecox* 145, *145*
Chinaschilf 83, 167

Chinesische Angelika 120
Chinesische Braunwurz 120
Chinesische Glyzine 166
Chinesische Kräutermedizin 120
Chinesische Pfingstrose 97, 122, *123*
*Chionodoxa luciliae* 85
*Choenomeles speciosa* var. 25
*Choisya ternata* 35, 145
Chou Wu Tong 121
Christrose 94, 96f., 109
Chrysanthemen 61
*Chrysanthemum* 34
Chun Pi 121
*Cichorium intybus 119*
*Cimicifuga racemosa* 106
*Cistus* 12, 35
C. 'Peggy Sammons' *35*
*C.* x *cyprius* 145
*C.* x *purpureus* 87, 145
*Citrus limon* 135
*C. paradisi* 135
*C. sinensis* 135
Citrus-Arten 131, 142, 147f.
*Clematis* 35
*C. alpina* 85
*C. cirrhosa* 145
*C. heracleifolia* 85
C. 'Madame Julia Correvon' 77
C. 'Niobe' 77
C. tangutica 81
C. 'The President' 87
*C. vitalba* 32, 118
*C. viticella* 'Etoile Violette' *87*, 155
C. 'Vyvyan Pennell' 35
*Clerodendrum trichotomum* 121, 145
*Clethra alnifolia* 145
*Cnicus benedictus* 106
*Codonopsis pilosula* 121
*Colchicum autumnale* 87, 106
*Colutea arborescens* 13
Compositae 34
*Convallaria majalis* 25, 92, 106, 144
*Convolvulus cneorum* 35
*Coreopsis* spp. 34
*Coriandrum sativum* 100
*Cornus alba* 24, 35
*C. a.* 'Sibirica' 77
*C. sanguinea* 26
*C. stolonifera* 'Flaviramea' 81
*Cortaderia selloana* 13, 33
*Corydalis solida* 121
*Corylopsis sinensis* 145
*Corylus* 34
*C. avellana* 26
*C. maxima* 'Purpurea' 87
*Cosmos* 12, 26
*C. atrosanguineus* 77
*Cotinus coggygria* 79, 83
*C. c.* 'Royal Purple' 77
*Cotoneaster* 25f., 35
*C. dammeri* 167
*C. salicifolius* 'Exburyensis' 81
C. x *suecicus* 'Coral Beauty' 79
*Crambe cordifolia* 12, 83
*Crataegus* 35
*C. laevigata* 106
*C. l.* 'Paul's Scarlet' 92
*C. monogyna* 26, 106
*C. persimilis* 'Prunifolia' 25
*Crocosmia* 'Lucifer' 77
*C. coggygria* 'Royal Purple' 77
*Crocus* 25
C. 'Blue Pearl' 85
*C. chrysanthus* 'E. A. Bowles' 81
C. 'Golden Bunch' 79
*Cryptomeria japonica* 34, 166
*C. j.* 'Elegans' 79
Culpeper, Nicholas 90, 96
*Cupressus* 34
*C. macrocarpa* 'Goldcrest' 81
*C. sempervirens* 140
*Cynara cardunculus* 34
*Cytisus* 25
*C. battandieri* 144
C. 'Burkwoodii' 77
*C. scoparius* 92, 106
*C. s.* 'Cornish Cream' *107*
C. x *praecox* 81

**D**a Huang 122
Damaszenerrose 130
Dang Shen 121
*Daphne laureola* 83
*D. mezereum* 25, 32, 87, 106, 145
*D. odora* 166
*D. o.* 'Aureomarginata' 144
*Delphinium* 85
D. 'Bruce' 87
*Deutzia* x *elegantissima* 144
*Dianthus* 34
*D. caryophyllus* 136
D. 'Mrs. Sinkins' 145
D. 'Queen of Hearts' 77
*D. superbus* 121
*Dicentra spectabilis* 12
Dickanthere 83
*Dictamnus albus* 32, 107
*Dierama pulcherrimum* 13
Digitalis 89
*Digitalis* 25
*D. purpurea* 26, 92, 107, *146*
Dill 98
*Dipsacus fullonum* 25f.
Disteln 24
Doldiger Milchstern 119
Dong Quai 120
Dotterblumen 81
Dotterweide 81
Drache 46f., 55, 60
Dreiblatt 114
Drüsen tragendes Springkraut 117
*Dryopterix filix-mas* 83
Du Zhong 121
Duftblüte 83, 144f., 166
Düfte 128
Duftfamilien 134f., 142
Duftpelargonie 136
Duftveilchen 82, 115, *134*, 137, 144
Dünger 17

**E**beresche 25f., 81
Eberraute 145
*Echinacea* 34
*E. purpurea* 107
*Echinops* 13, 34
*E. ritro* 85
Echte Brombeere 26
Edeldistel 25, *74*, *85*
Edelkastanie 12, 118
Efeu 24, 26, 32, 81, 83
Eibe 26, 114
Eibisch 96, 105
Eiche 33, 119
Eingangstür 52
Einjähriger Knäuel 118
Einstein 67
Eisenkraut 97, 119
*Elaeaganus* x *ebbingei* 145
*Eleagnus angustifolia* 26
Elemente, fünf 41, 56, 63, 120
Elfenbeinginster 81
Elfenblume 167
Endorphine 128
Energie 120
Energie, positive, aktivieren 58
Energiefluss 40, 45, 63
Energieströme 39
Energiezyklen 41
Engelsüß 112
*Enkianthus campanulatus* 166
Entspannung 151f.
*Epimedium*-Sorten 167
*Equisetum arvense* 18
Erdbeerbaum 83
Erde (Element) 41, 120
Erholung im Garten 10
*Erica carnea* 'Eileen Porter' 77
*E. c.* 'Heathwood' 87
*E. c.* 'Ruby Glow' 79
Erle 34
*Eryngium* 25, 74
*E. amethystinum 85*
*E. maritimum* 107
*Erysimum* 'Bowles Mauve' 87
*E. cheiri* 144
*E. c.* 'Blood Red' 77
Esche 25, 34
*Eschscholzia californica* 79, 107
Eselsohr 12, 35
Espe 117
Essigbaum 79
Estragon 100, 131, 133, 139
*Eucalyptus* 12f., 35
*E. globulus* 137
*E. gunnii* 85
*Eucommia ulmoides* 121
Eukalyptus 13, 35, 85, 131ff., 137, 142, 145, 147
*Euonymus alata* 77
*E. europaea* 26
*E. fortunei* 35
*E. f.* 'Coloratus' 87
*E. japonicus* 166
*Eupatorium* 34
*E. cannabinum* 25, *28*
*E. purpureum* 107
*Euphorbia* 32
*E. amygdaloides* var. *robbiae* 83, *83*
*E. griffithii* 'Fireglow' 79
*E. polychroma* 81

**F**ächerahorn 164, 166
Fackellilie 79, *79*
*Fagus* 33
*F. sylvatica* 119
Falscher Jasmin *143*, 145
Farbe sehen 67
Farben 63
Farben, heilende 66
Farben im Garten 72
Farben (Meditation) 157
Färberhülse 105
Farbkreis 67, 70
Farbtheorie 70
Farbwirkung 72, 75
*Fargesia murieliae* 83, 166
*F. nitida* 13, 166
Farne 12
*Fatsia japonica 11*, 166
Faulbaum 26
Federbuschstrauch 166
Federgras 13
Fehlender Raum 42, 50f., 56, 63
Feldahorn 26
Felsenbirne 35
Fenchel 12, 91, 96, 100, 131ff., *134*, 139, 142, 147ff.
Feng Shui für die Gesundheit 56
Feng-Shui-Gartenanalyse 56
Feng Shui im Garten 50
Feng-Shui-Prinzipien 40
*Festuca eskia* 167
*F. glauca* 12, 33, 85, 167
Fetthenne 25
Feuer (Element) 41, 120
Feuerdorn 25f., 77, 79, 81, 166
Fichte 13, 132f., 137
Fieberklee 29, 94, 110
*Filipendula ulmaria 28*, 29, 108
Fingerhut 25f., *26*, 90, 94
Fingerkraut 25, 35
Fingerstrauch 79, 81
Fleischbeere 145
Fleißiges Lieschen 76
Flieder 77, 87, 144
Flockenblume 34
Flügelnuss 83
*Foeniculum vulgare* 100, 139
Fokussierpunkt 156
Formschule 44
*Forsythia suspensa* 121
*F.* x *intermedia* 'Lynwood' 81
*Fothergilla major* 166
Frauengarten 149
Frauenhaarfarn 167
Frauenmantel 35,83, 94, 105, *146*
*Fraxinus* 34
*F. excelsior* 25
*F. ornus* 13, 144
*Freesia*-Sorten 145
*Fremontodendron californicum* 32
*Fritillaria imperialis* 'Orange Brilliant' 79
Froschbiss 29
Frühlings-Adonisröschen 104
Frühlingsiris 85
*Fuchsia* 35
*F.* 'Mrs. Popple' 77
Fuchsrose 79
Funkie 35, 83, 85, 167

**G***aillardia* 34
*Galanthus nivalis* 26
*Galium odoratum* 108
*G. verum* 23
Gamander 85, *95*
Gänseblümchen 96, 105
Ganzheitliche Medizin 9
*Garrya elliptica* 34, 83
Garten, allergenarmer (Pflanzenlisten) 35
Garten als Zufluchtsort *151*
Garten, aromatherapeutischer 132
Garten, der böse Geister vertreibt 97
Garten, der stärkt und belebt 147
Garten, entspannendes Refugium 146
Garten, Erholung im 10
Garten, Farben im 72
Garten, Feng Shui im 50

Garten, Frauengarten 149
Garten für die Gesundheit 31, 57
Garten, Liebesgarten 148
Garten, Meditationsgarten 154
Garten, Tierleben im 20
Garten und die Sinne 12
Garten zum Nachdenken 155
Gartengestaltung (Feng Shui) 52
Gartenhortensie 85
Gartenlaube 53
Gartennandine 166
Gartennelke 131ff., 136, 142, 148
Gartenplanung (Feng Shui) 52
Gartenreseda 144
Gartenringelblume 147
Gartensalbei 81, 87
Gartenschädlinge 18
Gartenteich 29, 53
Gartenwicke 86
Gattefossé, René-Maurice 126
Gauklerblume 29, 79
*Gaultheria procumbens* 108
Gefingerter Lerchensporn 121
Gefleckte Gauklerblume 117
Gefleckter Storchschnabel 108
Gehölze 26
Geißblatt 25, 79, 81, 94, 118, 122, 144f.,
Geißklee 77, 144
Geist-Körper-Gleichgewicht 9
Gelb 63, 70, 75, 80, 86, 157
Gelbe Azalee 144
Gelbe Pflanzen 81
Gelbe Teichrose 29
Gelber Enzian 108, *108*
Gelbes Sonnenröschen 94
Gemeiner Schneeball 26, 35, 79, 115
Gemüseartischocke 34
*Genista aetnensis* 144
*Gentiana amarella* 118
*G. lutea* 108, *108*
Geopathische Störfelder 61
Geranien 76
Geranium 131, 133, 136, 142, 145ff., 148f.
*Geranium* 35
*G.* 'Johnson's Blue' *85*
*G. maculatum* 108
*G. pratense* 23
Geräusche 13
Gerste 120
Gesundheit *58*, 120
*Geum coccineum* 'Borisii' 79
*G. rivale* 29
Gewürznelken 120
Giftpfeile 46, 48, 51f., *56*, 60, 63
Ginkgo 81, 96, 122, 166
*Ginkgo biloba* 81, 122, 166
Ginster 24f., *107*, 120
Glanzmispel 35, 77
Glocken 63
Glockenblume 23
Glockenwinde 121
Glücks-Botenstoffe 128
Glyzine 87, 144
Goldbandlilie 81
Goldlack 77, 81, 144
Goldmelisse 110
Goldmohn 94, 96, 107
Goldrute 34, *73*
Götterbaum 121
Gottvergess 83
Grapefruit 131, 133, 135, 145
Grasnelke 25f.
Grauer Ahorn 79
Große Klette 120f.
Grün 63, 70, 76, 82, 157
Grün (Duftfamilie) 137
Grundfarben 70
Grundstück (Feng Shui) 50
Grüne Pflanzen 83
*Gunnera manicata* 12, *82*
Günsel 94
Guttapercha 121
*Gypsophila* 34
Hagebutten 120
Hainblume 24
Hainbuche 117
*Hakonechloa macra* 'Aureola' 81
Halschakra 84
*Hamamelis 145*
*H. mollis* 81, *81*, 166
*H. virginiana* 108
*H.* x *intermedia* 'Jelena' 79
Hängebirke 94
Hängeforsythie 121
Hartriegel 26, 77, 81, 120
Haselstrauch 26, 34
Hasenglöckchen 25f., 144
Haus, Außenbereich 51
Haus, Standort 44
*Hebe* 25, 35
*H. albicans* 166
*H. cupressoides* 83
*H. pimeleoides* 'Quicksilver' 85
Hecken 26
Heckenrose 118
*Hedera* 32
*H. colchica* 83
*H. c.* 'Sulphur Heart' 81
*H. helix* 25f.
Heidekraut 117
Heilfarbe 70
Heiligenkraut 34, 94, *95*, 113, 145, 155
Heilmeditation 153
Heilpflanzen 104
Heilziest 94, 96, 113
*Helenium* 12, 25, *25*, 34, 73
*H.* 'Butterpat' 81
Helferpflanzen 18
*Helianthemum nummularium* 117
*Helianthus* 34
*H. annuus* 26, 109
*Helichrysum* 34
Heliotrop 25, 144, *144*
*Heliotropium* 25
*H. arborescens* 144
*Helleborus argutifolius* 83
*H. niger* 97, 109
*Hemerocallis fulva* 122, 167
*H. f.* 'Florepieno' 79
*H.* 'Stafford' 77
*H.* 'Towhead' 81
*Hepatica* x *media* 'Ballardii' 85
*Heracleum mantegazzianum* 32
Herbstenzian 118
Herbstzeitlose 87, 106
Herzchakra 82
*Hesperis matronalis* 25, 145
*Heuchera* 35
*H. micrantha* 'Palace Purple' 87
*Hibiscus syriacus* 'Blue Bird' 85
Himbeere 25
Himmelstiere 47, 53, 60
Hippokrates 126
*Hippophae rhamnoides* 26, 79
Hirschkolbensumach 79
Hirschzunge 111
Holunder 26, 96
Holz (Element) 41, 120
Holzapfel 26, 79, 96, 119
Holzig/balsamisch (Duftfamilie) 140
Homöopathie 91, 116, 120, 129
Hopfen 81, 131ff., 140, 142, 146, 149, *149*
Hornklee 23
Hortensie 35, 72, 77
*Hosta* 12, 35, 167
*H.* 'Big Daddy' 35
*H. fortunei* 83
*H.* 'Royal Standard' 83
*H. sieboldiana* var. *elegans* 85
*Hottonia palustris* 29, 117
*Houttuynia cordata* 35
*H. c.* 'Flore Pleno' 35
*Humulus lupulus* 140
*H. l.* 'Aureus' 81, *149*
Hundskamille 34
Hundsrose 26
Huo Po 122
*Hyacinthoides non-scripta* 25f., 144
*Hyacinthus orientalis* 25, 144
Hyazinthe 25, 144
*Hydrangea anomala* ssp. *petiolaris* 35, 166
*H. aspera* ssp. *sargentiana* 12, 35, 87
*H. macrophylla* 'Blue Wave' 85
*H. quercifolia* 77
*Hydrocharis morsus-ranae* 29
*Hypericum* 'Hidcote' 81
*H. perforatum* 97, 109
*H.* x *inodorum* 'Elstead' 79
*Hyssopus officinalis* 25, 102
*Iberis* 26
*I. saxatilis* 144
*Ilex 73*
*I. aquifolium* 12, 24, 26, 116
*I. a.* 'Amber' 79
*I. a.* 'J. C. Van Tol' 77, 83
*I.* x *altaclerensis* 'Golden King' 81
Immergrün 83, 85, 87, 94
Immergrüne Pflanzen 61
*Impatiens glandulifera* 13, 117
Indianernessel 25
Indigo 70
Ingwer 120
Inhalation (ätherische Öle) 127
Inkalilie 79
Innenhof 51, *56*
Insekten anlocken 24, *24*
*Inula* 34
*I. helenium* 109
Ionisation 31
*Iris* 35 79, *79*, *82*, 167
*I. ensata* 167
*I. foetidissima 79*, *79*
*I. graminea* 145
*I. pseudacorus* 29
*I. reticulata* 85, 145
*I. sibirica* 85, 167, *167*
*I. unguicularis* 145
*I. versicolor* 109
Ishi-Toro 162
*Itea ilicifolia* 34, 83, 144
Jahreszeiten 10, *55*
Jakobsleiter 35, 111
Japanische Aprikose 122, 166
Japanische Pflanzen 164ff.
Japanische Schwarzkiefer 166
Japanische Sicheltanne 34
Japanische Zierquitte 77, 79
Japanischer Ahorn 12
Japanischer Bepflanzungsstil *165*
Jasmin 34, 130ff., 133, 136, 142, 147ff., *149*
*Jasminum nudiflorum* 81
*J. officinale* 34, 136
*J. o.* 'Aureum' *149*
Jin Yin Hua 122
Johannisbeere 77
Johanniskraut 79, 81, 96
Jonquillen 144
Judasbaum 87, 166
Judasblattbaum 145, 166
Judassilberling 13, 24, 26
*Juglans regia* 117
Jungfer im Grünen 84
Jungfernrebe 77
*Juniperus* 32, 34
*J. communis* 140
*J. c.* 'Hibernica' 83
*J. horizontalis* 'Douglasii' 87
*J. sabina* 'Tamariscifolia' 166
*J. scopulorum* 'Skyrocker' 83
*J. virginiana* 141
Kaiserkrone 79
Kalmus 29
Kame 162
Kamelie 77, 166
Kamille 24, *33*, 94, 96f., 131ff., 138, 142, 146, 148f.
Kamilleteppich 33
Kanadische Hemlocktanne 137
Kapuzinerkresse 24, 76, 79, 81, 96, *99*, 114, 147
Karde 25
Kardendistel 26
Kardone 34
Karesansui 160
Kartoffelrose 26, 79
Kaskadenartiger Brunnen *30*
Kastanienknospe 118
Katzenminze 25, 85, 96, 110
Kaukasusvergissmeinnicht 85
Kerbel 100
*Kerria japonica* 166
Kerrie 166
Kiefer 61, 94, 131, 133, *134*, 138, 142, 145, 147f.
Kies und Kiesel (Zen-Gärten) 162
Kirschbaum 61
Kirsche 25, 35
Kirschlorbeer 25, 83
Kirschpflaume 117
Kissenprimel 23
Klänge 13, 63
Klappertopf 23
Klatschmohn 23, 96, 111
Kleinblütige Königskerze 115
Kleiner Odermennig 23
Kleines Immergrün 35, *115*, 115, 167
Kletten 24
Kletterhortensie 166
Kletternde Clematis 155
Kletterpflanzen 61
Kletterpflanzen (Zen-Gärten) 166

Kletterrose 155
*Knautia* 24
*K. arvensis* 23
*Kniphofia rooperi* 79, *79*
Knotengarten *95*, 96
Kohlfliege 18
Kohlweißlinge 18
Kokardenblume 34
Kompassschule 42
Komplementäre Farbpaare *71*
Komplementärkontrast *68*
Kompost 16
Königskerze 91, 94
Königslilie 144
Kontaktallergene 32
Kontemplation 154
Korea-Tanne 166
Koriander 100
Korkeiche 12
Kornblume 23, 25, 85, 106
Kornrade 25
Kosmee 26, 77
Kranich 162
Krautartige Pflanzen (Zen-Garten) 167
Kräuter, Standorte 94
Kräutergarten, Gestaltung nach Themen 96
Kräutergarten, Planung 92
Kreuzdorn 24
Kreuzkraut 34
Kriechender Günsel *104*, 105
Kriechwacholder 87
Krimlinde 25
Kronenchakra 86
Krummholzkiefer 167
Küchengarten 96
Küchenkräuter 91f., 98ff.
Küchenschelle 94, 112, *112*
Kuckuckslichtnelke 23
Kugeldistel 34, 85
Kugelprimel 87
Kümmel 100
Kupferfelsenbirne 79, 166

**L**abkraut 23
Laichkraut 29
Lambertsnuss 87
Lampe 58
Landschaftsprinzipien in einem idealen Vorgarten 46
Landschaftsschule 44
Lärche 118
*Larix decidua* 118
*Lathyrus odorata* 145
Laube *54*
*Laurus nobilis* 25, 140
Laurustinus der Gärtner 25
*Lavandula* 12, 25, 35, *95*
*L. angustifolia* 136
*L. a.* 'Hidcote' *147*, 155
*L. lanata* 12
*L. stoechas* 87, *87*, *149*
Lavendel 25, 35, *88*, 94, *95*, 96, 127, 131, 133, 136, 142, 145ff., 147, *147*, 148f., 155
Lebensbaum 114
Leberbalsam 86
Leberblümchen 85
Leimkraut 23
Leinkraut 23
*Leucanthemum vulgare* 23f., 34
*L.* x *superbum* 25
*Levisticum officinale* 100
Levkoje 132, 144
Lian Qiao 121
*Liatris* 34
*L. spicata* *74*
Licht 63
Lichtmess-Zaubernuss 166
Lichtnelke 34
Liebesgarten 148
Liebstöckel 96, 100, 145
*Ligularia* 34
*L. dentata* 'Desdemona' *82*
Lilie 34, 79, 96
Lilienschwertel 167
*Lilium* 34
*L. auratum* 81
*L. candidum* 109, 144
*L.* 'Enchantment' 79
*L. regale* 144
*Limnanthes douglasii* 24
*Linaria vulgaris* 23
Linde 114
*Linum perenne* 23
*Liriope muscari* 167
Lobelien 84
*Lonicera* 25
*L. caprifolium* 118
*L. fragrantissima* 145
*L. japonica* 122
*L. j.* 'Halliana' 81, 144
*L. periclymenum* 26
*L. sempervirens* 79
Lorbeer 131, 133, 140
Lorbeerbaum 25
Lorbeerseidelbast 83
Losbaum 121
Lo-Shu-Symbol 42
*Lotus corniculatus* 23
Löwenmäulchen 81
Löwenzahn 120
Luftqualität verbessern 31
*Lunaria annua* 13, 24, 26
Lungenkraut 35, 85, 90, 94, 96, 112
Luo Pan 39, 42
*Lupinus arboreus* 144
*Lychnis* 34
*L. flos-cuculi* 23
*Lythrum* 25
*L. salicaria* *28*, 29, 109

**M**ädchenauge 34
Mädchenkiefer 166
Mädesüß *28*, 29, 94, 108
Madonnenlilie 109, 144
Magenta 70
*Magnolia* 35, 166
*M. grandiflora* 12, 145
*M. liliiflora* 'Nigra' 77, 87
*M. officinalis* 122
*M. stellata* 144
Magnolie 77, 122
*Mahonia* 145
*M. aquifolium* 85, 110, *110*
*M. japonica* 166
*M.* x *media* 'Charity' 81, 166
Mahonie 81, 85, 94, 110, *110*, 132, 145, 166
Maiglöckchen 25, 92, 106, 144
Majoran *37*, 131, 133, 138, 142, 146, 149
*Malus* 26, 35
*M.* 'John Downie' 79
*M. sylvestris* 119
*M.* x *moerlandsii* 'Profusion' 144
*M.* x *purpurea* 'Lemoinei' 77
*Malva moschata* 23
Mannaesche 13, 144
Mantra 153
Margeriten 81, 96
Mariendistel 92, 113
Massage (ätherische Öle) 127
*Matteucia struthiopteris* *83*
*Matthiola bicornis* 144
*M. incana* *144*
*M. longipetala* ssp. *bicornis* 132
Maury, Marguerite 126
*Meconopsis betonicifolia* *85*
Meditation 152
Meditation im Garten 154
Meditative Farben 157
Medizinalrhabarber 120, 122
Meerkohl 83
Meerrettich 100
Mehlbeere 25, 83
Mehltau 18
*Melissa officinalis* 102, 138
*M. o.* 'Variegate' *124*
Melisse 131, 133, 138, 142, 146, 149
*Mentha aquatica* *29*
*M. spicata* 98
*M. suaveolens rotundifolia* 98
*M.* x *piperita* 139
*Menyanthes trifoliata* 29, 110
Meridiane 120
Metall (Element) 41, 120
Mimose 131, 133, 136, 142, 148
*Mimulus guttatus* 29, 117
*Miscanthus* 13
*M. sinensis* 167
*M. s.* 'Gracillinus' 83
Mittagsgold 79, 147
Mohn 94, 96
Mohnkapseln 13
Möhrenfliege 18
*Molinia caerulea* 13, 167
*Monarda didyma* 25, 110
Montbretie 77
Moose 167
Morphin 90
*Morus alba* 122
Moschusmalve 23
*Muscari armeniacum* 85, 144
Muskatellersalbei 131, 133, 138, 142, *143*, 145f., 148f.
Mutterkraut 113
*Myosotis alpestris* 85
*M. scorpioides* 29
*M. sylvatica* 110, *110*
*Myriophyllum spicatum* 29
Myrte 96, 110, 145
*Myrtus communis* 110, 145

**N**achbarhäuser (Giftpfeile – Feng Shui) 48
Nachtkerze 26, 81, 92, 94, 111, 145
Nachtschatten 85
Nachtviole 25, 145
Nacktschnecken 18
Nadelhölzer *166*
*Nandina domestica* 166
*Narcissus* 144
*N.* 'Delibes' 79
*N.* 'Golden Rapture' 81
Narzisse *65*, 79, 81, 144
Nebenwirkungen 81, 90, 127, 131
Nelke 34, 77, 145
Nelkenwurz 29, 79
*Nemophila menziesii* 24
*Nepeta* 25
*N. cataria* 110
*N.* x *faassenii* 85
*Nerine bowdenii* 167
Neroliöl 130
Neuseeländer Flachs 13, 35, 77, 83, 87
Newton, Isaac 67
*Nicotiana* 132, *143*
*N. alata* 145
*N. sylvestris* 145
Nieswurz 83
Niu Bang Zi 121
Notfalltropfen 119
*Nuphar lutea* 29
Nutzgarten 36
Nützlinge 18
*Nymphaea alba* 29, 110
*N. pygmaea* 154

**O**chsenzunge 85
*Ocimum basilicum* 98, 137
Odermennig 116
*Oenothera biennis* 26, 81, 92, 111, 145
Ohrwürmer 18
*Olea europaea* 118
*Olearia* 34
Olearie 34
Olive 118
Olivenbaum *88*
Ölweide 145
Orange 63, *68*, 70, *75*, 78, 84, 131, 133, 135, 157
Orange Pflanzen 79
Orangenbaum 130
Orangenblume 35, 145
Oregano 101
*Origanum majorana* 138
*O. vulgare* 101
*Ornithogalum umbellatum* 119
*Osmanthus decorus* 83
*O. delavayi* 144
*O. heterophyllus* 145
*O.* x *burkwoodii* 166

**P***achysandra terminalis* 83
*Paeonia* 25, 35
*P. delavayi* 166
*P. lactiflora* 97, 122
*P. l.* 'Duchesse de Nemours' 35
*P. l.* 'Sarah Bernhardt' 35
*P. lutea* var. *ludlowii* 81, 166
*P. officinalis* 77
Pa Kua 42, 53, 58, 63
Pa-Kua-Spiegel 56
Pampasgras 13
Päonie 35
*Papaver* 13
*P. orientale* 'Goliath' 77
*P. o.* 'Harvest Moon' 79
*P. o.* 'Suleika' *12*
*P. rhoeas* 23, 111
*P. somniferum* 111
Pappel 34
Paradiesgarten 96
*Parthenocissus tricuspidata* 'Veitchii' 77
*Passiflora incarnata* 111
Passionsblume 94, 96, 111
Patchuli 127
*Paulownia tomentosa* 166
*Pelargonium graveolens* 136
*P. tomentosum* 12
*Pennisetum orientale* 12
*Penstemon* 'Garnet' 77
*P.* 'Sour Grapes' 87
*Perovskia atriplicifolia* 'Blue Spire' 85, 145
Perowskie 145
Perückenstrauch 77, 79, 83
Petersilie 94, 101, 130
Petitgrainöl 130
*Petroselinum crispum* 101
Petunie 84, 86
Pfaffenhütchen 26, 166
Pfeffer 120

Pfefferminze 94, 131, 133, 139, 142, 145, 147ff.
Pfeifengras 13, 167
Pfeifenstrauch *143*, 145
Pfeilkraut 29
Pfingstrose 25, 35, 61, 77, 96, 120, 166
Pfirsiche 61
Pflanzen für den allergenarmen Garten 35
Pflanzen für den Teichrand 29
Pflanzen für Vögel 26
Pflanzen (Giftpfeile – Feng Shui) 48
Pflanzen und die fünf Elemente 61
Pflanzen und positive Energie 60
Pflaumeniris 145
*Philadelphus* 34, 145
*P. coronarius* 'Aureus' *143*
*Phlomis fruticosa* 25, 35, 81, 145
*Phlox* 25
*P. paniculata* 145
*P. p.* 'Franz Schubert' *74*
Phönix 46f., 60
*Phormium* 'Dazzler' 77
*P. tenax* 13, 35, 83
*P. t.* 'Purpureum' 86f.
*Photinia* 'Red Robin' 35
*P.* x *fraseri* 'Red Robin' 77
*Phyllitis scolopendrium* 111
*Phyllostachys bambusoides* 166
*P. nigra* 13, 122, 166
*Picea breweriana* 13
*P. pungens* 35
*P. p.* 'Koster' 85
Pilzkrankheiten 18
*Pimpinella anisum* 98
*Pinus mugo* 83
*P. m.* var. *pumilio* 167
*P. parviflora* 166
*P. sylvestris* 119, 138
*P. thunbergiana* 166
Platane 34
*Platanus* 34
*P.* x *hispanica* 12
*Platycodon grandiflorus* 122, 167
*Pleioblastus auricomus* 81, 166
Poleiminze 94
*Polemonium* 35
*P. caeruleum* 111
Pollen 33
Pollenarmer Garten 33
Pollenkörner *34*
*Polygonatum multiflorum* 111
*Polygonum amphibium* 29
*P. bistorta* 111
*Polypodium vulgare* 112
*Polystichum setiferum* 83
*P. s.* 'Pulcherrimum' 167
*Populus* 34
*P. balsamifera* 112, 144
*P. tremula* 13, 117
*Potamogeton crispus* 29
*Potentilla fruticosa* 25, 35
*P. f.* 'Elizabeth' 81
*P. f.* 'Tangerine' 79
Prachtglocke 166
Prachtnelke 121
Prachtscharte 34
Primärfarben 70
Primel 79, 81, 94, 144
*Primula bulleyana* 79
*P. denticulata* 87
*P. florindae* 144
*P. japonica* 'Miller's Crimson' 77
*P. veris* 112
*P. vulgaris* 23
*Prunella vulgaris* 23, 112
Prunkwinde 84
*Prunus* 25, 35
*P. avium* 'Plena' 35
*P. cerasifera* 117
*P. laurocerasus* 'Otto Luyken' 83
*P. mume* 122, 166
*P. padus* 26, 144
*P. serrula* 12, 77, 79
*P. spinosa* 26
*P. subhirtella* 'Autumnalis' 166
*P.* 'Ukon' 81
*P.* x *yedoensis* 166
Psychoneuroimmunologie 9, 128, 130
*Pterocarya fraxinifolia* 83
*Pulmonaria* 35
*P. angustifolia* 'Munstead Blue' 85
*P. officinalis* 90, 112
*Pulsatilla 112*
*P. vulgaris* 13, 112
Purpur 63
Purpurdost 94, 107
Purpurglöckchen 35
*Pyracantha* 25f., 166
*P.* 'Mohave' 77
*P.* 'Orange Glow' 79
*P.* 'Soleil d'Or 81
*Pyrus communis* 12

Qi 39f.
Qu Mai 121
*Quercus* 33
*Q. robur* 119
*Q. suber* 12

*Ranunculus aquatalis* 29
Ranunkeln 79, 81
Raupen 18, 24
Raute 85
Rescue remedy 119
*Reseda odorata* 144
Rhabarber *121*
*Rhamnus* 24
*R. frangula* 26
*Rheum palmatum* 82, *121*, 122
*Rhinanthus minor* 23
*Rhododendron* 25
*R.* 'Blue Peter' 87
*R.* 'Elizabezh' 77
*R.* 'Gibraltar' 79
*R. luteum* 81, 144
*R.* 'Sleepy' 87
Rhododendron-Formen 166
*Rhus glabra* 112
*R. typhina* 79
*Ribes alpinum* 83
*R. sanguineum* 25
*R. speciosum* 77
Ringelblume 94, 96, *99*, *105*
Rippenfarn 167
Rittersporn 84ff., 87
*Robinia pseudoacacia* 35, 83, 145
Robinie 35, 83, 145
*Rodgersia* 12
Rohrkolben *28*, 29
*Romneya coulteri* 145
Rosa 63, 76
*Rosa banksiae* 'Lutea' 81
*R. canina* 26, 118
*R. centifolia* 137
*R. chinensis* 96
*R. damascena* 137
*R. foetida* 'Bicolor' 79
*R.* 'Golden Wings' 81
*R.* 'Green Ice' 83
*R.* 'Parkdirektor Riggers' 77
*R. pimpinellifolia* 25
*R. rubiginosa* 35, 145
*R. rugosa* 26, 79
*R.* 'Veilchenblau' 87, 155
Rose 34, 77, 81, 83, 87, 96, *129*, 131ff., 137, 142, *143*, 145ff., *146*, 148f., *149*
Rosenbäumchen *88*
Roseneibisch 85
Rosmarin 25, *37*, 85, 101, 131ff., 139, 142, 145, 147ff.
*Rosmarinus officinalis* 25, 85, 101, 139
Rosskastanie 118
Rostrote Rebe 77
Rot *62*, 63, 70, 75f., 83, 157
Rotbuche 119
Rote Kastanie 117
Rote Pflanzen 76
Roter Fingerhut 92, 107, *146*
Rotstieliger Schnittmangold *71*
*Rubus* 12, 25
*R. fruticosus* 26
*Rudbeckia* 34
*R. fulgida* 'Goldsturm' 81
*Ruta graveolens* 32, 112
*R. g.* 'Jackman's Blue' 85

Säckelblume 25, 35, 85, 145
Sadebaum 166
*Sagittaria sagittifolia* 29
Sakralchakra 78
Salbei 35, *37*, 76, 91, 94, 101, *143*, 145, 147
*Salix alba* 113
*S. a.* 'Chermesina' 77
*S. a.* ssp. *vitellina* 81, 119
*S. caprea* 26
*Salvia argentea* 12, 35
*S. officinalis* 35, 101, 145
*S. o.* 'Icteria' 81
*S. o.* 'Purpurascens' 87, *143*
*S. sclarea* 138
Salweide 26
*Sambucus nigra* 26, 113
Samthortensie 35, 87
Sandbirke 83
Sanddorn 26, 79
Sandelholz 127
Sang Ye 122
*Santolina* 34, *95*, 145
*S. chamaecyparissus* 113
*S. pinnata* ssp. *neapolitana* 'Edward Bowles' 155
Sanzon 162
*Saponaria* 34
*S. officinalis* 25, 113
*Sarcococca* 145
*Sasa veitchii* 167
*Satureja montana* 101
*Scabiosa* 24f.
Schädlinge 18
Schafgarbe 23ff., 34, 81, 131, 133, 141f., 146
Scharlachsumach 112
Scheinakazie 35, 83, 145
Scheinbeere 108
Scheineller 145
Scheinhasel 145
Scheinmohn 85
Scheinzypresse 34
Scheitelchakra 86
Schildfarn 83
Schildkröte 47, 53, 60, 162
Schildläuse 18
Schirmbambus 13
Schisandra 120
*Schisandra chinensis* 122
Schlafmohn 90, 96, 111
Schlafmützchen 79
Schlangenhaut-Ahorn 79
Schleierkraut 34
Schleifenblume 26, 144
Schlüsselblume 96, 112
Schmetterlinge anlocken 24
Schmetterlingspflanzen 25
Schmetterlingsstrauch *21*, 25, 35, 77, 85, 87, 144f.
Schmuckkörbchen 26
Schneeball 35, 77, 83, 144f.
Schneebeere 26
Schneeglanz 85
Schneeglöckchen 26, 96
Schneeheide 77, 79, 87
Schneidendes Ch'i 48, 50ff., 53, 61
Schnittlauch 94, 101
Schopflavendel 87, *87*, *149*
Schöterich 87
Schottische Kiefer 119
Schwanenblume 29
Schwarz 63
Schwarzdorn 26
Schwarzer Holunder 113
Schwarzrohrbambus 13, 122, 166
Schwebfliegen 24
Schwertlilie 167
Schwimmbecken 60
*Scirpus lacustris* 29
*Scleranthus annuus* 118
*Scrophularia* 120
*Scutellaria lateriflora* 113
*Sedum* 13
*S. spectabile* 25
Seebinse 29
Seerosen *111*
Seidelbast 25, 32, 87, 96, 106, 144f., 166
Seifenkraut 25, 34, 113
Sekundärfarben 70
Selbstheilung 91
*Senecio* 34
*Sequoiadendron giganteum* 12
Sha Ch'i 40, 46, 48, 52, 56, 59, 63
Sheng Ch'i 40, 56
Sibirische Wieseniris 85, *167*
Sicheltanne 79, 166
Signaturenlehre 90
Silberblattsalbei 35
Silberkerze 94, 106
Silberlinde 145
Silberweide 113
Silberwinde 35
*Silene dioica* 23
*Silybum marianum* 92, 113
*Sinapis arvensis* 118
*Sisyrinchium 146*
Sitzplatz (Meditation) 154
Skabiose 24f.
*Skimmia* 25
*S. japonica* 77, 145, 166
Skimmie 77
Skulpturen 55, 63
*Solanum crispum* 'Glasnevin' 85
Solarplexuschakra 80
*Solidago* 34, *73*
Sommeraster 87
Sommerjasmin 34
Sonnenblume 12, 26, 34, 86, 109, *109*, 147

Sonnenbraut 25, *25*, 34, *73*, 81
Sonnenhut 34, *37*, 81, 107
Sonnenröschen 94, 117
*Sorbus* 25
*S. aria* 83
*S. aucuparia* 26
*S.* 'Joseph Rock' 81
*Spartium junceum* 144
Spiegel 56, 58, 63
Spierstrauch 25, 35, 166
Spindelstrauch 35, 77, 87
Spinnmilben 18
*Spiraea* 35
*S.* 'Arguta' 166
*S. japonica* 25
*S. j.* 'Nana' 166
Spornblume 25
Springbrunnen 57
Springkraut 96
Spritzbrühe 18
Stachelige Pflanzen 61
Stachelnüsschen 167
*Stachys byzantina* 12, 35
*S. officinalis* 23, 113
Statuen 63
Staudenpfingstrose *123*
Stechapfel 145
Stechfichte 35, 85
Stechginster 25, 118
Stechpalme 24, 26, *73*, 77, 79, 81, 83, 116
Steine 63
Steiner, Rudolf 66
Steinkraut 145
Sternmagnolie 144
Stiefmütterchen *65*, 76, 79, 81, 84, 86, 94, 96f., 99, 115
*Stipa gigantea* 12f., 33
Stockrose 105
Storchschnabel 35, *108*
Stranddistel 107
Straßen (Giftpfeile – Feng Shui) 48
Sträucher 26
Sträucher (Zen-Gärten) 166
Strauchpfingstrose 81
Strauchrosen 145
Strauchveronika 25, 35, 83, 85, 166
Straußfarn *83*
Streifenfarn 167
Stress 9, 152
Strohblume 34
Sumpfblume 24
Sumpfdotterblume 29, 35, 81
Sumpfvergissmeinnicht 29
Sumpfwasserfeder 117
Sumpfzypresse 79
Süßkirsche 35
*Symphoricarpos* 26
*Symphytum officinale* 113
*Syringa vulgaris* 144
*S. v.* 'Katherine Havemeyer' 87
*S. v.* 'Souvenir de Louis Spaeth' 77

**T**agetes 18, 79
Taglilie 77, 79, 81, 122, 167
Tai Ch'i 43, 51, 57f., 153
*Tanacetum parthenium* 113
Tao 40
Taoismus 39
Tastsinn 12
Tausendblatt 29
Tausendgüldenkraut 116
*Taxodium distichum* 79
*Taxus baccata* 26, 114
Teegarten 162
Teich 13, 29, 56f., *59*, 60
Teichbinse 29
Tertiärfarben 70
*Teucrium fruticans* 85, *95*
*Thalictrum aquilegiifolium* 87
Theophrast 125
*Thuja occidentalis* 114
Thymian 25, 81, 94, 96, 101, *103*, 131ff., 139, 142, 145, 147
Thymianteppich 33
*Thymus* 25
*T. vulgaris* 101, 139
*T.* x *citriodorus* 'Aureus' 81
Tiefwurzler (Gartenteich) 29
Tierleben im Garten 20
Tiger 46f., 60
*Tilia tomentosa* 145
*T.* x *euchlora* 25
*T.* x *europaea* 114
Tisserand, Robert 126
Tollkirsche 131
Tomate 'Tumbler' *37*
Traditionelle Chinesische Medizin 120
Tränendes Herz 12
Traubenhyazinthe 85, 144
Traubenkirsche 26, 144
Trichterfarn *83*
Trichterschwertel 12f.
Trigramme 42
*Trillium erectum* 114, *114*
Trompetenbaum 106
Trompetenblume 79
*Tropaeolum majus* 24, 114
*Tsuga canadensis* 137
Tsukubai 162
Tsuru 162
Tsurukame 162
*Tulipa* 'Balalaika' 77
*T.* 'Monte Carlo' *81*
*T.* 'Orange Emperor' 79
Tulpe 77, 79, *81*
Tüpfelfarn 112
Tüpfel-Johanniskraut 97, 109
Türkenmohn 77, 79
Türkis 70
Türkischer Riesenmohn 12, *12*
*Typha latifolia 28*
*T. minima* 29

**U***lex europaeus* 25, 118
Ulme 34, 119
*Ulmus* 34
*U. procera* 119
Unkrautbekämpfung 17

**V***aleriana officinalis* 25, 114, 141
Valnet, Jean 126
Veilchen 87, 96, 131ff., 137, 146
*Veratrum* 12
*Verbascum olympicum* 12
*V. thapsus* 115
*Verbena* 25
*V. bonariensis* 87
*V. officinalis* 97, 119
*V.* x *hybrida* 145
Verbene *73*, 76, 86
Verdampfung (ätherische Öle) 127
Vergissmeinnicht 110, *110*
*Veronica beccabunga* 29
*Viburnum* 35, 145
*V. davidii* 83
*V. farreri* 145
*V. lantana* 26
*V. opulus* 26, 77, 115
*V. o.* 'Sterile' 35
*V. o.* 'Xanthocarpum' 79
*V. plicatum* 'Lanarth' 87
*V. tinus* 25
*V.* x *burkwoodii* 144
*Vicia sativa* 23
Vielblütiges Salomonssiegel 111
*Vinca minor* 35, 83, 85, 115, 167
*V. m.* 'Atropurpurea' 87, *115*, 155
*Viola labradorica* 'Purpurea' 87
*Viola odorata* 92, 115, 137, 144
*V. o.* 'Alba' *134*
*V. riviniana* 'Purpurea' 155
*V. tricolor* 97, 115
Violett 70, *74*, 81, 86, 157
Violette Pflanzen 86
Virginia-Helmkraut 113
Virginische Zeder 141
Virginischer Wacholder 141
Visualisieren 158
*Vitis coignetiae* 77
*V. vinifera* 119
*V. v.* 'Purpurea' 87
Vögel, Pflanzen für 26
Vogelbeerbaum 26
Vogelkirsche 35
Vogeltränke 56, *157*
Vorgarten 52
Vorgarten, Landschaftsprinzipien 46

**W**acholder 32, 34, 83, 131ff., 140, 142, 145f., 148f.
Waldgeißblatt 26
Waldlilie 94, 114
Waldmeister 94, 108
Waldrebe 32
Waldtrespe 117
Walnuss 117
Wasser (Element) 41, 44, 57, *59*, 120
Wasser (Giftpfeile – Feng Shui) 48
Wasser (Meditation) 154
Wasser (Zen-Gärten) 162
Wasser im Garten 59f.
Wasser und positive Energie 59
Wasserdost 25, *28*, 34
Wasserelement *163*
Wasserfeder 29
Wasserhahnenfuß 29
Wasserknöterich 29
Wasserlilie 94
Wasserprimel 29
Wasserschwertlilie 29
Wasserstern 29
Weg 52, *52*
Wegwarte 119
Weicher Schildfarn 167
Weide 12f., 34, 77, 119
Weidenrinde 90
Weiderich 25
*Weigela florida* 'Foliis Purpureis' 87
Weigelie 87
Wein 94
Weinraute 32, 112
Weinrebe 87, 119
Weinrose 35, 145
Weiß 63
Weißbirke 26
Weißbuche 34
Weißdorn 25f., 35, 92, 96, 106, 120
Weiße Kastanie 118
Weiße Seerose 29, 110
Weiße Waldrebe 118
Weißer Diptam 32, 107
Weißer Hartriegel 24, 35
Weißer Maulbeerbaum 122
Werkstoffe für den Garten 17
Wermut 96
Wicke 23
Wiesenknöterich 111
Wiesenmargerite 23f., 34
Wiesenpflanzen 23
Wiesenstorchschnabel 23
Wildblumenwiese 22, 23, 96
Wilder Senf 118
Windspiele 13, 63, *63*
Winterblüte 145, *145*
Winterbohnenkraut 101
Wintergarten 56, 96
Winterjasmin 81
*Wisteria sinensis* 87, 144, 166
Witwenblume 23f.
Wohlriechende Wicke 145
Wolfsmilch 32, 79, 81, 83
Wolliger Schneeball 26
Wollläuse 18
Wollziest 35
Wu Mei 122
Wu Wei Zi 122
Wurmfarn 83
Wurmtonne 16
Wurzelälchen 18
Wurzelchakra 76
Würzig (Duftfamilie) 139

**Y**an Hu Suo 121
Yang 40, 51
Yang-Energie 40, *55*
Yang-Pflanzen 61
Yin 40, 51
Yin und Yang 40, 52, 56, 63, 70, 120, 152, 154, 160
Yin-Energie 40, *55*, 57, 60
Yin-Pflanzen 61
Ylang-Ylang 127
Yoga 153
Yoshino-Kirsche 166
Ysop 25, 94, 96, 102
*Yucca gloriosa* 83

**Z**aubernuss 79, 81, 81, 96, 108, 132, 145
Zeder 133, *134*, 141
Zedernholz 131, 133, 141f., 145f., 148
Zen-Buddhismus 160
Zen-Gärten 160, *160*
Zen-Garten anlegen 164
Zierapfel 35, 77
Ziergräser 12, 33
Zierkirsche 77, 79, 81, 166
Zierlauch *19*, 87
Zierquitte 25, 166, *167*
Ziertabak 132, *143*, 145
Ziest 23
Zimmeraralie 166
Zimt 120
Zinnien 79
Zistrose 35, 87, 145
Zitrone 131ff, *134*, 135, 145
Zitronenmelisse 96, 102, *124*
Zitronenstrauch 192
Zitronenthymian *103*
Zitrus (Duftfamilie) 135
Zittergras 13
Zitterpappel 13, 117
Zwergbambus 167
Zwergseerosen 154
Zypresse 34, 81, 131, 133, 140, 146f., 149

*Für Dean, den Wind unter meinen Flügeln*


## Danksagung der Autorin

Ich bin Susan Haynes bei Weidenfeld & Nicolson unendlich dankbar dafür, dass sie meine Ideen gleich so herzlich aufgenommen hat und auf meine Fähigkeit vertraute, daraus etwas zu machen; auch meiner Verlegerin, Maggie Ramsay, für ihre dauerhaft gute Laune und ihre Fähigkeit, meinen zusammenhanglosen Ideen Sinn zu geben. Ich möchte auch dem restlichen Team bei W&N danken, das ein so wunderschönes Buch daraus gemacht hat.

Ein großes Dankeschön geht an meine Agentin, Charlotte Howard, für ihre Begeisterung und ihren Optimismus von Anfang an und dass sie mich bei diesem nicht ganz leichten Lernprozess begleitet hat!

Tausend Dank, Will Ryan und Jen Winter. Ihr seid so verschwenderisch mit euren roten Korrekturstiften umgegangen! Besonders danke ich Will, der ein so großartiger »Laie« war! Meine Dankbarkeit Jen gegenüber kann ich nicht einmal in Worte fassen, sie beriet mich kompetent und unterstützte mich vorbehaltlos.

Auch meinen Profi-Korrektoren schulde ich Dank für ihre praktische Anleitung; ich habe von allen eine Menge gelernt:

Feng Shui: Graham Gunn; Richard Creightmore
Farbtherapie: Janet Wells
Kräuterheilkunde: Jenny Jones
Aromatherapie: Juanita Freeth
Meditation: Bill Heilbronn (Yoga); Robert Ketchell und Kira Dalton von der Japanese Garden Society

*Autorin und Verlag möchten sich bei Laurence Pollinger Ltd (London), Viking Penguin Inc. (New York) und dem Estate of Frieda Lawrence Ravagli bedanken, die uns gestattet haben, den Auszug von Seite 65 aus »Red Geranium and Godly Mignonette« aus* The Complete Poems of D.H. Lawrence *abzudrucken. Weitere Quellenangaben: Seite 6, aus* Gardens are for People *von Thomas D. Church (Reinhold, New York, 1955); Seite 89, aus* Twelve Healers and Other Remedies *von Edward Bach (C.W. Daniel, 1952). Wir haben uns bemüht, die Inhaber von Bildrechten ausfindig zu machen, aber wenn wir jemanden vergessen haben, entschuldigen wir uns und werden, falls man uns benachrichtigt, die entsprechenden Korrekturen bei künftigen Auflagen berücksichtigen.*


## Bildnachweis

JERRY HARPUR: 8 Coton Manor, Northamptonshire; 10 Designer: Gunilla Pickard, Great Waltham, Essex; 21 Charles Cresson, Philadelphia, USA; 32 Sticky Wicket, Buckland Newton, Dorset; 38 Designer: Ian Teh, London; 53 Coombelands, Pulborough, Sussex; 58-59 Designer: Greg Abramowitz, Los Angeles, USA; 63 Designer: Cyrille Schiff, Los Angeles, USA; 134 (unten rechts) Iden Croft Herbs, Staplehurst, Kent; John Scarman, Staffordshire; 150 Designer: Gunilla Pickard, Great Waltham, Essex; 156-157 Designer: Gunilla Pickard, Great Waltham, Essex; 160-161 Ryoan-ji-Tempel, Kioto, Japan. DEREK HARRIS: 22; 24; 45; 51; 54-55; 64; 68-69; 72-73; 129; 143; 148; 156 (links). ANNE HYDE: 7. CLIVE NICHOLS: 2 Roger Platts, Chelsea 97; 3; 4; 12 (unten), Designer: Mark Brown; 19 The Anchorage, Kent; 25; 28 The Anchorage, Kent; 37 Graham Strong/Clive Nichols; 62 Designer: Jane und Clive Nichols; 74 Sticky Wicket, Dorset, Designer: Pam Lewis; 87 (links); 88 Le Manoir aux Quat'Saisons, Oxfordshire; 95 Tudor House, Southampton; 99 Designer: Julie Toll, Chelsea 94; 102-103 Barnsley House, Gloucestershire; 124 National Asthma Campaign, Chelsea 93; 134 (oben rechts); 134 (unten links); 147; 149. SCIENCE PHOTO LIBRARY: 34; 159. JUSTYN WILLSMORE: 12 (oben) RHS Wisley; 14 Abbotsbury; 27 Sir Harold Hillier Gardens & Arboretum (HH); 30 Chenies Aquatics; 35 (oben) HH; 35 (unten) HH; 71 BBC Gardeners World; 7 (links) RHS Wisley; 77 (rechts) HH; 79 (links) HH; 79 (rechts) RHS Wisley; 81 (links) Mr. & Mrs. Willsmore; 81 (rechts) HH; 82 HH; 83 (links) HH; 83 (rechts) RHS Wisley; 85 (links) HH; 85 (rechts) Chelsea Physic Garden; 87 (rechts); 104 (links und rechts) RHS Wisley; 105 HH; 107 HH; 108 (links und rechts) HH; 109 RHS Wisley; 110 (oben) HH; 110 (unten); 111 HH; 112 RHS Wisley; 114 RHS Wisley; 115 RHS Wisley; 121 HH; 123 HH; 134 (oben links) Wisley; 134 (Mitte) HH; 144 RHS Wisley; 145 HH; 163 The Sound of Water; 165; 166 HH; 167 (oben) HH; 167 (unten) HH.

## Hinweis

Die Techniken, Vorschläge und Ideen in diesem Buch sind kein Ersatz für eine professionelle ärztliche Beratung. Jede ernste oder lang andauernde Erkrankung gehört in die Hände eines Arztes oder eines qualifizierten Therapeuten, den Sie aufsuchen sollten, bevor Sie es mit einer Eigenbehandlung versuchen.

Die Anwendung des Inhalts dieses Buches geschieht auf alleinige Verantwortung des Lesers.


Aus dem Englischen übersetzt von Susanne Reichert
Redaktion: Inken Kloppenburg Verlags-Service, München
Korrektur: Annette Baldszuhn
Umschlaggestaltung: Caroline Georgiadis
Herstellung: Dieter Lidl
Satz: satz & repro Grieb, München





Die Originalausgabe mit dem Titel *Healing Gardens* wurde erstmals 1998 im Verlag George Weidenfeld & Nicolson, The Orion Publishing Group, London, veröffentlicht.





Illustrationen: Ruth Lindsay
Design: Nigel Soper

Druck und Bindung: Trento, Trient
Printed in Italy





ISBN 3-88472-417-7